Zeitungslehre

II. Band

Redaktion · Die Sparten
Verlag und Vertrieb
Wirtschaft und Technik
Sicherung der öffentlichen Aufgabe

von

Dr. phil. Emil Dovifat
em. o. Professor der Publizistik
an der Freien Universität Berlin

5., neubearbeitete Auflage

Sammlung Göschen Band 1040/1040 a

Walter de Gruyter & Co · Berlin 1967
vormals G. J. Göschen'sche Verlagshandlung · J. Guttentag,
Verlagsbuchhandlung · Georg Reimer · Karl J. Trübner · Veit & Comp.

Inhalt des 2. Bandes

Seite

IV. Die Redaktion

1. Ihr Aufbau 5
2. Die redaktionelle Arbeit im einzelnen 9
3. Die Stoffbeschaffung 14
   a) Der eigenbeschaffte Stoff 15
   b) Der fremdbeschaffte Stoff — Die Korrespondenzen 22
      I. Redaktionsgemeinschaften 30
      II. Anzeigengemeinschaften 32
      III. Regionale Blätter mit Bezirkszeitungssystemen 32
4. Die Stoffbearbeitung, die redaktionellen Sparten (Ressorts) . . 33
   a) Die Politik 37
   b) Der „Handelsteil", der „volkswirtschaftliche Teil", die Sozialpolitik 45
   c) Der Orts- und Heimatteil 51
   d) Der kulturelle Teil und seine publizistische Wertung. — Das Feuilleton — Der Feuilletonismus 57
      1. Kultur und Zeitung — Der Begriff „Feuilleton" 57
      2. Das Feuilleton als Sparte 61
         a) Nachricht und Bericht 62
         b) Publizistische Wertung und Kritik 63
         c) Unterhaltung und kulturelles Beispiel 71
      3. Der Feuilletonismus — Stilform und journalistische Haltung 86
   e) Der Sportteil 95
   f) Die technische Redaktion 97
   g) Das Lichtbild — Die Bildberichterstattung 98
   h) Umbruch und Aufmachung 103

V. Die Technik und Wirtschaft im Zeitungsbetrieb

1. Das Hauptbuch des Verlages 111
2. Die Ausgaben 113
   a) Satz und Druck 113
   b) Papier 117
   c) Vertrieb 119
   d) Die Kosten der Redaktion 122
3. Die Einnahmen 125
   a) Verkauf 125
   b) Anzeigen 130
      1. Die Anzeigenarten 133
      2. Zeitungsanzeigen als Werbemittel 134
      3. Auflage und Anzeige. Die werbewirtschaftlichen Grundlagen 139
      4. Textliche Fassung und graphische Form der Anzeige . . . 142
   c) Einnahmen aus Nebenbetrieben — Zeitungsfremde Zuschüsse . 144
4. Das Kostengesetz der Zeitung — Einnahmen und Ausgaben . . 145
5. Der Leser 151

VI. Die Sicherung der öffentlichen Aufgabe 157

Literaturverzeichnis 164

Zeitschriftenverzeichnis 172

Register 173

Inhalt des 1. Bandes

Seite

Zeitungslehre und allgemeine Publizistik 5

Die Zeitung im öffentlichen Leben 6

I. Die Einheit des Zeitungsunternehmens

1. Einheit der Kräfte 7
a) Jüngstes Gegenwartsgeschehen 8
b) Kürzeste, regelmäßige Folge 9
c) Breiteste Öffentlichkeit 12
d) Die drei Hauptaufgaben und ihre Vereinigung 18
2. Die öffentliche Aufgabe — ihre publizistische Durchführung . . 22
3. Die journalistische (redaktionelle) Arbeit 27
4. Die persönlichen Voraussetzungen für die jouralistische Arbeit . 33
5. Die verlegerische Arbeit 49
6. Charakter- und Begabungsvoraussetzungen des Verlegerberufes . 52
7. Die Zusammenarbeit Verleger — Redakteur 54

II. Die Nachricht

1. Das Wesen der Nachricht 59
a) Wert und Nutzen für den Empfänger 60
b) Die Schnelligkeit der Übermittlung 63
c) Subjektive Beeinflussung 64
2. Sammlung und Verbreitung der Nachrichten
Die Nachrichtenbüros 70
a) Das deutsche Nachrichtenwesen 74
1. Die deutschen Presse-Agenturen 74
2. Andere deutsche Nachrichtenbüros 80
b) Das ausländische Nachrichtenwesen 82
1. „Reuter's Ltd." 83
2. Die Agenturen der USA 85
3. Die französische Nachrichtenagentur 87
4. Die übrigen freien Agenturen 90
5. Die Nachrichtenbüros der UdSSR 91
c) Zusammenfassung — Vorschläge der „Vereinten Nationen" (UN) 93
d) Die wichtigsten Nachrichtenunternehmen der Welt 96
e) Die „Ente" — Das „Dementi" 102
f) Die Nachrichtenmittel 104
3. Die Nachrichtenpolitik 108
a) Nachrichtenstellen, Pressestellen und -ämter 108
b) Die Nachrichtenpolitik der Interessenten — „Public Relations" 113

III. Die Meinungs- und Willensbildung in der Zeitung

1. Meinung, „öffentliche Meinung" und politische Willensbildung . 116
2. Die Form der Meinungsführung 124
a) Die Sprache in der Zeitung 125
b) Die Formen des journalistischen Ausdrucks 130
1. Die Nachrichtenstilform 131
2. Die Meinungsstilform 138
3. Die Unterhaltungsstilform 143
c) Die Lern- und Lehrbarkeit des Stils 144

Literatur 150

Register 156

IV. TEIL

Die Redaktion

1. Ihr Aufbau

Verleger und Redakteur sind die tragenden Persönlichkeiten der Zeitung. Wo der moderne Großbetrieb die tägliche persönliche Zusammenarbeit Verleger — Redakteur nicht ständig ermöglicht, stehen doch Verlag und Redaktion durch ihre jeweils führenden Persönlichkeiten in täglicher Zusammenarbeit. Diese Zusammenarbeit erst schafft die innere Einheit des Blattes: das Können, die Leistung und die Verantwortung der leitenden Persönlichkeiten beider Stellen erfassen das ganze Unternehmen und machen dessen eigentliche Führung aus. Die charakterlichen und fachlichen Voraussetzungen für diese Zusammenarbeit, die Rechte und Pflichten von Verleger und Redakteur im öffentlichen Leben sind daher an den Anfang der vorliegenden Arbeit gestellt (Bd. I, S. 54 ff.). Nun sind Aufbau und Arbeitsgang des Unternehmens zu schildern, das der publizistischen Aufgabe täglich zu genügen hat.

Wie in allen Lebensbereichen, in denen für geistige und politische Aufgaben materielle und technische Voraussetzungen geschaffen werden müssen, gibt es auch hier starke innere Spannungen. Sie werden fruchtbar, wenn man sie meistert, sie werden lebensgefährlich, wenn man sie nicht bewältigt oder ihnen einseitig ausweicht.

Wir beginnen mit der geistigen Seite, mit der *Redaktion.* So stark ihre Arbeit geistig-politisch und kulturell bestimmt ist, es regen sich bereits auch hier mitformend die beiden anderen Kräfte des Zeitungsunternehmens: Technik und Wirtschaft.

Die Redaktion beschafft den geistigen Rohstoff. Sie gestaltet daraus nach ihrem publizistischen Ziel und der Natur ihres Leserkreises die Zeitung als eine öffentliche Aufgabe. Sie trägt dafür im Rahmen des mit dem Verleger vereinbarten Auftrages die moralische, politische und rechtliche Verantwortung.

Die *Beschaffung* des Rohstoffes (Nachrichten, Berichte, Artikel, Bilder, Zeichnungen, belehrender und unterhaltender Stoff usw.) ist nicht nur eine geistige Sache. Das Material muß auch bezahlt werden. Bereits hier hält die Redaktion ständig Fühlung mit der *wirtschaftlichen* Führung im Verlag. Die Bearbeitung des Stoffes, ebenso wie seine Sammlung und Weitergabe an die Öffentlichkeit, verlangen schnellste, zuverlässige, klar geordnete und stegreifsichere Arbeit. Die Nachricht bestimmt das Tempo dieser Tätigkeit und fordert somit auch den Einsatz aller *technischen* Mittel. Der Aufbau der Redaktion ist bedingt durch das Ziel, einen *geistigen Arbeitsvorgang*, den technische und wirtschaftliche Mittel mitbedingen und öffentliche Verantwortungen verpflichten, zu seinem publizistischen Ziel hinzuordnen und wirksam zu machen.

Zunächst vollzieht sich der Arbeitsgang der Redaktion äußerlich, *betriebswirtschaftlich* gesehen in drei Stufen, die im größten wie im kleinsten Blatt die gleichen sind. Der Rohstoff läuft ein und wird aufgenommen. Er wird im einzelnen verarbeitet. Er wird zum innerlich und äußerlich einheitlichen Bilde der Zeitung zusammengesetzt. Demnach gliedert sich der Arbeitsvorgang jeder Redaktion in drei Folgen: 1. die Aufnahme, 2. die Stoffbearbeitung, 3. die Stoffzusammenfassung und Aufmachung der Zeitung.

Die *Aufnahme* umfaßt alle Kräfte und Einrichtungen, die den vielfältigen und großen Strom bestellten und unbestellten Stoffes annehmen, verzeichnen, zur Bearbeitung aufteilen und bereithalten. In kleineren Verhältnissen ist hier bereits der Redakteur bemüht, den schriftlich, telegraphisch und fernmündlich eingelaufenen Stoff zu ordnen und sichtend schnell den Arbeitsstoff aufzugliedern. In mittleren und großen Verhältnissen untersteht die Aufnahme dem *Sekretariat*. Dies erledigt technisch alle büromäßigen Arbeiten der Redaktion, meist auch den Verrechnungsverkehr.

durch moderne Fernmeldetechnik einlaufenden Nachrichten, Ihm untersteht die ganze Annahme und Übertragung der Berichte usw., die durch die Post, das Telefon oder über umfangreiche Fernschreibapparaturen, Bildempfänger und Übersee-Empfangsgeräte zu ihm gelangen. Die Sekretärinnen und Pressestenographen, die dieser Aufnahme sowohl in technischer Handfertigkeit als auch journalistischem Spürsinn gerecht werden, sind auch bereits publizistisch beteiligt. Sie haben die Beschaffungs- und Einbringungsarbeiten unausgesetzt, pünktlich, zuverlässig und im Zusammenwirken aller zur Höstleistung zu steigern. „Ein guter Aufnahmedienst ist schon die halbe Redaktion!" Das soll nicht heißen, daß die Aufnahme dem Redakteur die Arbeit abnehme, aber es soll dartun, daß für die Ruhe und Gründlichkeit der redaktionellen Arbeit viel Zeit gewonnen werden kann, wenn die Aufnahme ständig über alles einlaufende Material eine genaue Übersicht bereithält und seine Verteilung so vornimmt, daß durch Such- und Doppelarbeit entstehender Leerlauf vermieden wird.

Die Arbeit des *Pressestenographen* ist durch die Entwicklung der Fernschreibgeräte zwar eingeschränkt aber (vgl. Bd. I, S. 106) nicht überflüssig geworden. Sie findet vielmehr in der verfeinerten Nachrichtenarbeit, sowie bei Großberichterstattung jeder Art ihre Bewährung. Der Pressestenograph hat volle technische und geistige Beherrschung der Kurzschrift mit guter politischer und allgemein fachlich-journalistischer Durchbildung zu verbinden. Er vermittelt die erste Fühlung mit dem Ereignis, über das berichtet wird, und ist verpflichtet, die Berichte aufzunehmen, Verstümmelungen, Entstellungen, Hörfehler zu vermeiden und das Ganze, auch in scharfem Zeitdruck, schnell in sauberes Manuskript zu fassen.

Die *Bearbeitung* des Stoffes ist Aufgabe der Redaktion. Ihre Arbeitsgliederung kann nach verschiedenen Gesichtspunkten vorgenommen werden. In Deutschland ist sie durch fachliche Einteilung des Stoffes bedingt; sie gliedert sich in Ressorts, in *Sparten* (Politik, Kulturpolitik, Wirtschaft, Lokales, Sport usw.). Allerdings haben die Großredaktionen der Boulevardblätter diese Gliederung aufgegeben. Die strenge Ressorteinteilung wird vom Schwergewicht der sensationellsten Spitzenmeldung gesprengt, und auch Reportage und Recherche richten sich auf den jeweils zugkräftigsten, den Straßenverkauf steigernden Fall (die Amerikaner nennen ihn „news that sell the paper").

Die geistige Leitung aller Teilgebiete und ihre Zusammenfassung ist Aufgabe des Chefredakteurs. Den reibungslosen inneren Ablauf der redaktionellen Arbeit, den pünktlichen Abschluß, das genaue Ineinanderarbeiten, den Antrieb zu letzter und höchster Aktualität leistet in größeren Redaktionen der „Stabschef" des Chefredakteurs, der *„Chef vom Dienst"*.

Über die innere Aufteilung der redaktionellen Arbeiten, die im „Schriftleitergesetz" während des Hitlerregimes bis ins einzelne festgelegt waren, damit der für die Haltung des Blattes „Verantwortliche" immer gefaßt werden konnte, ist in der demokratischen Gesetzgebung keinerlei Bestimmung getroffen. In den meisten Gesetzen ist nur Sorge getragen, daß die gesetzlichen Verantwortungen klar sind, wo mehrere verantwortliche Redakteure genannt werden (Reichspressegesetz § 7 (2), Hessisches Pressegesetz § 7 (1)). Der Modellentwurf für ein Landespressegesetz"[1]) bestimmt im § 8 (2): „... sind mehrere Redakteure verantwortlich, so muß der Pflichteindruck (Impressum) für jeden einzelnen Redakteur Namen und Anschrift enthalten. Es muß kenntlich gemacht werden, für welchen Teil oder sachlichen Bereich der Einzelne verantwortlich ist." Klare Verantwortlichkeiten zu bestimmen, ist in jedem Falle Voraussetzung einer sauberen Redaktionsführung. Sie müssen durch innerredaktionelle Abmachungen festgelegt sein. Das *„Impressum"*, das in jeder Nummer den Verleger, Drucker und den oder die „Verantwortlichen" nennt, ist nur die äußerliche Klarstellung der inneren Ordnung. Bezüglich der Zahl der Verantwortlichen und der Gliederung der Gebiete gibt es keinerlei feststehende Regelungen. Es gibt große Blätter, die nur einen „Verantwortlichen", andere, die vier und mehr nennen, um repräsentativ die Größe der Redaktion ins Feld führen. Das sogenannte „Strohmannsystem", die Einrichtung eines „Sitzredakteurs", gibt es heute nicht mehr. Nach den meisten gesetzlichen Bestimmungen können „immune" Personen, also solche, die nicht jederzeit strafrechtlich herangezogen werden können (z. B. Parlamentarier), nicht verantwortliche Redakteure sein (Bayerisches Pressegesetz

---

[1]) vgl.: Tätigkeitsbericht des Deutschen Presserats 1960, S. 36.

§ 5, Hessisches Pressegesetz § 7, „Modellentwurf eines Landespressegesetzes" § 9 (5), Nordrhein-Westfalen § 9).

Der dritte Vorgang in der schematisierenden Gliederung ist das *Zusammenfassen des Stoffes und seine graphische Aufbereitung zur Zeitung* und zu ihren Seitenbildern. Dabei ist formal der Stoffandrang aller Abteilungen so zu regeln, daß auf dem vorhandenen Raum alles Wesentliche unterzubringen ist. Inhaltlich muß jede Stellungnahme der Grundrichtung des Blattes entsprechen. Temperament und Sprache des graphischen Ausdrucks, das Wichtigste muß herausgehoben und die Form der „Aufmachung" festgelegt werden. Der *Umbruch* (s. S. 103), das äußere, graphische Gesicht der Zeitung, ist nach dem aktuellen Tagesgeschehen, der besonderen Aufgabe des Blattes und der Natur seiner Leser vorzunehmen. Die bindenden Entscheidungen treffen Chefredakteur und Chef vom Dienst; der *Umbruchleiter* führt sie aus.

In dieser redaktionellen Arbeit aus der Fülle des Stoffes und der Eigenart der Persönlichkeiten dennoch die *einheitliche Zeitung* zu schaffen, ist die Aufgabe. Ihr Gelingen ist bestimmt durch die kollegiale Zusammenarbeit der Redakteure, getragen und entzündet durch die geistige Aufgabe der Zeitung. Auch hier ist es wiederum das Gesinnungselement, das den publizistischen Erfolg gewährleistet.

2. Die redaktionelle Arbeit im einzelnen

Als wir die *Persönlichkeit des Redakteurs* darstellten (Bd. I, S. 33) sind wir von seinem *Charakter* ausgegangen. Hingabe an die Sache, innere Berufung, Wille und Kraft zu öffentlichem Wirken waren die Elemente, die wir als Voraussetzung der journalistischen Leistung kennenlernten. Dazu trat die Begabung der Form.

In einer mittleren oder größeren Redaktion arbeiten oft viele Persönlichkeiten an *einem* Werk. Auch wo die unerläßliche Einheit des publizistischen Wollens gegeben ist, bleibt die Mannigfaltigkeit der Temperamente, der Meinungen, des Geschmackes, bleiben die Verschiedenartigkeiten von Alter, Geschlecht, Herkommen, Vorbildung, Lebens- und Berufserfahrung. Diese Mannigfaltigkeit ist erforderlich. Sie bedingt das Leben der Zeitung. Eine Redaktion, die nur mit Berufstypen gleicher Art besetzt wäre, würde auf die Dauer nur Typen verwandter Art unter den Lesern genügen. Dadurch wäre keine Auflage zu erzielen, die das Blatt lebensfähig hielte. Unterschiede unter den Kollegen einer Redaktion sind also notwendig. Allen zu eigen muß aber die gleiche publizistische und charakterliche Grundauffassung und die bedingungslose Hingabe an die Zeitung sein.

Um diese unterschiedliche Belegschaft auf den einen einheitlichen und kürzesten Nenner, auf den Nenner *Zeitung* zu bringen, bedarf es einer besonderen Leitung. Der *Chefredakteur* übt sie[1]). Seine Aufgabe verbürgt dann Erfolg, wenn er zunächst seinen Beruf auch handwerklich vom Kleinsten her kennt. Wenn er nicht jedem jungen Berichterstatter, dem Mann vom Umbruch oder dem Leiter eines Ressorts seine Arbeitsaufgabe vorbildlich und überzeugend nahe bringen kann, ist schon ein Teil seines Ansehens, die Quelle des Vertrauens in seine Leitung, fraglich geworden. Neben dem handwerklichen Können, das alle, die in ihm aufgehen, oft überschätzen, steht aber die *geistige Führung*. Wenn es dem Chefredakteur nicht gelingt, alle seine Mitarbeiter für das Ziel der Zeitung innerlich zu gewinnen, wenn das Ziel selbst und die Kraft, die der Chefredakteur dafür einsetzt, nicht schließlich doch und immer wieder alle persönlichen und sachlichen Gegensätze, die unter bewegten, kampffrohen und eigen-geistigen Menschen gar nicht zu vermeiden sind, überwindet und bereinigt, dann ist er seiner Aufgabe nicht gewachsen. Wie er sein Ziel im einzelnen erreicht, ist nicht festzulegen und ganz Sache seiner Persönlichkeit. Im allgemeinen wird nicht das Kommando bestimmen, was zu geschehen hat, sondern die innere Überzeugung des einzelnen und seine natürliche Einsicht.

[1]) Eine anschauliche Darstellung redaktioneller Führung durch Paul Scheffer im Berliner Tageblatt aus innerer Gegnerschaft zum Hitlerregime gibt Margret Boveri in dem Bande Wir lügen alle. Eine Hauptstadtzeitung unter Hitler. Olten und Freiburg i. Br. 1965.

Ein ausgezeichnetes Mittel, dazu beizutragen, sind gut geleitete *Redaktionskonferenzen:* Besprechungen aller Redakteure. An den meisten Zeitungen werden sowohl tägliche als auch allgemeine Redaktionskonferenzen abgehalten. Die *täglichen* dienen der Besprechung der laufenden Angelegenheiten, der Arbeits- und Stoffaufteilung, der politischen Lage, wohl auch dem Rückblick auf Fehler und Vorzüge der letzten Nummer. Hierbei entlädt sich der in jeder guten Redaktion vorhandene „Ressortpartikularismus", d.h. der Wille jedes Redakteurs, für seine Aufgabe tunlichst die ganze Zeitung in Anspruch zu nehmen. Hier auszugleichen, für das Verständnis der einzelnen Abteilungen und ihrer Bedeutung untereinander zu wirken und schließlich durch Machtspruch zu klaren Verhältnissen zu kommen, ist Sache des Chefredakteurs.

Allgemeine Besprechungen sollten außer den täglichen in bestimmten Zeitabschnitten stattfinden, da die täglichen, meist streng an die Minute gebunden, sich immer nur in Eile vollziehen. Die allgemeinen Besprechungen aber behandeln Fragen, die ruhiger Klärung bedürfen, so z. B. die Zusammenarbeit zwischen den Ressorts. Sie geben allen Abteilungen Gelegenheit, über einander ihre Meinung zu sagen, sie geben aber auch die Möglichkeit ausgiebiger Besprechung der Wettbewerbsverhältnisse mit anderen Blättern. Wo publizistisch aktive Persönlichkeiten in der Redaktion arbeiten, schaffen solche Besprechungen immer eine Fülle neuer Ideen und Anregungen, die eine Zeitung vorwärtsbringen. Die allgemeinen Konferenzen überwinden auch die natürliche Enge und Eigensucht der Ressorts. Sie geben die Möglichkeit, die Plätze zu wechseln, den Kulturpolitiker einmal zu wirtschaftlichen, den Wirtschaftler einmal zu kulturpolitischen Fragen Stellung nehmen zu lassen und so dem Leserkreis das öffentliche Leben immer von neuen Blickpunkten zu zeigen. Das öffentliche Leben ist ja ein Ganzes. Zu allen seinen Vorgängen hat jeder, der ihm innerlich verpflichtet ist, etwas zu sagen. Die fast täglich beobachtete Tatsache, daß sich bei bestimmten wichtigen Ereignissen mehrere Sparten um die Bearbeitung streiten und daß die Redaktionskonferenz oder der Chef vom Dienst entscheidet, welche Sparte die Arbeit ausführen soll, ist an sich ein sehr gesunder Vorgang. Eine diplomatische Belebung dieses Wettstreits kann nur bewirken, daß auch alltägliche Vorgänge, aus der unterschiedlichen Sicht sehr verschiedener Persönlichkeit beurteilt, farbig dargestellt werden. Auch die wirtschaftliche und technische Seite der Zeitung muß in diesen Redaktionskonferenzen immer wieder besprochen werden. Dabei wird auch der Verleger oder der Vertreter des Verlages mit entscheidend beteiligt sein, denn das Ergebnis solcher Besprechungen dient der inneren Einheit des ganzen Zeitungswerkes. Sie sollen immer wieder in allen Mitarbeitern das geistige Gesamtziel festigen, das der Zeitung gesetzt ist, und in ihnen jene Leistungsfreundigkeit, ja Begeisterung wachhalten, ohne die eine Zeitung auf die Dauer matt und schal wird und keine Wirkung mehr ausstrahlt.

Des weiteren beschäftigen Pflege und Aufbau des *Mitarbeiterstabes,* wenn sie im einzelnen auch Ergebnis der Arbeit der Redakteure sind, die Redaktionskonferenzen. Schon um auch hier immer wieder anzuregen, vorwärtszukommen und neu wachsen zu lassen, ist das nötig. Ebenso gehört in diese Redaktionskonferenzen auch der ständige *Erfahrungsaustausch über den Leserkreis.* Jeder Redakteur muß kennzeichnende Äußerungen des Leserkreises kennen und richtig in seiner eigenen Arbeit einschätzen. Alle Erfahrungen anderer Kollegen wird er dazu interessiert benutzen. Auch Leserbriefe können als Anregung dienen (vgl. S. 17). Oft sehr brauchbare Aufschlüsse über die Zusammensetzung des Leserkreises, über die Lebensgewohnheiten, Bedürfnisse, Kenntnisse und Erwartungen der Leser liefern jedoch die Leseranalysen der Meinungsforschungsinstitute (vgl. S. 151).

So stellt sich die deutsche Redaktion dar als eine öffentlich verpflichtete, der Öffentlichkeit dienstbare publizistische Arbeitsgemeinschaft. Je nach Art und Zielgebung des Blattes wird sie auch Kampfgemeinschaft sein. Ihr dann anzugehören, wird in notwendigen publizistischen Kämpfen unter rechter Führung immer ein besonderes Erlebnis sein.

In jedem Falle hat die Redaktion das Ziel, aus dem Leben des Tages und allen seinen Ereignissen ein klares Bild der Zeit und ihrer Entwicklung zu geben: zuverlässig, vollständig, wahrhaftig und gesinnungsbestimmt, aus eigener Überzeugung.

Die stoffliche Gliederung der *deutschen* Redaktionen kommt auch in ihrer räumlichen Anordnung zum Ausdruck. Jede größere deutsche Redaktion hat heute meist noch ihren beinahe symbolischen langen *Korridor*, in den hinein meist ganz abgeteilte Zimmer der einzelnen Ressorts münden. Einige Blätter nicht nur des Boulevardtyps sind neuerdings auf das *amerikanische Redaktionssystem* übergegangen[1]). Hier ist die Arbeit nicht fachlich nach Stoffgebieten getrennt, sondern es sind die „Meinungsarbeiter", die nur eine geringe Rolle spielen, von den „Nachrichtenarbeitern" gesondert. Diese wiederum finden und formen die Nachricht in einer nicht stofflich, sondern nach Herstellungsphasen gegliederten Arbeitsteilung. Der erste findet die Nachricht, der zweite schreibt sie, der dritte redigiert sie, der vierte findet die Überschrift, und der fünfte bestimmt ihr typographisches Auftreten. Die jüngeren deutschen Typen der Zeitungen nähern sich in ihrer redaktionellen Organisation dem amerikanischen Beispiel. Wieder anders ist das *französische* System aufgebaut, das eine für deutsche Verhältnisse kaum vorstellbare Beweglichkeit aller Mitarbeiter ermöglicht und die eigentliche redaktionell-technische Aufgabe in die Hände des „Redaktionssekretärs" legt. Die nach sowjetischem Vorbild aufgebauten Redaktionen der totalitären Presse sind in ein „Redaktionskollegium" und ein „Redaktionssekretariat" unterteilt. Die Redaktions- und Verlagsarbeit wird durch das Redaktionskollegium vollzogen, dem der Chefredakteur, sein Stellvertreter, der Leiter der Abteilung Parteileben und Propaganda sowie der Verlagsleiter angehören. Verantwortlich aber bleibt der Chefredakteur. Dem Redaktionssekretariat kommt eine Schlüsselstellung zu. Mitglieder sind: der stellvertretende Chefredakteur, der Umbruchredakteur, ein Redakteur zur Überprüfung aller Sachangaben. Das „Sekretariat" koordiniert die Arbeit der Abteilung und ist für die Linie der Zeitung verantwortlich, die meist über ein staatliches Presseamt oder durch das Zentralkomitee der Kommunistischen Partei und die Abteilung Agita-

---

[1]) vgl. dazu Dovifat, Emil: Der amerikanische Journalismus, Stuttgart 1927.

tion und Propaganda bestimmt wird. Zum Teil gehen feste Weisungen nach Wochen- und Monatsplanungen an die Redaktionen.

3. Die Stoffbeschaffung

Woher nimmt die Tageszeitung ihren Stoff? Die Beschaffung der *Nachricht* haben wir kennengelernt (Bd. I, S. 70). Aber daneben steht in aller Vielfältigkeit und Fülle meinungsführender, unterrichtender, belehrender, beratender, unterhaltender und allgemein nützlicher Stoff in der ganzen Buntheit unter dem ständigen Wechsel des öffentlichen Lebens, innerhalb dessen die Zeitung ihre Aufgabe erfüllt. Es kann daher der Versuch eines Blattes, diesen Stoff aus eigenem und nur für sich zu decken, nie zum Ziele führen. Immer werden *eigenbeschaffter*, d. h. durch die Redaktion und ihre Mitarbeiter gewonnener, und *fremdbeschaffter*, d. h. als Halb- oder Fertigfabrikat gekaufter Stoff, zu unterscheiden sein. Welche Beschaffungsart überwiegt, das ist für die Eigenart der Zeitung bestimmend, aber von ihrer Größe, Reichweite und Wirtschaftskraft abhängig.

Die Frage: *eigenbeschaffter* oder *fremdbeschaffter Stoff* ist die alte Streitfrage, inwieweit eigene Leistung und Ideenkraft oder Kleistertopf und Schere den Inhalt bestimmen. In dieser kraß die Gegensätze herauskehrenden Form ist die Frage falsch gestellt. Worauf es ankommt, ist folgendes:

Jedes Blatt hat nur dann eine Daseinsberechtigung, wenn es einem bestimmten Leserkreis und meist auch einer bestimmten Stadt oder Landschaft in natürlicher Erfüllung der ebendort auftretenden publizistischen Aufgaben verpflichtet ist. Aus Weltstädten in Kleinstädte und Dorfgemeinden eingeführte Zeitungen werden dort niemals den örtlichen Aufgaben dienen können. Ebensowenig kann das aber eine Kleinzeitung tun, die ihren Stoff (gematert oder in Korrespondenzen) ausschließlich aus Großstädten bezieht und keine Bindungen an das öffentliche Leben eines festen Verbreitungsgebietes und eine aufzuschließende und zu entwickelnde Leserschaft hat. Dieser Grundtatsache tragen die neueren Organisationsformen des Zeitungswesen bewußt Rechnung. Auch auflagenstarke Blätter pflegen sich als Bezirksausgaben in landschaftsgebundene Ausgaben aufzugliedern. Daneben behauptet sich die bodengebundene Heimatpresse, die ihrerseits sich auch zu Zeitungsgemeinschaften zusammenschließt, die redaktionelle oder anzeigentechnische Aufgaben oder auch beide vereinigen (vgl. S. 30 f.). Nicht auf die Größe des Unternehmens kommt es also im einzelnen an. Maßgebend ist die Fähigkeit eines Blattes, seinen Inhalt so zu finden, zu fassen, zu formen und an die Öffentlichkeit, an eine Leserschaft zu bringen, daß damit deren publizistischer Bedarf befriedigt, vor allem deren sachliche Unterrichtung („Information") geleistet wird.

Jede Zeitung hat ihren Inhalt so zu gestalten, daß sie in ihrem Verbreitungsgebiet eine Lesergemeinde gründen und behaupten kann. Diese Gemeinde muß aus wirklichem inneren Vertrauen sich zur Zeitung finden und sich durch die tägliche Nachrichten- und Meinungsarbeit des Blattes zuverlässig bedient und unterrichtet fühlen.

Nach dieser Aufgabe richtet sich das Maß von Eigenarbeit und Fremdarbeit.

a) Der eigenbeschaffte Stoff

Das führende Weltblatt ist im Zeitungswesen nicht die Regel. Seine Spalten mögen im wesentlichen aus der Arbeit der eigenen Redaktions- und Korrespondentenstäbe schöpfen. Der Mehrzahl aller Zeitungen aber ist die Aufgabe gestellt, einer durch den städtischen und ländlichen Verbreitungsbezirk und auch durch Landschaft und Heimat gebundenen Lesergemeinde verpflichtet zu sein. Das verlangt eine starke und persönliche Eigenarbeit auf vielen, aber nicht auf allen Gebieten.

Daß die Zeitungsredaktion alles von der ersten bis zur letzten Zeile selbst schreibe, ist unvorstellbar. Im Gegenteil, beste Stoffe wird sie, soweit sie wirtschaftlich erschwinglich sind, halb und ganz bearbeitet von draußen heranziehen. Sie müssen dann aber samt und sonders in die eigene Natur und Aufgabe der Zeitung eingeordnet, für sie angepaßt und zurechtgearbeitet sein. Eigenarbeit ist in der großen Politik, selbst in mittleren und kleineren Blättern, dann zu leisten, wenn es möglich ist, ihre Auswirkungen auf das Alltagsleben des Verbreitungsgebietes darzutun. In der allgemeinen Tagesarbeit freilich wird eben hier der Unterschied zwischen dem „großen" und „führenden" Blatt und der mittleren und kleinen Zeitung zu suchen sein. Die kleine und mittlere Zeitung wird ihren politischen Stoff ebenso wie den allgemeinen und kulturpolitischen Stoff zum Teil von draußen, d. h. von Korrespondenzunternehmen oder Redaktionsgemeinschaften, beziehen. Doch wird sie auch hier zu Eigenarbeit übergehen, wo es die Vorgänge im eigenen Verbreitungsgebiet verlangen, wo sie aufgrund ihrer Vertrautheit mit den örtlichen Kräften zu sachkundiger Darstellung und Beurteilung fähig ist. Zur eigenbeschafften Arbeit gehört auch all das, was die *eigenen* Mitarbeiter beisteuern. Es beweist die Fähigkeit des tüchtigen Redakteurs, Mitarbeiter heranzuziehen und sie richtig zu betreuen. Ein Stab guter, ganz auf die Eigenart des Blattes gerichteter Mitarbeiter ist eines der Geheimnisse jedes Zeitungserfolges.

Der Begriff *„Mitarbeiter"* ist weit gefaßt. Seine Gliederung nach redaktioneller Aufgabe und arbeitsrechtlicher Verpflichtung haben wir bereits aufgeführt (Bd. I, S. 45). Zu nennen sind hier zunächst die *hauptberuflich* tätigen Persönlichkeiten, die sich beruflich bewährt haben und Honorar oder pauschale Bezahlung beziehen. Ihnen fällt oft der Hauptteil der freien Mitarbeit zu. Aber auch sie, wie die oft wertvollen und anregenden „gelegentlichen Mitarbeiter", müssen aufgrund der besonderen Natur der Zeitung in ständiger unterrichtender Fühlungnahme immer wieder auf den besonderen Bedarf der Zeitung hingewiesen werden.

Es muß die ständige Sorge des Redakteurs und der redaktionellen Arbeit sein, aus der großen Zahl der verfügbaren Mitarbeiter *die* herauszuholen, denen das für die Zeitung notwendige Können in der gerade für sie gebotenen Eigenart gegeben ist. Keine Stunde ist vergeblich, die für diese pädagogisch-redaktionelle Aufgabe aufgewandt wird. Auch neue Begabungen aufzuspüren, sie in ihrer Eigenart zu stärken und zur Entfaltung zu bringen, ist Sache des Redakteurs. Dazu braucht er Menschenkenntnis, Blick für Talent, Fähigkeit und Eigenart und vor allem unermüdliche Geduld. Nicht nur das Gedeihen der Zeitung, auch die geistige Zukunft des eigenen Standes ist damit in großem Umfange in die Hand des Redakteurs gelegt. Er ist so in gewissem Sinne Arbeitgeber einer wichtigen Gruppe journalistisch-schöpferischer Persönlichkeiten, deren Leistungsfähigkeit sehr davon abhängt, daß sie wirtschaftlich auskömmlich bezahlt werden.

Um das durchzusetzen, haben sich die *„freien Mitarbeiter“* vielfach zu eigenen Gruppen in den journalistischen Berufsorganisationen zusammengeschlossen. Sie stehen in scharfer Gegnerschaft zu der Unterbietung und Schleuderkonkurrenz berufsfremder Kräfte, leiden allerdings selbst auch unter der sozialen Belastung durch ältere, in den Leistungen nachlassende Journalisten, gelegentlich auch durch den Zulauf unbegabter Kräfte, die unter dem Namen der Presse oft eigene, pressefremde Vorteile suchen und deren Treiben von den Berufsvereinen nach Möglichkeit lahmgelegt wird. Hier den fähigen Kräften in auskömmlicher Weise Arbeitsentwicklung zu bieten, ist die schwierige Aufgabe der Redaktionen. Von einer fähigen Mitarbeiterschaft ist die Leistung der Zeitung wesentlich mitbestimmt. Jede größere Redaktion verfügt des weiteren über eine Reihe festverpflichteter fach- und sachkundiger Mitarbeiter, die nötigenfalls mit Auskünften oder schnell zu liefernden Artikeln zur Verfügung stehen (z. B. ärztliche, technische, meteorologische, juristische, theologische usw. Mitarbeiter).

Eine „Mitarbeiterschaft“ seltsamer, aber oft auch nützlicher Art sind die begeisterten oder nörgelnden, lobenden oder hämischen, oft auch namenlosen Leser, die sich in Zuschriften an die Redaktion wenden. Sie sind selten ganz wertlos (wenn man die Narren, die Eigenbrötler und Stänker ausschließt). Sie sind ein gewisser Gradmesser der Öffentlichkeit für die Zeitung. Da, wo aus ehrlichem Wollen geschrieben wird, soll der Redakteur, wenn die Zeit es ihm irgend erlaubt und ihm das aussichtsreich erscheint, mit den Schreibern Fühlung aufnehmen oder nehmen lassen, damit sich diese Bereitschaft nicht durch Totschweigen in Ärger verwandelt. Man kann diese Leser nicht nur zu treuen Freunden machen, sondern auch zu guten gelegentlichen und schließlich ständigen Mitarbeitern heranbilden. Hier endet die Frage der Mitarbeiterschaft in der Pflege, Unterrichtung, aber auch Beobachtung und Befragung der *Leserschaft*. Darin besteht auch eine besondere Aufgabe für den Verlag (s. Bd. I, S. 54); der

Redakteur aber hat sie Tag für Tag zu lösen. Die Veröffentlichung von Leserbriefen (Letters to the Editor) unter der Schlagzeile „Stimme aus dem Publikum", „öffentliche Meinung" und ähnlichen Titeln ist heute allgemein üblich geworden. Der Brauch ist sehr wohl geeignet, die Anteilnahme, ja die Mitarbeit der Leserschaft zu wecken und zu mobilisieren[1]).

Besondere Verantwortung trägt die Arbeit der oft als *festangestellter Mitarbeiter tätige Vertreter* der Zeitung an den politischen Hauptpunkten des Landes (Bonner Vertreter, Berliner Vertreter) oder der Welt (Auslandskorrespondent) zu leisten. Er steht an einer sehr sichtbaren Stelle, ganz im Rampenlichte der Öffentlichkeit und ist Lob und Tadel oft mehr ausgesetzt als der Redakteur daheim. Er muß also über die Fähigkeiten verfügen, sein Blatt bei all den Gelegenheiten zu vertreten, die beruflich seine Anwesenheit erfordern. Dazu muß er die sichere, gesammelte, formgeschulte und findige Begabung des Reporters verbinden mit der Fähigkeit, sich auch gesellschaftlich in den Kreisen zu halten, die über die politischen Vorgänge Bescheid wissen. Er soll weniger der gerissene Ausnutzer der „guten Verbindungen" als vielmehr der durch sein Können und seine Leistung im Dienste der Zeitung anerkannte und *geachtete* Publizist sein. Daß dazu auch die kameradschaftliche Anerkennung im Kreise der Berufsgenossen und die gesellschaftliche in der politischen Welt gehört, ist selbstverständlich. Unbedingte Sauberkeit der Lebensführung, politische und persönliche Zuverlässigkeit sind die weiteren Forderungen, die an den Mann gestellt werden müssen, der das Ansehen einer Zeitung an den politischen Hauptpunkten des Landes und der Welt zu wahren hat. Die Tatsache, daß in der heutigen Lage des Zeitungswesens diese redaktionellen Vertreter nicht eine, sondern mehrere Zeitungen vertreten, verschärft erst recht diese Forderungen.

In gesteigerter Form gelten sie für den Auslandskorrespondenten.

---

[1]) vgl. Braun, Hanns: Der Leserbrief im Lichte zeitungswissenschaftlicher Theorie. In: Publizistik, 6/1960 (Festschrift für Emil Dovifat), S. 330 ff. — Das Buch von Leila A. Sussmann: Dear FDR. A study of political letter-writing, Totowa: The Bedminster Press, 1963, zeigt die Rolle der Zeitungszuschriften in der Laufbahn Franklin D. Roosevelts.

Die Aufgabe des *Auslandskorrespondenten* geht über das bloß Journalistische hinaus. Er ist nicht nur Vertreter seiner Zeitung. Er ist auch Vertreter seines Volkes. Einen „Halbbruder des Diplomaten" hat man ihn genannt, salopp wohl auch einen „Diplomaten in Hemdsärmeln". Schon um am politisch-gesellschaftlichen Leben des Landes teilzunehmen, in dem er wirken soll, bedarf er einer größeren finanziellen Beweglichkeit; denn er muß sich ständig den Zutritt zu den Kreisen freihalten können, in denen er sich politisch unterrichten kann. Er muß dort eingeladen werden und auch selber einladen können. Je mehr er mit den Politikern des Landes, über das er zu berichten hat, gesellschaftlich gleichberechtigt verkehrt, um so stärker sind die Möglichkeiten, sich zu unterrichten. Daß er dabei klug genug sein muß, sich keine Bären aufbinden zu lassen, und wachsam genug, sich nichts zu vergeben, ist selbstverständlich, aber vielleicht nicht unnötigt, gesagt zu werden. Unerläßlich ist die genaueste Kenntnis von Land und Leuten, die völlige Beherrschung der fremden Sprache und die richtige Fähigkeit, alle Enge und Stickluft heimischen Krähwinkeltums abzuschütteln und den großen und freien Zug weltpolitischer Ideen zu begreifen. Wer Land und Leute überhaupt zum erstenmal erlebt, mag als Reporter unbefangener und frischer schreiben. Als ständiger Vertreter aber hat er wesentlich mehr zu leisten. Hier muß er ganz auf den Grund der Dinge sehen, und kennt er das Land aus der Zeit vor seiner Pressetätigkeit, hat er es von einer anderen Tätigkeit her genau kennengelernt, umgeht er die Gefahr, die jedem Pressevertreter droht, einseitig unterrichtet zu werden, daß ihm nur gezeigt wird, was gezeigt werden soll. Auch die genaue Kenntnis des Volkscharakters erschließt sich dem mehr, der in diesem Volke anonym gearbeitet hat. Dann erst ist er in der Lage, sich selbst ein echtes Bild zu machen. Aus diesem Grunde ist auch die Beherrschung der Sprache unbedingte Forderung. Mit dem Dolmetscher oder in ständiger Benutzung eines Wörterbuches kann nicht erreicht werden, was ein besonderes Ziel der Korrespondentenarbeit ist: das wirkliche und echte Leben des fremden Volkes zu erkennen und darzustellen und die Übertreibungen oder Untertreibungen der politischen Sprache zu verstehen.

Der Korrespondent hat nicht nur über das große politische Ereignis zu berichten, größer noch ist die Aufgabe, dessen Kommen zu spüren, es zeitig zu erkennen, es in einer lebendigen und gemeinverständlichen Berichterstattung vorzubereiten und *deut-*

lich zu machen. In vertraulichen, nicht zur Veröffentlichung bestimmten Informationen hat er die Heimatredaktion immer unterrichtet zu halten. Leider ist die gegenwärtige Besetzung der Auslandsposten unserer deutschen Presse zahlenmäßig und persönlich für die hier gestellten Aufgaben noch keineswegs ausreichend, ebensowenig wie der Raum, der im Blatt daheim der außenpolitischen Problematik zur Verfügung gestellt werden kann. Große Weltblätter unterhalten zahlreiche Auslandskorrespondenten. Als vorbildlich gilt das System der Londoner „TIMES", die eigene Stäbe von Auslandskorrespondenten jeweils für bestimmte Ländergruppen unterhält (slawische Welt, romanische Welt usw.). Viele „TIMES"-Korrespondenten bleiben ihr Leben lang im Ausland; freilich kehren sie in bestimmtem Rhythmus zu mehrmonatlichem Aufenthalt in die Heimatredaktionen zurück, um mit deren Problemen vertraut zu bleiben.

Indem eigene Pressereferenten bei den diplomatischen Vertretungen geschaffen wurden, ist dem deutschen Korrespondenten, soweit das dienstlich möglich ist, die Arbeit erleichtert. Wenig wird amtliche Unterstützung ihm helfen können in seiner Pflicht, das fremde Volk aus seiner ganzen Natur und Geschichte zu begreifen und darzustellen, um so der Heimat die Grundlage einer auf gegenseitiger Anerkennung aufbauenden Verständigung mit den großen Staaten der Welt zu bieten. Die Bedürfnisse und Richtlinien der deutschen Politik bleiben dabei für ihn entscheidend.

Es bleibt die schwierigste Aufgabe *jedes* kundigen, erfahrenen Berichterstatters, der nach draußen entsandt ist: *unter dem großen Prunkmantel der äußeren Aufmachung und nachrichtenpolitischen Färbung den wahren Gang der politischen Tatsachen zu sehen, ihr Wirken und ihren Einfluß auf das eigene Land zu ermessen und das von draußen an die Heimatredaktion zu berichten.* Was davon veröffentlicht werden oder von der allgemeinen politischen Führung des Blattes vertraulich nutzbar gemacht werden kann, das wird nach der jeweiligen politischen Lage und den Aufgaben zu entscheiden sein, die der Zeitung erwachsen. Diese Aufgaben und nicht die allgemein journalistischen oder gar nur sensationellen Interessen bestimmen die Arbeit des Auslandskorrespondenten.

Bei außerordentlichen Ereignissen pflegen die Blätter *Sonderberichterstatter* zu entsenden. Diese journalistische Arbeit ist so bedeutsam geworden, daß ihre Träger von Starallüren oft nicht freigeblieben sind. Die Nachkriegszeit hat vor allem dem

„*Konferenzberichterstatter*" besondere Aufgaben gestellt. Die Art, wie sie auch kollegial und im Zusammenwirken mit den großen Nachrichtenbörsen der Konferenzstädte betrieben werden, ist oft geschildert worden[1]).

Eine besondere, sehr reglementierte Entwicklung hat in den letzten Kriegen die *Kriegsberichterstattung* durchgemacht. Die früheren Kriegsberichter, z. B. die der deutschen Einigungskriege, waren militärische Laien und Neutrale. Sie bewegten sich zwischen den Fronten und auf beiden Seiten. Russel, der Berichterstatter der „TIMES" im Krimkrieg (1853—56), fuhr in einer zweispännigen Equipage buchstäblich als „Schlachtenbummler" zwischen den feindlichen Lagern hin und her. Er besuchte die Stäbe, kritisierte die Generäle und setzte u. a. in London die Abberufung eines unfähigen kommandierenden Generals durch. Das ist heute unvorstellbar. Schon im ersten Weltkrieg waren die Kriegsberichter bei den hohen Stäben zusammengezogen. Sie besichtigten an ruhigen Tagen die Front und schrieben Berichte, die der Zensur unterlagen. Im zweiten Weltkrieg wurde in Deutschland, den totalitären Grundsätzen folgend, die Kriegsberichterstattung propagandistischer Auftrag. Die Berichterstatter in Presse, Film und Rundfunk waren Soldaten und als solche in „Propagandakompanien" (P. K.) zusammengefaßt. Sie arbeiteten auf militärischen Befehl, gingen mit den kämpfenden Truppen vor und berichteten aus unmittelbarer Beteiligung am Kampf. Die Zensur und Propagandastelle prüfte die Berichte, verschärfte sie häufig und gab sie an geeignete Zeitungen weiter. Viele P.K.-Leute sind gefallen. Unter ihren Berichten sind neben hohler Kriegstrommelei manche — wenn auch zwischen den Zeilen — oppositionell gestaltete Beiträge, die vom Menschlichen her die Ereignisse des Krieges darzustellen suchten[2]). Allerdings waren solche Berichte eine Seltenheit. Kein moderner Krieg wird den freien und unkontrollierten Kriegsbericht zulassen, aber die journalistische Aufgabe als soldatischen Befehl aufzunehmen und befehlsmäßig zu lösen, ist eine Forderung, die mit der Aufgabe des Kriegsberichters in einer freien Welt unvereinbar ist.

---

[1]) vgl. die anschauliche Darstellung des Genfer Konferenzbetriebes bei Schmidt, Paul: Statist auf diplomatischer Bühne, Bonn 1953. — Schulz-Werner, Joachim: Das Pressehaus der Viererkonferenz. In: Der Journalist, 4/1954, S. 15.

[2]) Caspers, Herbert: Von der Feld-Zeitung bis zur PK. In: Der Journalist, 7/1964, S. 18. — Schröder, Jürgen: Der Kriegsbericht als propagandistisches Kampfmittel der deutschen Kriegführung im Zweiten Weltkrieg, Diss., Berlin 1965.

Alle Korrespondenz ist heute ohne *Bild* fast unmöglich. Jegliche Berichterstattung ist daher heute von den Bildjournalisten begleitet. Ihre Aufgabe wird später eingehender darzustellen sein (vgl. S. 98).

b) Der fremdbeschaffte Stoff — Die Korrespondenzen

Für die Mehrzahl aller Tageszeitungen gibt es vielerlei Stoff, der von draußen bezogen werden kann. Er muß aber immer geprüft und durch sachkundige Bearbeitung dem bestimmten Charakter der Zeitung eingeordnet sein. Es wäre in der Tat nicht einzusehen, höchst seltsam und im übrigen gar nicht zu bezahlen, wenn z. B. ein Zeitungsroman immer nur für *ein* Blatt geschrieben würde und nicht in vielen Blättern erscheinen könnte, falls deren Leserkreise sich nicht schneiden. Es wäre auch unsinnig, wenn gewisse allgemeinbildende Beiträge, politische Artikel und dergl. immer nur für ein Blatt geschrieben würden, zumal da nur ganz wenige Blätter einen Vertrieb durch das ganze Land haben und die Leserkreise vieler Zeitungen sich gar nicht schneiden. Derartig einmalige Verwertung würde die geistigen Roh- und Halbstoffe der Zeitung so verteuern, daß die Massenverbreitung unmöglich wäre. Ähnliche Grundsätze, wie sie in der Beschaffung der Nachricht zur Gründung der Nachrichtenbüros führten, haben daher auch eine wirtschaftliche Vereinfachung und Vereinheitlichung im Bezug des Zeitungsstoffes zur Folge gehabt. Es kam zur Gründung der *Korrespondenzen.*

Korrespondenzen sind Unternehmen, die Zeitungen und Zeitschriften mit Beiträgen in Wort oder Bild fortlaufend beliefern und diese entweder selbst herstellen oder zum Vertrieb ankaufen.

Nach Quelle und Richtung, Herkunft und Aufgabe sind die Korrespondenzen sehr verschieden. Wir unterscheiden:

1. *Selbständige Korrespondenzen* als unabhängige Stofflieferanten für die Zeitungen. Sie erfüllen ihre eigent-

lichen journalistischen Aufgaben ausschließlich im Dienst der Presse als „Presseredaktionelle Hilfsunternehmen“. Viele Nachrichtenunternehmen geben Korrespondenzen dieser Art heraus, z. B. dpa (vgl. Bd. I, S. 74).

2. *Gebundene Gruppen-* (Interessenten-) *Korrespondenzen.* Hierher gehören z. B. alle von den Parteien, Verbänden, Religionsgemeinschaften, Kommunalverbänden, Presse- und Ausstellungsämtern herausgegebenen Korrespondenzen, an deren Abdruck dem Herausgeber im Sinne seiner Aufgaben gelegen ist, an denen aber auch die Presse ein begrenztes Interesse nimmt.
3. *Privatwirtschaftlich werbende Korrespondenzen* (Public Relations Dienste [vgl. S. 26], Reklame-Dienste), die im Interesse großer Firmen, Handels- und Verkehrsunternehmen, Theater- und Vergnügungsinstitute der Presse zur allgemeinen Information und der Bitte um Nutzung zugehen. Sie erscheinen ausschließlich oder doch *fast* ausschließlich im Interesse ihrer Verbreiter und werden daher meist kostenlos versandt.
4. *Private Informationsdienste,* Unternehmen, die teils zur Veröffentlichung, teils nicht zur Veröffentlichung und dann nur zur persönlichen Unterrichtung u. a. Tatsachen und Vorgänge, aber auch kombinatorische Betrachtungen, Vorschauen und subjektive Deutungen („background-Material“) regelmäßig an feste Bezieher leiten. Die Angaben werden häufig ausdrücklich als „vertraulich“ gekennzeichnet und nehmen äußerlich sogar den Charakter persönlicher Briefe an. Sie werden meist auch zahlungskräftigen Persönlichkeiten, Verbänden, Wirtschaftsunternehmen, oft gegen hohe Bezahlung, angeboten und nach ihrem Nutzungswert eingeschätzt, der oft kein publizistischer Wert ist, sondern rein kommerziell, steuerlich oder in Absatzbedingungen usw. gewinnbringend sein kann. Die Art der Materialbeschaffung ist umstritten. Fragwürdige Methoden (etwa auch amtliche Stellen zu korrumpieren) sind meist schwer zu klären.

1953 konnten Vergehen dieser Art nur durch eine Amnestie bereinigt werden. Unternehmen, die Informationen, Stimmungs- und Meinungsurteile gegen hohe Bezahlung an Private vermitteln, können streng genommen nicht als *Presse*unternehmen gewertet werden, da sie ja weder durch die Öffentlichkeit gehen noch „öffentlich bedingt", d. h. von Bedeutung für das *ganze* öffentliche Leben sind. Sie sollten somit weder die Bevorzugung in der Information noch die aus einer öffentlichen Aufgabe erwachsende Sonderstellung für sich in Anspruch nehmen, wie es die Presse mit gutem Recht tut (siehe Bd. I, S. 22).

Überaus mannigfaltig ist der Stoff, der — kostenlos oder gegen Bezahlung — dem Redakteur von den Korrespondenzen auf Bestellung angeboten oder unaufgefordert zur Verfügung gestellt wird. Sie liefern vom sogenannten „Einmannbetrieb" bis zum Großunternehmen Material aller Nutzungsgrade, vielfach unentbehrliche redaktionelle Roh-, Halbstoff- und Fertigwaren. Aufgabe der Korrespondenz ist das *Angebot eines mannigfaltigen, aber nicht unübersehbaren Stoffes, der richtig ausgewählt, zuverlässig vorbereitet und zeitig geliefert ist.* Für die redaktionelle Bearbeitung muß er leicht durch örtliche Angaben zu ergänzen und dem jeweiligen Bedarf schnell anzupassen sein, um auch der durch die Korrespondenzen gelieferten Fremdarbeit den Charakter des eigenen Blattes aufzuprägen.

Das Handbuch Die Deutsche Presse 1961[1]) verzeichnet in einer bisher leider nicht neu vorgenommenen Erhebung 625 Herausgeber von Nachrichtendiensten, Korrespondenzen und Informationsdiensten mit insgesamt 1158 Einzeldiensten. Das Handbuch bringt die Dienste in der Gliederung von festbezahlten und kostenlos versandten Diensten, eine Gliederung, die kennzeichnend unterscheidet:

---

[1]) Die Deutsche Presse 1954/1956/1961. Hrsg. v. Institut für Publizistik der Freien Universität Berlin. Berlin [1]1954, [2]1956, [3]1961; S. 49 ff. Die statistisch sehr aufschlußreichen Bände wurden nach der Emeritierung des Herausgebers nicht fortgesetzt.

Korrespondenz- und Nachrichtendienste 1961

(In den Klammern die Zahlen von 1956)

	Dienste insgesamt	davon: fest-bezogen	davon: kostenlos versandt
1. Nachrichtendienste	40 (34)	40	—
2. Politische Dienste	126 (162)	78	48
3. Reportagen, Tatsachenberichte	25 (13)	25	—
4. Wirtschaft, Finanzen, Handel, Industrie, Gewerbe, Statistik	326 (126)	266	60
5. Sozialpolitik	45 (39)	22	23
6. Technik, Verkehr	37 (22)	24	13
7. Wetterdienste	31 (29)	31	—
8. Land- und Forstwirtschaft	37 (31)	21	16
9. Religion, Kirche	16 (29)	12	4
10. Recht und Gerichtsberichte	10 (10)	10	—
11. Naturwissenschaft, Medizin	8 (8)	8	—
12. Sport	8 (8)	8	—
13. Mode, Frau, Jugend	37 (26)	28	9
14. Kultur			
a) Kulturpolitik	9 (16)	6	3
b) Wissenschaft, Hochschulen	21 (13)	13	8
c) Theater, Kunst, Film, Funk	69 (35)	32	37
d) Romane, Kurzgeschichten	50 (51)	43	7
15. Gemischte Dienste, redaktionelles Material, Materndienste	140 (62)	134	6
16. Bilderdienste, Archive	112 (88)	108	4
17. Sonstige Dienste	9 (6)	8	1

Die Aufstellung ist nicht vollständig. Eine vollständige Zählung ist erst möglich, wenn eine Berufsvertretung dieses publizistischen Zweiges sich entwickelt hat.

Korrespondenzen sind älter als die Zeitungen. Sie sind eine ihrer Wurzeln. Ehe die gedruckte, regelmäßige Tageszeitung weiteren Kreisen der Öffentlichkeit als Mittel der Nachrichtenverbreitung diente, hatten findige Nachrichtenhändler im 16. Jahrhundert für kleine, interessierte und zahlungsfähige Kreise geschriebene Korrespondenzen gegründet. Sie gingen an Fürsten, Geistliche, Gelehrte und Kaufleute. Die Nachrichtenquellen mancher dieser Korrespondenten erstreckten sich über die ganze damals bekannte Welt, die Nachrichten wurden aber nur Persönlichkeiten von Stellung und Einfluß übermittelt. Breiteste Öffentlichkeit im Sinne der Zeitung war ihnen nicht gegeben. Die ersten, gedruckten periodischen Blätter am Anfang des 17. Jahrhunderts fußten aber dann auf diesen Vorläufern, weil sie aus ihrem Inhalt die interessantesten, sensationellsten und wichtigsten Nachrichten hergaben, die so durch die Zeitung „weitergeschrieben" und einem größeren Leserkreis zugänglich wurden. Diese Korrespondenzen waren also damals schon eine Art Nachrichtenquelle für die gedruckte Zeitung. In ihrer weiteren Entwicklung nahmen sie zwei Wege. Ein Teil begnügte sich mit Entfaltung der Tagespresse, seinem ehemaligen Bezieherkreis jetzt nur solche Mitteilungen zuzustellen, die für die Wiedergabe durch das öffentliche Nachrichtenmittel Zeitung nicht geeignet waren oder dort verboten worden wären. So bildeten sich im 18. Jahrhundert die damals als „Bulletins" bezeichneten Rundbriefe heraus, die, nicht offen, sondern geschlossen versandt, ihren Vorzug eben darein setzten, Dinge mitzuteilen und Zusammenhänge unterrichtend darzulegen, die für die Zeitung und ihre breite Öffentlichkeit ungeeignet waren. Solche Korrespondenzen bestehen auch heute noch. Sie sind oben unter dem Begriff „Private Informationsdienste" näher gekennzeichnet.

Zum fremdbeschafften Stoff gehört auch die Lieferung von Text für Tageszeitungen durch die Mater.

Matern sind Pappeplatten, in die Zeitungstext vom fertigen Satz eingeprägt ist. Ausgegossen, ersparen sie die Satzkosten und geben Artikel, Spalten, Bilder, Seiten und fertige Zeitungen druckfertig her.

Das Maternsystem ermöglicht die zentrale Herstellung klischierten redaktionellen Stoffes. Das System wird für Bilder, Diagramme usw., aber auch für Romane und Unterhaltungsmaterial in größerem Umfang genutzt. Die Herstellung ganzer Zeitungen aus Matern, d. h. die Versendung der Matern von einer Zentrale aus an Blätter, die ihren redaktionellen Teil ausschließlich oder doch fast ausschließlich mit diesen Matern bestreiten, wurde vor 1933 in gefährlichster Form politisch angewandt.

Der Hugenbergkonzern vereinigte 1932 eine Reihe von Materndiensten, die er gesinnungsmäßig im bürgerlich-nationalistischen Sinne redigierte. Er führte auf diese Weise wegen der billigen Lieferung und der gleichzeitigen Vergebung von Anzeigen durch die dem Konzern zugehörige „ALA" einen beträchlichen Teil der Presse und deren Leser in das nationalistische Lager[1]). Diese Tatsache führte nach 1945 dazu, daß Materndienste überhaupt abgelehnt wurden. Dem „Deutschen Presserat" ging es ebenfalls um die Unterbindung einer den Wettbewerb der Meinungen ausschließenden Konzentration der Presse, als er, wie es in seinen Gründungs-Grundsätzen vom 20. November 1956 heißt, die „Beobachtung der strukturellen Entwicklung der deutschen Presse und Abwehr von freiheitsgefährdenden Konzern- und Monopolbindungen" zu seiner Aufgabe machte[2]). Auf Konzentrationstendenzen in der deutschen Presse wurde in letzter Zeit des öfteren kritisch aufmerksam gemacht[3]). Eine gewisse Konzentration ist technisch und wirtschaftlich bedingt und eine Erscheinung, die in allen Ländern der freien Welt vor sich geht.

Eine zentrale — politisch bedingte — Zusammenfassung haben die Materndienste nach 1949 nicht wieder angenommen; die Materntechnik aber dient innerhalb der Bezirksausgabensysteme und der Zeitungsgemeinschaften zur organisatorischen Vereinfachung. Doch vollzieht sich diese Gruppenbildung geographisch und politisch dezentralisiert, also auf regionaler Grundlage. Die einzige überregionale Konzernierung ist zur Zeit die des Springer-Konzerns[4]). Angestrebt wird (auch durch den Presserat) eine Klarlegung der Besitzverhältnisse in der Presse. Hat sie die Pflicht, öffentliche Aufgaben zu vertreten, sollte sie das mit offenem Visier tun.

Zum *fremdbeschafften* Stoff gehören in bestimmten Fällen auch die *Beilagen*, soweit sie als geschlossene Behandlung

---

[1]) vgl.: Dietrich, Valeska: Alfred Hugenberg, ein Manager der Publizistik, Diss., Berlin 1960, S. 76 ff.

[2]) vgl.: Deutscher Presserat, Tätigkeitsbericht 1956/59, S. 11 ff.

[3]) Schütz, Walter J.: Wettbewerbsbedingungen und Konzentrationstendenzen der deutschen Tageszeitungen. Ergebnisse pressestatistischer Strukturuntersuchungen. In: Publizistik, 4/1963, S. 363—379; Kötterheinrich, Manfred: Konzentrationsbewegung in der deutschen Nachkriegspresse. In: Die Feder, 7—8/1964, vgl. Bd. I, S. 24. Ebendort weitere Sachangaben.

[4]) vgl.: Der Spiegel, 6/1965 und 14/1966 und die Gegendarstellung: Das Märchen von der bedrohten Meinungsfreiheit. In: Die Welt v. 17. 8. 1966. Das Problem verlangt eine sachliche Klärung. Darstellung der Materntechnik S. 26.

von redaktionellen Sondergebieten (Sport, Jugend, Buch, Film, Mode, Reise) nicht redaktionell hergestellt, sondern von draußen fertig geliefert sind. Wo die wirtschaftlichen Umstände einer publizistisch lebensberechtigten Zeitung die Herstellung eigener Beilagen nicht zulassen, kann die z. B. als Mater gelieferte Beilage, wenn sie journalistisch gut ist, den dargebotenen Stoff bereichern und damit dem Leser dienen. *Bilderbeilagen* in technischer Vollendung (Kupfertiefdruck usw.) sind oft nur von größeren Betrieben in Eigenherstellung zu schaffen und werden von kleineren fertig bezogen. Die eingelegten Bilderbeilagen werden auch mit dem Titel des beziehenden Blattes geliefert, so daß mindestens nach außen eine Anpassung gegeben ist.

Nicht zum Kapitel des fremdbeschafften Stoffes, obwohl irrtümlich oft ihm untergliedert, gehört die *Bezirksausgabe.* Sie ist eine Folge der wirtschaftlichen Vereinfachung des Zeitungswesens.

Bezirksausgaben (früher unzutreffend auch „Nebenausgaben" genannt) *sind für ein bestimmtes Vertriebsgebiet hergerichtete Ausgaben einer Hauptausgabe, die den allgemeinen Teil liefert, dem aber ein selbständiger, lokaler und provinzieller Teil und auch ein örtlicher Anzeigenteil beigegeben wird, beide dem besonderen Vertriebsgebiet angepaßt.*

Auch der *Zeitungstitel* (Kopf) wird oft dem Vertriebsgebiet angepaßt oder stammt aus dort bereits bestehenden aufgekauften oder aufgenommen Zeitungsunternehmen.

Große regionale Blätter, die von den Hauptausgaben her ein System von Bezirksausgaben zur Anpassung an die örtlichen publizistischen Interessen der Leserschaft geschaffen haben, sind in Deutschland hoch entwickelt.

Eine wissenschaftliche Gesamtzählung von 1960 erbrachte in der Bundesrepublik und in Westberlin 1636 (Zeitungs-) Ausgaben mit einer Gesamtauflage von 20,57 Mill. Davon waren 708 Haupt- und 928 Bezirksausgaben. Ohne die hier eingerechneten „Örtlichen Anzeiger“[1]) bleibt eine Zahl von 1459 (Zeitungs-) Ausgaben, darunter, nach der Zählung von 1960: 708 Hauptausgaben und 928 Bezirksausgaben. Eine jüngste Zählung für das 1. Quartal 1966 ergab 665 Haupt- und 574 Bezirksausgaben (Nebenausgaben), also 1239 Gesamtausgaben mit 20155815 Gesamtauflage[2]). Diese Angaben zeigen die publizistische Bedeutung der Bezirksausgabensysteme, von denen wir zwei typische Beispiele (je eines der CDU und der SPD nahestehenden Verlages) unten, auf S. 32 wiedergegeben. Welche Blätter in einer Pressestatistik als „selbständige“ Zeitungen gezählt werden dürfen, ist eine umstrittene Frage. Nur solche Blätter als „selbständige“ zu zählen, die den „Mantel“ (politischer und allgemeiner Teil) in eigener Arbeit herstellen, ist publizistisch insofern berechtigt, als damit der repräsentativ wichtige Teil des Blattes zentral hergestellt und insofern besonders zu werten ist. Doch übersieht diese Art der Berechnung die bei gut geleiteten Blättern regional besonders wirksame Publizistik des lokalen Teils. Das darf aber in der publizistischen Wertung unmöglich übergangen werden, zumal das System der Bezirksausgaben in Deutschland besonders wirksam ist. Walter J. Schütz läßt nur Blätter mit eigenem Mantel (selbstredigiertem politischen Teil) als publizistisch selbständige „Zeitungseinheiten“ gelten[3]). Als „publizistische Einheiten“ im Sinne von Schütz sind nur 175 Blätter anzusehen. Der allgemeine politische Teil der Zeitungen wird nach den Berechnungen von Schütz in 175 politischen Redaktionen hergestellt, die von 420 wirt-

---

[1]) Darunter sind rein lokale Blätter mit nur lokalem Nachrichten- und Anzeigenteil zu verstehen, die mit 766451 Auflage zu Buche stehen, aber keine Tageszeitungen sind. Sie zählen nicht zur Presse (lt. Verw.-Ger.-Entscheidung vom 4. 12. 1964. In: Der Journalist, Beilage: Recht der Presse, III, 1965).

[2]) Zusammenstellung ZVuZV, 32/1966, S. 1376, vorgenommen an den Arbeitsunterlagen der Carl Gabler Werbegesellschaft mbH., München.

[3]) Schütz, W. J.: Deutsche Tagespresse in Tatsachen und Zahlen. Ergebnisse einer Strukturuntersuchung des gesamten deutschen Zeitungswesens. In: Publizistik, 1/1966, S. 22; ders.: Die Zeitungsdichte in der Bundesrepublik. In: Publizistik, 3/4/1966.

schaftlich selbständigen Zeitungen oder Zeitungsgruppen unterhalten werden[1]).

Eine andere Form wirtschaftlich rationeller, publizistisch wirksamer Zusammenfassung sind die als *„Zeitungsgemeinschaften“*[2]) gebildeten sogenannten „Ringe“. Sie beruhen auf vertraglichen Vereinbarungen meist selbständiger Verlage zu gemeinsamen publizistischen oder wirtschaftlichen Aufgaben. So sind zu unterscheiden *„Redaktionelle Arbeitsgemeinschaften“*, die sich zur Führung einer gemeinsamen Redaktion zusammengefunden haben, oder aber *Anzeigengemeinschaften*, die ihr Anzeigenwesen organisatorisch-geschäftlich gemeinsam führen, oder aber sogenannte *„kombinierte Gemeinschaften“*, die zu beiden Aufgaben zusammengeschlossen sind[3]).

Der größte Zeitungsring ist die „Redaktionsgemeinschaft deutscher Heimatzeitungen GmbH“, Frankfurt a. M. Sie ist nachfolgend als Beispiel analysiert.

Wir geben je ein Beispiel für eine Redaktions- und für eine Anzeigengemeinschaft.

I. Redaktionsgemeinschaften

Die zur Zeit größte Redaktionsgemeinschaft ist die *Redaktionsgemeinschaft deutscher Heimatzeitungen GmbH (RdH), Frankfurt/Main.* Gesamtauflage 165 000. Zentralredaktion zur Herstellung von Textmatern für Politik,

[1]) Schütz, W. J.: Die Tagespresse Baden-Württembergs 1964/65. In: Publizistik, 3/1965, S. 425. Die sehr verdienstvolle Erhebung übersieht aber, daß auch in den oft lokal sehr individualisierten „Ausgaben“ eine wirksame publizistische Leistung steckt, die oft von gut besetzten Bezirksredaktionen geschaffen.

[2]) Schon nach dem ersten Weltkrieg haben sich Verleger, als erster Franz Walchner († 1964), aus landschaftlich bestimmten Gruppen zu Gemeinschaften zusammengeschlossen. Sie stellten ein Stammblatt gemeinsam her und gaben örtlich jeweils die lokalen Teile bei, was wiederum aus der stark lokalen Bindung der jeweiligen Leserschaft verständlich ist. Jaenecke, W.: Franz Walchner, Nachruf für einen Pionier der Heimatpresse. In: ZVuZV, 13/1964, S. 387.

[3]) Eine wissenschaftliche Zählung (Handbuch Die Deutsche Presse 1961, a. a. O.) ergab 1960 63 Redaktionsgemeinschaften, denen 758 Zeitungen mit einer Gesamtauflage von 9,9 Mill. angeschlossen waren. Anzeigengemeinschaften gab es 1955 mit 727 Zeitungen und einer Auflage von 4,5 Mill. Die Zahl der Gemeinschaften ist heute durch Zusammenlegungen geringer geworden, doch ist auch hier ein wirksamer Einfluß regionaler publizistischer Aufgaben gesichert.

Wirtschaft, Kultur, Landesnachrichten und Sport; die angeschlossenen Zeitungen sind selbständige Unternehmungen und Gesellschafter der RdH. Angeschlossen sind die nachfolgenden Zeitungen:

Arbeitsgruppe Hessen: 1. Oberhessische Zeitung, Alsfeld; 2. Starkenburger Presse, Beerfelden; 3. Bürstädter Zeitung, Bürstadt; 4. Butzbacher Zeitung, Butzbach; 5. Dieburger Anzeiger, Dieburg; 6. Maingau-Bote, Flörsheim; 7. Frankenberger Zeitung, Frankenberg; 8. Schwanheimer Zeitung, Frankfurt/M-Schwanheim; 9. Griesheimer Anzeiger, Griesheim; 10. Heimatzeitung des Kreises Groß-Gerau (2), Groß-Gerau; 11. Heimat-Zeitung (2), Grünberg; 12. Hofgeismarer Zeitung, Hofgeismar; 13. Kreisblatt für Fritzlar-Homberg, Homberg; 14. Taunus-Zeitung, Königstein; 15. Lampertheimer Zeitung, Lampertheim; 16. Langenselbolder Zeitung, Langenselbold; 17. Lorscher Anzeiger, Lorsch; 18. Melsunger Tageblatt, Melsungen; 19. Neu-Isenburger Anzeigenblatt, Neu-Isenburg; 20. Main-Spitze, Rüsselsheim; 21. Schlitzer Bote, Schlitz; 22. Sprendlinger Stadt-Anzeiger, Sprendlingen; 23. Schwalm-Bote, Treysa; 24. Usinger Anzeiger (2), Usingen; 25. Viernheimer Tageblatt, Viernheim; 26. Wolfhager Kreisblatt, Wolfhagen;

Arbeitsgruppe Niedersachsen: 27. Alfelder Zeitung und Niedersächsische Zeitung, Alfeld; 28. Südhannoversche Volkszeitung, Duderstadt; 29. Mündensche Nachrichten, Hann.-Münden; 30. Herzberger Zeitung, Herzberg; 31. Täglicher Anzeiger, Holzminden; 32. Bad Lauterberger Tageblatt, Bad Lauterberg; 33. Moringer Zeitung, Moringen; 34. Northeimer Neueste Nachrichten, Northeim; 35. Zeitung für St. Andreasberg, St. Andreasberg; 36. Kreisanzeiger, Sarstedt; 37. Seesener Tageszeitung „Beobachter", Seesen; 38. Sollinger Nachrichten, Uslar;

Arbeitsgruppe West: 39. Bendorfer Zeitung, Bendorf; 40. Kirner Zeitung, Kirn; 41. Konzer Zeitung, Konz; 42. Kuseler Tageblatt, Kusel; 43. Talpost, Lambrecht; 44. Landstuhler Zeitung, Landstuhl; 45. Allgemeiner Anzeiger, Meisenheim; 46. Nassauer Anzeiger, Nassau; 47. Saarburger Kreisblatt, Saarburg; 48. Saarzeitung (2), Saarlouis; 49. Schifferstadter Tagblatt, Schifferstadt; 50. Siegburger Zeitung, Siegburg; 51. Sobernheimer Anzeiger, Sobernheim; 52. Traben-Trarbacher Zeitung, Traben-Trarbach; 53. Anzeiger für Sieg und Rhein, Troisdorf;

Arbeitsgruppe Bayern: 54. Lohrer Zeitung, Lohr.

Die hinter einigen Titeln genannten Ziffern in Klammern geben die Zahl der im Lokalteil unterschiedlichen Ausgaben an, in denen die angeschlossene Zeitung erscheint.

Von den kleineren Arbeitsgemeinschaften gilt als Beispiel die *Arbeitsgemeinschaft südbadischer Heimatzeitungen, Waldshut.* Gesamtauflage 17 500. Zentralredaktion zur Herstellung nichtlokaler Textmatern. Angeschlossen sind die nachfolgenden Zeitungen: 1. Der Kaiserstühler, Endingen; 2. Markgräfler Tagblatt, Schopfheim; 3. Waldkircher Volkszeitung, Waldkirch; Alb-Bote, Waldshut.

II. Anzeigengemeinschaften

Anzeigenring Süd-Niedersachsen, Tarifgemeinschaft von Tageszeitungen im Raum Braunschweig-Harz. Gemeinsam ist die Anzeigenwerbung, -annahme und -verwaltung. Schon bei Belegung von drei Zeitungen durch einen Anzeigenauftrag wird ein Ringrabatt gewährt. Jeweils selbständiger Umbruch der Anzeigenseite durch die einzelnen Blätter. Angeschlossen sind:

1. Harzer Tageblatt, Braunlage; 2. Öffentliche Anzeigen für den Harz, Clausthal-Zellerfeld; 3. Gandersheimer Kreisblatt, Bad Gandersheim; 4. Goslarsche Zeitung, Goslar; 5. Harzburger Zeitung, Bad Harzburg; 6. Kreisblatt für Helmstedt, Schöningen, Königslutter und Vorsfelde, Helmstedt; 7. Herzberger Zeitung, Herzberg/Harz; 8. Osteroder Kreis-Anzeiger, Osterode; 9. Salzgitter-Kurier, Salzgitter; 10. Kreis-Anzeiger für die Landkreise Hildesheim und Hannover, Sarstedt; 11. Schöninger Rundschau, Schöningen; 12. Seesener Tageszeitung „Beobachter", Seesen/Harz; 13. Wolfenbütteler Zeitung (3), Wolfenbüttel.

III. Regionale Blätter mit Bezirkszeitungssystemen

Rheinische Post, Zeitung für christliche Kultur und Politik, Düsseldorf, mit einer Hauptausgabe und 23 Bezirksausgaben:

Ausg. Ao, Ratingen, Kettwig, Angerland; —, Ausg. AI, Mettmann, Hilden; —, Ausg. AII, Landkreis Düsseldorf-Mettmann-Ost, Velbert, Heiligenhaus; —, Ausg. BI, Solingen; —, Rhein-

Wupper-Zeitung, Ausg. C, Opladen; —, Ausg. E, Mönchengladbach; —, Ausg. EI, Rheydt; —, Ausg. F, Krefeld; —, Ausg. FI, Kempen; —, Ausg. G, Geldern; —, Ausg. GI, Kleve; —, Ausg. GII, Rees, Wesel; —, Ausg. H, Dinslaken; —, Ausg. HI, Xanten, Rheinsberg; —, Ausg. HII, Moers, Lintfort, Rheinhausen; —, Ausg. J, Duisburg; —, Remscheider Stadtanzeiger, Remscheid; Grenzland-Kurier, Rheinische Post, Viersen, Süchteln, Dülken; Bergische Morgenpost, Ausgabe BM, Wermelskirchen; —, Ausg. BMI, Hückeswagen; —, Ausg. BMII, Radevormwald; —, Ausg. BMIII, Lennep; Neuß-Grevenbroicher Zeitung, Rheinische Post, Neuß.

Freie Presse, Bielefeld, SPD-nahestehend. Eine Hauptausgabe und 18 Bezirksausgaben:

Freie Presse, Bielefelder Tageszeitung, Bielefeld; —, Haller Tageszeitung, Halle; —, Gütersloher Tageszeitung, Gütersloh; —, Herforder Tageszeitung, Herford; —, Mindener Tageszeitung, Minden; —, Bünder Tageszeitung, Bünde; —, Lippisches Volksblatt, Ausg. Detmold, Detmold; —, Lippisches Volksblatt, Ausg. Lemgo, Lemgo; —, Paderborner Tageszeitung, Paderborn; —, Bürener Tageszeitung, Büren; —, Höxtersche Tageszeitung, Höxter; —, Warburger Tageszeitung, Warburg; —, Lübbecker Tageszeitung, Lübbecke; —, Bad Oeynhausener Tageszeitung, Bad Oeynhausen; —, Löhner Tageszeitung, Löhne; —, Osnabrücker Tagsezeitung, Osnabrück; —, Meller Tageszeitung, Melle; —, Wittlager Tageszeitung, Wittlage; —, Bersenbrücker Kreiszeitung, Bramsche.

4. Die Stoffbearbeitung, die redaktionellen Sparten (Ressorts)

Die zahlreichen Sparten der Redaktion sind Ausdruck der großen Mannigfaltigkeit des Zeitgeschehens, das sich in der Zeitung spiegelt, dort in Nachricht und Meinung bearbeitet wird. Unmittelbar aus dem öffentlichen Leben heraus sind diese Sparten in die Zeitung gekommen. Sie bleiben dort, oft in schneller Wandlung, Ausdruck der ganzen Vielfältigkeit des öffentlichen Lebens, dem die Zeitung dient.

Als durch Deutschland der Ruf zum Kampf gegen Napoleon (1813/14) ging, erhielten die deutschen Zeitungen, bis dahin „trockene Nachrichtenregister, öde Indizes des Zeitgeschehens“[1]), Leben und Wollen einer *politischen Führung*, erhielten sie einen politischen Teil, die politische Sparte. Früher — schon im 18. Jahrhundert — hatte sich „*Das Neueste aus dem Reiche des Witzes*“[2]), hatten sich das Wissen und die Gelehrsamkeit, hatten sich Anfänge eines unterhaltenden und schöngeistigen Teiles abgesondert. Ähnlich hat das 19. Jahrhundert eine ganze Reihe von Zeitungssparten, gleichsam von außen her, d. h. auf Wunsch und Forderung der Leserschaft, geschaffen. Je mehr sich die Zeitung verbreitet, um so mehr wird sie in der Öffentlichkeit zum Dienst für die Öffentlichkeit von der Öffentlichkeit gerufen. Sie umfaßt alle Gebiete des öffentlichen Lebens. An keinem kann sie vorübergehen. Mit der jüngsten, am allermeisten vordrängenden Fortbewegung des allgemeinen Lebens ging sie vor. Das zeigt ihre Entwicklung im 19. Jahrhundert.

Für die *politischen* Aufgaben ist dieser Ruf der Öffentlichkeit schon nachgewiesen. *Lokale* Nachrichten und Meinungen sind in den Anfängen selten, weil die mündliche Verbreitung sie in den damals noch kleineren Städten schneller und lebendiger rundtrug, als es die Zeitung, zumal in ihren damaligen starren Bindungen, vermocht hätte. Kaum aber wächst die Gemeinde, wird sie dem Einzelnen unübersichtlicher, dann ist auch die lokale Sparte da. So gewinnt sie 1810 in H. v. Kleists „Berliner Abendblättern“ in Form des Polizeiberichts für Berlin Bedeutung. Mit steigender Größe und Einführung der Selbstverwaltung in den Gemeindekörpern, also mit der aktiven Beteiligung der Öffentlichkeit an der Verwaltung wuchs sich der lokale Teil fast zu einer Zeitung in der Zeitung aus mit ganz eigenem Nachrichtendienst (Lokalreportage), politischer Stellungnahme (Kommunalpolitik), mit eigener Personal-, Wirtschafts- und Kulturpolitik (vgl. S. 51).

[1]) Joseph Görres im Rheinischen Merkur, 1. Bd. 1814. Hrsg. v. Karl d'Ester u. a., Köln 1928.

[2]) G. E. Lessing in der Vossischen Zeitung, 1751.

Ähnlich ging es in den *wirtschaftlichen* Dingen. Im Nachrichtendienst spielen sie schon im frühen Zeitungswesen und seinen Vorläufern eine Rolle. Meinungsmäßig wurde hier die Zeitung von der Öffentlichkeit in dem Augenblick zu Hilfe gerufen, als neue Kapitalnutzungsformen die breitere Öffentlichkeit in verlockende Verdienst- und Gewinnmöglichkeiten zogen, die sehr bald und sehr dringend des öffentlichen Sprechers und Kritikers bedurften. Der Augenblick war da, als nach 1850 das Aktienwesen in großem Stil aufkam und das Publikum sich in kleingestückelten Anteilen an Finanzierungen beteiligte und dabei oft betrogen wurde. Die Aufsicht des Staates war noch nicht in Gesetzesform durchgebildet und genügte nicht. Da übernahm die Zeitung die öffentliche Überwachung durch Stellungnahme und Kritik. So wuchs u. a. die „Frankfurter Zeitung" aus einer Art privatem Firmenbericht zweier Bankiers, die sich vereinigt hatten, um für ihre Kundschaft Informationen über Aktiengründungen zu geben. Die Öffentlichkeit griff in den Spekulationsjahren (1856) diese Berichte so gierig auf, daß es sich bald lohnte, auch allgemeine aktienrechtliche Vorschläge darin unterzubringen. Nachrichtendienst trat hinzu, zunächst für die Börse, dann für andere Wirtschaftsdinge, schließlich, im Zusammenhang mit der Wirtschaft, auch für die Politik. So erweiterte sich der Leserkreis und verlangte Befriedigung auch seines übrigen Lesebedürfnisses. Da entfaltete sich in ständigem Wachsen mit Wunsch, Neigung und Bedürfnis der Öffentlichkeit das Blatt vom privaten Geschäftsbericht zur großen politischen Zeitung. Eine Anzahl deutscher Zeitungen haben damals eine ähnliche Entwicklung genommen, z. B. die Berliner Börsenpresse.

Lehrreich ist, daß auf diesem wirtschaftlichen Gebiet auch der *öffentliche Auftrag* der Zeitung gesetzlich zuerst anerkannt wurde. Das *Börsengesetz* von 1896 (§ 76) bestimmt, daß, „wer sich für Mitteilungen in der Presse, durch die auf den Börsenpreis eingewirkt werden soll, oder für die Unterlassung von solchen Mitteilungen Vorteile gewähren oder versprechen läßt, mit Gefängnis usw. ... bestraft wird". In der Begründung des Gesetzes heißt es ausdrücklich, daß die Presse zur Wahrung der

Interessen des Publikums, d. h. der Öffentlichkeit zu wirken habe. Der Ruf der Öffentlichkeit an die Zeitung und deren Pflicht, für sie zu wirken, haben hier also zum ersten Male auch in gesetzlichen Bestimmungen Niederschlag gefunden. Hätte man damals die Pflicht der Zeitung zur Wahrung der Interessen der *ganzen* Öffentlichkeit erkannt, mit politischer Kraft durchgesetzt und behauptet, es wäre mancher gefährliche Irrweg vermieden worden.

Im *Kulturpolitischen*, der sog. Sparte Feuilleton, ist z. B. um die Theaterkritik, die das Theatererlebnis der Öffentlichkeit kritisch begleitet, ein Kampf zwischen Behörden, Öffentlichkeit und Presse zu Anfang des vorigen Jahrhunderts ausgefochten worden, wobei die Öffentlichkeit die „Rezension" verlangte, die Behörde sie mißbilligte, die Presse sie gab und damit sich und die Forderung der Öffentlichkeit durchsetzte.

Auch in der bunten Mannigfaltigkeit aller übrigen Gebiete des öffentlichen Lebens folgte die Presse der Öffentlichkeit, sobald sie deren Wünsche erkannte. Dies auch, wenn die Presse sich ursprünglich *gegen* solche Beteiligung ausgesprochen hatte. Das lehrt z. B. die Geschichte der *Sportjournalistik* und der *Filmkritik*, von der die Presse anfangs ganz und gar nichts wissen wollte. Im lokalen Teil steckten verschämt in den neunziger Jahren des vorigen Jahrhunderts die ersten Sportberichte, bis sie aus dem heftig ansteigenden Interesse der Öffentlichkeit zur eigenen Sparte sich heraufentwickelten. Selbst den *Unterhaltungsstoff* zwang die Öffentlichkeit ihrer Zeitung auf. So entschlossen sich die journalistisch höchst konservativen Londoner „TIMES", anfangs gegen ihren Stil und ihre Absicht, auf dringenden Wunsch ihrer Leser, ein Kreuzworträtsel zu bringen.

Indem die Zeitung dem ganzen öffentlichen Leben dient, erhält sie natürliche, nach den Hauptgebieten des öffentlichen Lebens sich wandelnde Gliederungen, die wir Sparten (Ressorts) nennen.

a) Die Politik

Durch alle Wandlungen der Zeitungsgeschichte hindurch ist die politische Sparte in der deutschen Zeitung immer noch führend geblieben. Die Zeitungen sind im allgemeinen die große Tribüne der Aussprache über das politische Leben geblieben, heute neben Rundfunk und Fernsehen, die auf ihre Art mit anderen Wirkungen das gleiche tun. In manchen Typen der Zeitung (Parteizeitungen, Kampfblätter) geht diese Aufgabe mit besonderer Heftigkeit vor sich. In der jüngeren Entwicklung der deutschen Presse ist der ausgesprochene Kampfcharakter vor der Aufgabe der Unterrichtung und des Meinungsaustausches (siehe die Richtungsstatistik S. 41) zurückgetreten. Aber die politische Bedeutung bleibt bestehen. Das zeigt sich auch darin, daß meist das politische Ressort den Chefredakteur stellt. Erst in der starken Entwicklung des Boulevardtyps, wo der jeweilige „*Aufmacher*", die den Ankauf fördernde Titelzeile, besondere Bedeutung gewinnt, ist die Souveränität des Politischen durch die herrschende Kraft des Sensationellen aus allen Stoffgebieten etwas zurückgetreten.

Die Führung des politischen Ressorts heischt politische Begabung, bedingt die Fähigkeit, politisch sicher zu fühlen, richtig zu denken und vor allem politisch zu *handeln*. Diese Gabe ist keineswegs Allerweltsgut, am wenigsten in Deutschland, wo die Zahl der „Unpolitischen" bisher besonders groß war und wo es Menschen gab und gibt, die sich mit einem gewissen Stolz unpolitisch nennen[1]). Sie waren immer und sind auch heute die größte Gefahr für die Demokratie, weil gerade sie nur allzu leicht den falschen Propheten folgen.

Das Politische ist Sache des Charakters, Sache einer Grundeinstellung zu den Menschen und Dingen. Es ist eine

---

[1]) „Einmal ganz allgemein gesprochen: Interessieren Sie sich für Politik?" Diese Frage beantwortet ein repräsentativer Querschnitt der Bevölkerung der Bundesrepublik einschließlich Westberlin (ab 16 Jahren) zu 30 % mit Nein. Vgl. dazu: Jahrbuch der öffentlichen Meinung 1958—1964, hrsg. v. Elisabeth Noelle und Erich Peter Neumann, Allensbach (Verlag für Demoskopie) 1965, S. 239. Die Angaben über das politische Interesse schwanken seit Jahren nur wenig.

Haltung, eine untilgbare, aber im Entscheidenden auch unerlernbare Fähigkeit, ein Instinkt, eine Sicherheit des Urteils. Ohne intellektuelles Geklügel oder gelehrtes Vergleichen gilt es zu wissen, wie im Bereiche der politischen Machtkämpfe die Dinge liegen und danach zu handeln.

Das *Wesen der Politik* bestimmt das politische Ressort. *Bismarck* nennt, leicht resignierend, Politik „eine Wissenschaft des Möglichen"[1]. Der Pressechef des Hitlerregimes greift das Wort auf: „Hier irrt Bismarck, Politik ist für den Nationalsozialismus die Kunst, das Unmögliche möglich zu machen"[2]. Das Wort ist, allerdings im umgekehrten Sinne, furchtbar wahr geworden! Viel zitiert sind die rein von der Macht her gesehenen Deutungen der Politik. So *F. K. von Moser* († 1798): „Politik ist die Wissenschaft, nicht betrogen und nicht überwältigt zu werden." Ähnlich die von *Carl Schmitt* und anderen gegebene, meist totalitär bestimmte Definition „Politik heißt, Freund — Feind richtig unterscheiden und danach handeln"[3]. *Max Weber* formuliert: „Politik ist Streben nach Macht oder nach Beeinflussung der Machtverteilung". Andere Autoren geben der Macht auch ethische und normative Kräfte bei. So *Eugen Kogon:* „Politik handelt auf bestimmte Ordnungsbilder hin beharrlich in eine gegebene Wirklichkeit"; *O. H. v. d. Gablentz:* „Politik ist Kampf um gerechte Ordnung"[4].

Mit Politik bezeichnet man aber ebenso den gesamten Mechanismus des Geschehens im Kampf um die Machtverhältnisse des öffentlichen Lebens. In den meisten politischen Entscheidungen spielen wirkliche oder auch vorgegebene ideologische Kräfte eine Rolle. Viele Entscheidungen kommen nicht durch Macht, sondern durch Vereinbarung zustande. Wie sollten auch politische Abmachungen über eine Koalition oder weltweite Verträge (UN, NATO) sonst einen Sinn haben? Sie sind im Begriff des Politischen nicht zu entbehren. Gerade sie zu deuten und zu entwickeln ist eine große Aufgabe der Presse.

---

[1]) vgl. Liman, P.: Fürst Bismarck nach seiner Entlassung, Berlin 1904. Bismarck hat sich darauf berufen, daß dieses Wort von seinem „intimsten Gegner", dem Papste Pius IX., stamme.

[2]) Völkischer Beobachter v. 21. 2. 1934.

[3]) Schmitt, Carl: Der Begriff des Politischen. In: Positionen und Begriffe, Hamburg 1940, S. 67 f.

[4]) Weber, M.: Politik als Beruf, 2. Aufl., München u. Leipzig 1921. vergl.: Gablentz, O. H. v. d.: Politische Parteien als Ausdruck gesellschaftlicher Kräfte, Berlin 1952; ders.: Macht, Gestaltung, Recht, Faktoren der Machtbildung, Berlin 1957.

Politik gestaltet durch Macht und Vereinbarung aus realen und idealen Kräften das Leben des Volkes und der Völker. Welche Kräfte in der Gestaltung überwiegen, die realen oder die idealen, oder ob beide im rechten Verhältnis stehen, das ist Folge der jeweiligen politischen Grundauffassung.

Der Begriff „Politik“ wird auf vielerlei Wirkungsräume bezogen (Innere und Äußere Politik, Sozialpolitik, Kulturpolitik, Wirtschaftspolitik usw.), wobei jeweils die politische Technik aktiven und aktuellen Gestaltens auf die wechselnden Fachgebiete angewandt wird.

Die Zeitung dient der Politik, indem sie zunächst *nachrichtenmäßig* die Tatsachen, Voraussetzungen, Motive und Zusammenhänge vorlegt und schon dadurch die Grundlagen für politische Entscheidungen des Lesers, d. h. also des Staatsbürgers, schafft. Indem sie ferner das politische Geschehen nach ihrer Sachkunde und aus ihrer Überzeugung deutet, fördert oder ablehnt, ist sie auch unmittelbar ein gewichtiger Faktor der öffentlichen Meinungs- und Willensbildung. Nach angelsächsischer Auffassung sollte die Presse Nachricht und Meinung streng voneinander getrennt halten (vgl. Bd. I, S. 66). „Comments are free, but facts are sacred.“ Daß aber schon in Auswahl und Anordnung, also durch Nachrichtenpolitik, von der bloßen Färbung bis zum bewußt angelegten Nachrichtenschock wirksame Politik gemacht wird, wurde bereits dargestellt (vgl. Bd. I, S. 68). Vollständigkeit, Zuverlässigkeit, *Wahrhaftigkeit* der Nachrichten sind in den verschiedenen Codices der journalistischen Ethik gefeierte Grundsätze[1]). Die Praxis freilich beweist, daß die Begriffe „Zuverlässigkeit“ und „Wahrhaftigkeit“, sei es aus geschäftlichen, sei es aus politischen Gründen, oft subjektiv sehr dehnbar gehandhabt werden.

Die *politische Stellungnahme* ist jeweils durch die Grundrichtung und publizistische Aufgabe des Blattes bestimmt. Selten, heute noch viel weniger als früher, legen sich die

---

[1]) vgl. Die Journalists' Creeds in den meisten amerikanischen Lehrbüchern der Journalistik; vgl. The Canons of Journalism. Ethical Rules, adopted by the American Associations of Newspapers Editors. In: Handbuch der Auslandspresse, Hrsg. v. Inst. f. Publizistik der Freien Universität Berlin. Bonn/Köln u. Opladen 1960, S. 323.

Blätter auf ein fixiertes Programm, etwa das einer parlamentarischen Partei, fest. Auch den Parteien gegenüber behalten sich die meisten Zeitungen, soweit sie nicht ausdrücklich von einer Partei getragen werden, ihre Stellungnahme vor, sie wahren eine gewisse Unabhängigkeit, auch den Parteien gegenüber, zu denen sie sich bekennen (vgl. S. 42).

Die Freiheit der Meinungsbildung und damit auch die *Freiheit der Kritik* sind Grundlagen der Pressefreiheit überhaupt. Die Kritik freilich kann nach innerer Verantwortung und polemischem Temperament sehr verschieden sein. Man könnte sie überschlägig in drei Stufen gliedern. Auf der ersten wird scharf, aber sachlich kritisiert, aus der demokratischen Absicht, auf diese Weise dem Besseren ins Leben zu helfen, den Regierenden auf die Finger zu sehen aber auch sachlich mögliche Vorschläge zu machen. Diese Kritik ist geboten für jede demokratische Publizistik, vor allem für die der notwendigen und unentbehrlichen parlamentarischen Opposition. In England ist sie am besten und vornehmsten ausgeprägt. Häufig aber, und in Deutschland seit 1945 gesteigert, besteht eine unbändige Neigung zur Kritik, bewirkt bei uns durch die üblen Erfahrungen in der Irreführung der Öffentlichkeit unter dem Hitlerregime und die dadurch geweckte mißtrauische Skepsis. Daher der Beifall, der der zweiten Form der Kritik, der scharf polemischen, gilt, die, agitatorisch zugespitzt, heftig angreift, ohne sich viel um die Gründe und Absichten des Gegners zu kümmern. Diese Kritik wird dem Kritisierten schon weniger gerecht, verwischt den Sachverhalt, findet aber leicht ihre Leser. Mißgunst und Übelwollen sind immer billig mobilisiert. Diese Kritik ist massenpsychologisch fast immer wirksam. Am gefährlichsten ist aber die dritte Form: wir nennen sie die sensationell-skandalisierende. Sie geht auf Diffamierung des Gegners aus, bricht in sein Privatleben, die sogenannte Intimsphäre, ein und bringt den groß aufgemachten „Knüller". Die Motive sind oft Gewinnsucht und Abonnentenfang. Auch der Rufmord wird Geschäft. Selten schlägt ehrliche publizistische Verantwortung auf diese Weise Alarm. Meist ist diese Kritik unsachlich, oft politisch schädigend und menschlich unerfreulich. Ein eigener kämpferischer Typ wird in Frankreich als „pamphlétaire“ geführt, nicht im Sinne, das dem Wort Pamphlet in Deutschland gegeben ist. Es ist die Bezeichnung, die in Frankreich auch der überintellektuellen schlagenden Glossierung, z. B. manchem „chroniqueur“, gegeben wird. Er ist vor allem in bestimmten *Zeitschriften* vertreten, wo er zur Förderung der Demokratie nicht immer beigetragen hat[1]). In den Zeitungen ist er z. Z. noch seltener, doch sind dahingehende Neigungen sichtbar.

Im öffentlichen Leben ist die Presse die beratende, das Parlament die beschließende Institution. Dazu bedarf es in der Presse der sachlichen Unterrichtung und ebenso der willensmäßigen Deutung. In welchem Ausmaß die deutsche Presse die Information der bewußt politischen Führung vorzieht, beweist ihre politische Richtungsstatistik.

Das deutsche Zeitungswesen zeigt zur Zeit die Neigung, von gesinnungsmäßigem Bekenntnis zur „überparteilichen“ Information herüberzugehen. 1932 waren noch von 4703 Zeitungen rund die Hälfte richtungsbestimmt: 976 bekannten sich offen als parteioffiziöse oder -offizielle Zeitungen, 1267 waren grundrichtungsbestimmt und standen einer Partei nahe[2]).

1960 sind nur mehr 7,2 % aller Zeitungen mit 3,9 % der Gesamtauflage *festrichtungsbestimmt*, d. h. sie bekennen sich zu einem festen Programm. 1955 waren es noch 11,9 % der Zeitungen mit 7,6 % der Gesamtauflage. *Grundrichtungsbestimmt*, d. h. durch eine *allgemeine* Bezeichnung festgelegt, sind 1960 11,5 % der Zeitungen mit 7,3 % der Auflage. 1955 waren es noch 12 %

---

[1]) Vorbild war hier das französische Wochenblatt „La Lanterne“ von H. de Rochefort. Ihm folgte in Wien Karl Kraus mit der „Fackel“; vgl. Nedila, Kaethe: Henri Rochefort. Diss., Berlin 1959 und Heidemann, Chr.: Satirische und polemische Formen in der Publizistik von Karl Kraus, Diss., Berlin 1958. Hardens „Zukunft“ nahm diese Linie der brilliant geschriebenen Zeitkritik auf. Ähnlich „Die Weltbühne“ in Deutschland, die in packender Sprache heftige Kritik an der Demokratie, nicht nur an ihren Mißständen, übte. Carl von Ossietzky kämpfte hier mit dem Einsatz des Lebens (vgl. Raimund Koplin: Carl von Ossietzky als politischer Publizist, Berlin/Frankfurt am Main 1964); Tucholsky, einer der besten aber nur kritischen Federn der Zeit der Weimarer Verfassung, starb 1934 in der Emigration.

[2]) vgl. Kieslich, Günter: Zum Aufbau des Zeitungswesens in der Bundesrepublik Deutschland nach 1945. In: Publizistik, 4/1963, S. 274—281. Für die Jahre 1898, 1913, 1917, 1925, 1926 und 1927 schlüsselt Walter Schöne (Die Zeitung und ihre Wissenschaft, Leipzig 1928, S. 109 f.) die deutsche Tagespresse nach ihrer politischen Richtung auf.

der Zeitungen mit 10,8 % der Auflage. Mehr als 80 % aller Zeitungen mit mehr als 90 % der Gesamtauflage bezeichnen sich heute als „überparteilich", „unabhängig" und ähnlich oder sie unterlassen jede Richtungsbezeichnung[1]). Die detailliierteste Aufschlüsselung der Zeitungen nach ihrer politischen Orientierung hat Franz Greiser gegeben[2]). Er stellt fest, daß 1961 von 1627 Zeitungen nur 18,9 % richtungsbestimmt waren. 7,3 % wählten die allgemeine Angabe „bürgerlich-demokratisch-liberal" zur Bezeichnung ihrer Richtung. 4,6 % kennzeichneten sich als der CDU nahestehend, 2,5 % als der SPD nahestehend, 0,1 % als der FDP nahestehend, 3,7 % als christlich und 0,7 % als katholisch. 81,1 % legten sich politisch nicht fest: 4,3 % bezeichneten sich als Heimatzeitungen, 6,0 % als neutral, 14,1 % als überparteilich, 16,4 % als unabhängig, 16,7 % als überparteilich-unabhängig, 1,8 % als unpolitisch, und 21,8 % vermieden jede Angabe.

Die „festrichtungsbestimmte Tageszeitung" ist bis auf wenige Fälle ausgestorben. Selbst die der Konzentrations-GmbH, der Dachgemeinschaft aller sozialdemokratischen Zeitungen in der Bundesrepublik eingegliederten Blätter betonen ihre redaktionelle Selbständigkeit und haben die früher hier noch üblichen politischen Richtungsbezeichnungen abgelegt.

Die *politische Stellungnahme* all dieser Blätter erfolgt somit von Fall zu Fall. Die Zeitungen können in gegebener Lage auch Kampfcharakter annehmen. Das ist natürlich besonders vor Wahlen der Fall. Kurt Koszyk hat die Haltung der deutschen Presse vor der Bundestagswahl 1961 durch eine quantitative Inhaltsanalyse ermittelt. Danach unterstützten 23 % der deutschen Presseauflage die CDU, 14 % die SPD und knapp 3 % die FDP. Selbst während des Wahlkampfes waren fast 60 % der Auflage nicht auf eine genau bestimmte Richtung festzulegen[3]).

Mit dieser Entwicklung hängt auch die Tatsache zusammen, daß in den Leitartikeln oft nur mehr vorsichtig Stel-

---

[1]) vgl.: die Deutsche Presse 1961, a. a. O., S. 27*.

[2]) Greiser, Franz: Struktur und Auflagen der deutschen Presse 1961. In: ZVuZV 36/1961, S. 1846—1854.

[3]) Koszyk, Kurt: Zur Inhaltsanalyse der deutschen Presse während des Wahlkampfes 1961. In: Publizistik, 3/1965, S. 404—411. Eine wertvolle Ergänzung dieser Analyse stellt die Untersuchung von Hermann Meyn über „Politische Tendenzen überregionaler Tageszeitungen in der Bundesrepublik Deutschland" dar (Publizistik, 3/1965, S. 412—423).

lung bezogen, Partei genommen wird[1]). Für diese Entwicklung ist, wie Ulrich Nußberger ausführt[2]), das Bedürfnis des Lesers mitbestimmend, sich aufgrund objektiver oder von ihm als objektiv angenommener Information eine eigene Meinung zu bilden. Nicht unterschätzt werden darf aber das Motiv, um des Absatzes und der Anzeigen willen im Geschäft zu bleiben. Man gibt daher häufig der stärksten Leserneigung, dem „Trend“ des öffentlichen Lebens nach. Das ist, wie Nußbergers Untersuchung darlegt, heute ein internationales Problem, dessen Erscheinungen aber nicht verallgemeinert werden dürfen. Auch die politisch nicht festgelegte Presse kann in bestimmten, ihre publizistische Aufgabe angehenden Vorgängen eine entschieden kämpferische Haltung annehmen. Mit einer gegen den Strom gerichteten politischen Arbeit trotz allem politisch und verlagsgeschäftlich oben zu liegen, ist allerdings immer ein publizistisches Kunststück, der Beweis hervorragender journalistischer Leistung und verlagstechnischer Organisation. Quer- oder entgegenliegende Meinungen klar, volkstümlich und überzeugend an den Leser zu bringen und in den Nachrichten auch Leuten, die aus Verdruß, Snobismus oder Überheblichkeit Gegner der Politik überhaupt sind, ein Mindestmaß politischer Einsicht zu vermitteln, ist immer ein Zeugnis besten journalistischen Könnens. Die sachliche Information aber geht allem anderen voran. Sie ist die unerläßliche Voraussetzung der staatsbürgerlichen Pflichterfüllung, von der in Krisenzeiten die Erhaltung der Demokratie abhängen kann, sie ist heute auch eine der vornehmsten Aufgaben des immer noch sehr großen Teiles der Presse, der sich sein Gewissen und seine Verantwortung erhalten hat.

Die nachrichtenpolitische Arbeit der Zeitungen bleibt in den Fällen besonders verantwortungsvoll, wo in nationalen und außenpolitischen Krisen und Notständen eine Zurückhaltung vor allem in außenpolitischen und militärischen

---

[1]) Vom Leitartikel zur Leitglosse. In: Neue Zürcher Zeitung v. 31. Januar 1965.

[2]) Stoßen die „Unabhängigen“ vor? In: Publizistik, 4/1963, S. 328.

Fragen im Gesamtinteresse notwendig ist. Präsident Kennedy hat das von der amerikanischen Presse gefordert. Der ehemalige Generalbundesanwalt *Dr. Güde* hat ähnliche Gedanken, insbesondere zum Schutze des Staatsgeheimnisses, entwickelt. Es wird schwer sein, für die Geheimhaltungspflicht Regeln aufzustellen. Die letzte Entscheidung wird hier der Journalist selber treffen, aber Gewissenhaftigkeit, Sachkenntnis und Erfahrung müssen ihm helfen, richtig zu entscheiden, doch ist eine Neuregelung der Bestimmungen über den „publizistischen Landesverrat" unerläßlich[1]).

Sehr verschieden sind die Mittel der politischen Information unter dem Einfluß der sogenannten „Auflockerung" geworden. Sie gehen nicht mehr allein über den Leitartikel, den die Gefahr der Lehrhaftigkeit schwer lesbar machte. Interview, Sach- und Serienbericht, Diagramm und Landkarte, Karikatur und Photo, Kurzartikel und Glosse wetteifern in dem Bemühen, ein nicht penetrant lehrhafter Lehrer zu sein.

Sehr eingeengt, fast ein Zeichen sinkenden Ansehens des Parlaments, wurde die *Parlamentsberichterstattung*. Nur an außerordentlichen Tagen bringen die Blätter wörtliche Reden und selbst die nur gekürzt, an anderen Tagen begnügen sie sich, knappste Auszüge zu geben. Reden von entscheidender Wichtigkeit werden allerdings häufig auf einer Sonderseite als Ganzes veröffentlicht. Sonst aber sucht der Parlamentsbericht zusammenfassend einen Überblick und ein lebendiges Stimmungsbild zu geben oder nur kurz den Tatsachenbestand festzustellen. Vor 1914 gaben die großen Zeitungen die Reichstagsverhandlungen oft auf

[1]) vgl. Güde, Max: Geheimhaltungspflicht und Presse. Abgedruckt im Tätigkeitsbericht des Deutschen Presserats, Bad Godesberg 1961, S. 20 ff; vgl. Gerigk, Alfred: Das politische Geheimnis und die Presse. In: ZVuZV, 17/1961. Die „Spiegel"-Affäre hat der Diskussion um die Geheimhaltungspflicht neuen Auftrieb gegeben: Jeschek, Hans-Heinr.: Pressefreiheit und militär. Staatsgeheimnis, Berlin 1964; Ridder, Helmut und Ernst Heinitz: Staatsgeheimnis und Pressefreiheit, Göttingen und Zürich 1965; Ruge, Gerd: Landesverrat und Pressefreiheit. Ein Protokoll, Köln und Berlin 1963; Stratenwerth, Günter: Publizistischer Landesverrat, Göttingen 1965. Der Deutsche Presserat hat eine gesetzliche Neuregelung des publizistischen Geheimnisverrats gefordert. Vgl. dazu ZVuZV, 28/1965, S. 1253. Deutscher Presserat, Tätigkeitsbericht 1965, S. 70.

2—4 Seiten im Kleinstdruck wieder. Man hat das damals nicht nur verlangt, sondern es auch gelesen.

Auch die parlamentarische Berichterstattung der Landtage und Gemeinden ist heute schmal und dürftig[1]). Nur bei entscheidenden politischen Ereignissen blüht sie vorübergehend auf, ebenso aber auch bei Skandal- und Korruptionsfällen. Ein Teil der Boulevard- und Bildpresse legt wenig Wert auf eine wirkliche ausgiebige Information. Sie sieht auch das Politische nur dann, wenn es, ganz oder einzeln durch die magische Lupe der Sensation gesehen, in eine Außerordentlichkeit heraufmultipliziert werden kann. Demgegenüber auch im spröde Politischen das Packende und Wirksame überzeugend herauszuarbeiten und dem Staatsbürger seine Verantwortung einzuprägen ist eine schwere Leistung des politischen Ressorts.

„Politik ist Zucht, ist die hohe Kunst, entschlossen und zäh, zugleich aber in Ehrfurcht vor der fremden Überzeugung für das Wohl aller zu arbeiten. Politik ist die Kunst, alle lebendigen Kräfte zu sehen, die da sind, und sie zu verbinden ... Der große Bau der Staatsgemeinschaft kann nicht werden durch eine Meinung oder eine Richtung, sondern durch Zusammenleben und gemeinsames Schaffen aller.“ (Romano Guardini.)

b) Der „Handelsteil“, der „volkswirtschaftliche Teil“, die Sozialpolitik

Die Behandlung wirtschaftlicher Fragen (Volks- und Weltwirtschaft, Entwicklungsländer) in Nachricht und Meinung ist in den Tageszeitungen unterschiedlich. Je nach Leserkreis, Verbreitungsgebiet, politischer Richtung gibt es hier grundsätzlich, graphisch und redaktionell, verschiedene Formen.

---

[1]) Jaenecke, W.: Parlamentsberichterstattung muß ausgebaut werden. In: ZVuZV, 43—44/1965, S. 1996 f. In derselben Nummer nehmen Thomas Dehler, Rudolf Hanauer, Wolfgang Höpker und Hermann Proebst zum Thema Parlament und Presse Stellung.

Wirtschaftliche Nachrichten, weil sie unmittelbar nützlich und damit Nachrichten im ureigentlichen Sinne sind, finden sich schon in den ersten Zeitungen. Ihre Zusammenfassung und meinungsmäßige Wertung kamen erst dann zustande, als die Öffentlichkeit Nachrichten und Werturteile über die Gestaltung der Wirtschaft, insbesondere bestimmter, mit entliehenen Mitteln aufgezogener kapitalistischer Unternehmen forderte. Sie kamen mit dem Heranwachsen der großen Aktienunternehmen.

Die nach 1830 von Frankreich ausgehende Entwicklung des Aktienwesens (Crédits mobiliers) führte in vielen Fällen, da die kleingestückelte Aktie auch die Kleinsparer anzog, zu schwindelhafter Ausnutzung der Spekulier- und Gewinnsucht dieser Kreise. Auch die Entwicklung des Eisenbahnbaus, zunächst auf privatwirtschaftlicher Ebene durch die Aktiengesellschaften, führte zu Mißständen ähnlicher Art. Unter diesen Umständen rief die Öffentlichkeit die Presse um Schutz an und verlangte von ihr Prüfung der Unternehmen und kritische Wertung ihrer Gewinnaussichten und ihrer sogenannten „Bonität". Diesen Ruf zu erfüllen, entwickelte sich in Frankfurt der Börsenbericht des Bankhauses Rosental und Sonnemann zur „Frankfurter Zeitung", entstanden in Berlin die Börsenblätter und erhielten die großen Zeitungen umfangreiche „Handelsteile".

In der Darbietung des Wirtschaftsstoffes haben die deutschen Tageszeitungen drei Formen entwickelt:

1. *Der spezialisierte Wirtschaftsteil* (Handelsteil). Graphisch deutlich vom übrigen Text unterschieden, oft mit eigenem Titel, gelegentlich auch einer eigenen Schriftart, wird eine umfangreiche wirtschaftliche Berichterstattung und kritisch-wirtschaftspublizistische Stellungnahme geboten, die oft mehrere Seiten einnimmt. Dieser Teil ist, wenn nicht überhaupt auf den eigens interessierten Fachmann, so doch mindestens auf den volkswirtschaftlich Unterrichteten abgestellt. Ihnen dient schon allein die Aktualität täglich zu nutzender Wirtschaftsnachrichten (Börsen- und Marktnotierungen), die von den periodisch seltener erscheinenden Fachblättern, auch den sich wirtschaftsjournalistisch sehr ausbreitenden Wochenblättern nicht so schnell gebracht werden können. Den in der Geschichte des Journalismus bedeutendsten Handelsteil dieser Art brachte die alte *„Frankfurter Zeitung"*. Sie erschien

(vor 1914) viermal täglich mit insgesamt 10 bis 15 Seiten „Handelsblatt“, die 40,8 % des Textteils darstellten[1]). Aber auch bei den großen Berliner Zeitungen machte der Handelsteil vor 1914 38,4 % des Textteiles aus. Der oft mehrseitige Börsenkurszettel war damals durchaus gebräuchlich. Die Umschaltung des öffentlichen Interesses auf allgemeine Wirtschaftsfragen, der Niedergang des Börsenhandels, das Vordringen gemeinwirtschaftlicher Unternehmung hat auch den fachlichen Handelsteil umgestaltet, ihn vom „Handel“ mehr auf die Volkswirtschaft ausgerichtet. Doch sind seine Fachgebiete bis heute noch im *einzelnen* gegliedert.

a) *Warenmärkte* (Getreide, Baumwolle, Kautschuk, Kaffee, Kakao, Metalle usw.);
b) *Geld- und Kapitalmärkte,* Ausweise der Zentralbanken, Devisenkurse (DM für je 100 Einheiten der Landeswährung), Obligationen, öffentliche Anleihen, Aktien. Börsenkurszettel mit Angabe von Angebot[2]) Brief oder Papier (B oder P) und Nachfrage (Geld = G);
c) *Verkehrsmärkte* (Schiffsraum, Wagenstellung, Transportgelegenheiten);
d) *Steuerwesen und Wirtschaft der öffentlichen Körperschaften* (Staat, Länder, Gemeinden, Anleihewesen);
e) *Export und Import*[3]) (Monats- und Vierteljahresbilanzen);
f) *Baumarkt;*
g) *Landwirtschaft und Siedlung;*
h) *Handwerk und Kleingewerbe;*
i) *Statistik* (Indexziffern, Konkurse, Vergleichsverfahren, Wechselproteste usw.);
j) *Soziales Leben, Arbeitsmarkt, Versicherungen* (Sozialversicherungen). (Heute meist unter „Sozialpolitik“ nachrichten- und meinungsmäßig behandelt.)

Neben den umfangreichen Nachrichtendiensten steht die tägliche wirtschaftspolitische *Spitze* (Haupt- und Einleitungsartikel des Handelsteils) als publizistisches Schwergewicht, das durch andere, fachliche Urteile und kritische

---

[1]) Groth, Otto: Die Zeitung (Journalistik), 4 Bde., Mannheim 1928—30, Bd. I, S. 968 ff.

[2]) Knapp, Reinhard: Der Wirtschaftsanteil der Zeitung. Eine Anleitung für den Leser, 6. neubearb. Aufl., Stuttgart 1963.

[3]) Rahmann, John; Ohliing, Heiko: Export und Import im Wirtschaftsteil der Zeitung, 4. überarb. und erg. Aufl., Hamburg 1964.

Glossen ergänzt werden kann. Von besonderer Bedeutung ist die Gesellschaftsberichterstattung, die in Bilanz, Prospekt und Generalversammlungsberichten die Lage der zur öffentlichen Rechnungslegung verpflichteten Kapitalgesellschaften regelmäßig zu analysieren und kritisch zu werten hat.

Ein „Handelsteil" solch fachlicher Durchbildung ist nur für den sachlich interessierten Leser, also den Kaufmann, den Industriellen, den Gewerbetreibenden, geschaffen. Die sogenannte überregionale Presse erreicht mit ihren Handelsteilen regelmäßig 82 % ihrer Leserschaft, während die breite regionale Presse (große Provinzpresse) nur 47 % der Frauen und 68 % der Männer erreicht[1]). Seit in den Jahren nach dem ersten Weltkrieg die breiteste Öffentlichkeit auch an wirtschaftlichen Vorgängen Anteil nahm, interessiert wurde an der Währungsentwicklung (Inflationsjahre), den Streik- und Lohnbewegungen, der Arbeitslosigkeit, den Kleinhandelspreisen, dem Wohnungsproblem, kurz allen Problemen der Verbraucher überhaupt, öffneten sich nicht nur die Spalten des allgemeinen Textteils in vermehrtem Umfange dem wirtschaftspolitischen Stoff, auch die „Handelsteile" nahmen volkstümliche Formen an. Sie sollten jedem Leser verständlich werden, eine Entwicklung, mit der die volkstümliche Massenpresse schon vorangegangen war. Es entstand der volkstümliche Wirtschaftsteil[2]). (Erstmals 1899 in der „Berliner Morgenpost".)

2. Der *allgemeinverständliche Wirtschaftsteil* schließt sich auch äußerlich weniger vom übrigen Textteil ab. Er bevorzugt die Behandlung allgemeiner, auch sozialpolitisch gebundener Wirtschaftsfragen (Lohnfragen, Auftragsbestände lokaler Industrien) und rückt Verbraucherprobleme stark nach vorn, ebenso auch alle Fragen der Sozialversicherung. Einige Blätter geben die-

[1]) Die Zeitungsleser 1966. Leseranalyse der deutschen Tageszeitungen (BdZV), durchgeführt von DIVO, Frankfurt a. M., und INFRATEST, München, erschienen August 1966. Die Analyse konnte nur in wenigen Angaben noch verwendet werden.

[2]) Winschuh, Josef: Über Wirtschaft schreiben. Wirtschaftspublizistik im Wandel der Zeit, Baden-Baden 1963.

sem Teil daher Sammeltitel, wie etwa *„Wirtschaft und Arbeit“* oder *„Wirtschaft und soziales Leben“*. Anschaulich wird hier mit Bildstatistiken gearbeitet, für die sich wieder besondere Korrespondenzunternehmen herausbildeten. Selbst zum Mittel leicht karikierender Zeichnung wird gegriffen, bestimmte Wirtschaftsvorgänge einleuchtend zu machen. Die Redaktion solcher volkswirtschaftlichen Teile forderte nicht allein die fachkundige Feder, sie forderte den anschaulich und einprägsam Schreibenden und Zeichnenden, eine Persönlichkeit, die in dieser Verbindung von sachlichem und journalistischem Können nicht allzu häufig ist. Ihre Arbeit wird sich auch im allgemein-redaktionellen Teil, im Politischen und im Lokalen bewähren. Auch den Leitartikel geben gut geleitete Zeitungen häufig an wirtschaftliche Themen ab. Also zeigt sich:

3. *Die wirtschaftspolitische Durchbildung des allgemeinen* Teils hat in den letzten Jahren Fortschritte gemacht. Sie bringt eine auch staatspolitisch wichtige und erfreuliche Entwicklung, denn das Verständnis wirtschaftlicher Vorgänge führt auch zu gerechterer und treffenderer Beurteilung der politischen Gegebenheiten. Damit stärkt die gute Wirtschaftsinformation des allgemeinen Teils, z. B. bei Wahlen, die Argumente sachlicher Politik. Besonders interessieren hier alle Steuerfragen, die Fragen der öffentlichen Finanzen, örtliche Wirtschafts- und Arbeitsmarktfragen, Auftragsbestände und allgemeine Entwicklung der heimatlichen Industrie. Die enge Verbindung zwischen der Wirtschaft und dem menschlich-sozialen Schicksal hat in manchen Blättern zu bevorzugter Behandlung gerade dieser Problematik, auch in eigenen beilageähnlichen Seiten, geführt („Mensch und Werk“, „Aus dem Leben der Arbeit“ u. a. m.). Der Aktienmarkt gewinnt das Interesse auch des Kleinstkapitals, zumal nach der Einführung von „Volksaktien“. Dem politisch und sozial so bedeutenden Problem der Eigentumsbildung widmet die Regionalpresse ihre besondere Aufmerksamkeit.

Eine regional gebundene Zeitung in Süddeutschland, Aufl. 125 000, Richtung: „unabhängig“, mit einem Verbreitungsgebiet, das zu 70 % an der exportintensiven Industrie und allgemein gewerblich interessiert ist, erhält in der täglichen Redaktionspost zu einem Drittel briefliche Anfragen, die die Wirtschaft angehen. In 250 Ausgaben brachte sie im allgemeinen Teil 308 Berichte. In der Themenaufteilung des Wirtschaftsstoffes ergab sich folgende Gliederung:

Steuerfragen (in den Artikeln 75 %)	25 %
Inländische Wirtschaft	22 %
Gewerkschaften, Lohnfragen	16 %
Ausländische Wirtschaft	10 %
Montanunion, Europäische Zusammenarbeit (OEEC)	6 %
Wohnungsbau	6 %
Landwirtschaft und Siedlung	6 %
Sonstiges	9 %

Die früher oft umstrittene *Unabhängigkeit* des Wirtschaftsteils ist heute kein Sonderproblem mehr. Verpachtung von Wirtschaftsteilen an Industrie oder Bankgruppen, wie sie im Ausland vorgekommen ist, war im deutschen Zeitungswesen niemals gegeben. Der Wirtschaftsteil der Zeitung ist in Deutschland von außerredaktionellen Einflüssen ebenso bedroht und ebenso frei wie alle übrigen Teile der Zeitung, je nachdem man ihre Unabhängigkeit verteidigt oder — z. B. gegenüber Anzeigenkunden — Einflüsse zuläßt. Dieses Kapitel ist weiter unten besonders behandelt (vgl. S. 149). Daß auch der Wirtschaftsteil als Ganzes gesinnungsmäßig ausgerichtet ist, zum mindesten aus der politisch-wirtschaftlichen Grundauffassung des Blattes heraus, braucht nicht bekräftigt zu werden[1]). Wenn auch Börsen- und Marktnotierungen und viele reine Fachangaben in ihrer Tatsachennatur objektiv sind: Auswahl und Deutung lassen die Grundrichtung ebenso wie die Natur des Leserkreises deutlich hervortreten.

[1]) Ein eindrucksvolles Beispiel gesinnungswerbender Publizistik im wirtschaftspolitischen Teil beschreibt Werner Link: Die wirtschaftspolitischen Leitartikel in der „Sonntags-Zeitung“ 1933 bis Anfang 1937. Ein Beispiel publizistischer Opposition im Dritten Reich: In: Publizistik, 3/1963, S. 147—152.

c) Der Orts- und Heimatteil

Der Orts- und Heimatteil (lokaler Teil) hält die engste Fühlung zum Leser. In der Regionalpresse (große Provinz- und Heimatpresse) bringen die Leser (Männer und Frauen) ihm mit 85 % das erste Interesse entgegen[1]). Dieser Teil hat die Aufgabe, das Zeitgeschehen, das der Leser selbst Tag um Tag aus nächster Nähe beobachten und erleben kann, in seiner Bedeutung für die Gemeinden (Stadt oder Land) und die Landschaft (Provinz) zu werten. Aber darüber hinaus wird er aus dem Leben der Gemeinde das Leben des ganzen Volkes verstehen lehren und es in dieses einordnen. Das ist seine bedeutende, allgemeinpolitische Aufgabe.

Der Orts- und Heimatteil dient also dem Leser sehr unmittelbar, sollte aber nie Kirchturmpolitik sein. Er führt vom engeren Leben zu den größeren Aufgaben. Darin liegt die Weite, die der rechte Redakteur geben kann. Weil aber der Orts- und Heimatteil seinen Stoffbereich aus Lebenskreisen nimmt, in denen jeder Leser verwurzelt, oft auch eigennützig und interessenmäßig gebunden ist, hat sein Leiter, ohne in passive Haltung und Ängstlichkeit zu verfallen, eine zwingende Sorgfaltspflicht. In kaum einem Teil der Zeitung ist jedes Wort so unmittelbar zu überprüfen, liegt die Möglichkeit so nahe, mit verfilztem Eigennutz zusammenzustoßen, wunde Stellen zu berühren und in Wespennester zu stechen, wie eben hier. In keinem Teil kann darum schwieriger frische Luft und regsame Eigenarbeit erhalten werden als in dem Orts- und Heimatteil. Gelingt es aber, so gelingt es zu doppelter Freude, und der „lokale Teil" kann eine sehr ernst zu nehmende publizistische Aufgabe erfüllen. In vielen Fällen, namentlich bei mittleren und kleineren Blättern, ist er das Herz der Zeitung. Daher die — oben geschilderten — Organisationsformen der Bezirkszeitungen und der Zeitungsgemeinschaften, die einen Mantel des allgemeinen Teiles herstellen

[1]) ZVuZV, 18/1958, S. 702. Die Analyse Zeitungsleser 1966, a. a. O., S. 148 f., bemißt das Interesse am lokalen Teil sogar auf 95 %, für die Regionale Presse auf 97 %.

und ihm den jeweils örtlich bestimmten, den Orts- und Heimatteil, oft in mehrseitigem Umfange beigeben.

Der Orts- und Heimatteil erfordert einen Redakteur besonderer Begabung. Aus lebendiger Einfühlung muß er die Lage und Aufgabe der Gemeinde in Kontakt mit den kommunalen Ämtern ebenso wie mit der breiten Öffentlichkeit richtig erfaßt haben. In zähem Fleiß muß er in alle Einzelheiten dieser Lage eindringen, muß die Machtverhältnisse abwägen, Interessengetriebe erkennen, um ehrliche, hingebende Arbeit und tüchtige Arbeiter ebenso wissen wie um faule Köpfe, versumpfte Charaktere und gefährliche Intriganten. Auf keinen Fall dürfen ihm aus Einerlei und Enge und wegen der ewigen Stürme im Wasserglas die sprachliche Frische und die persönliche Eindrucksfähigkeit geraubt werden. Aus Eigenem muß er verstehen, auch Altes in immer neue Lichtkreise zu rücken. Er darf nicht müde werden, Leben und Bewegung im Dasein der Gemeinde immer wieder zu entfachen und im Schwunge zu halten. Auch journalistisch steht er vor ganz besonderen Aufgaben.

Der lokale Teil ist eine Zeitung im Kleinen. Stofflich sind alle Sparten in ihm vertreten. Er zeigt auch alle journalistischen Arbeitsformen und ist daher die beste Vorschule für den Journalisten. In den gemeindepolitischen Fragen hat er seinen politischen, in den örtlichen Schul-, Theater-, Kunst- und Städtebaufragen seinen kulturpolitischen Teil. Die Wirtschafts- und Finanzfragen der Stadt und alle gemeindlichen Fragen des sozialen Lebens sind hier zu bearbeiten, und die großen politischen Ereignisse, die sich auf die Gemeinde auswirken, hat er ebenso zu behandeln wie lokale Feste und Veranstaltungen. Auch über das Eigenleben wichtiger Einzelgruppen hat er, in rechter Einordnung in das Ganze, zu berichten.

Oft sehr heikel ist die richtige Bearbeitung aller mit den „Personalia" zusammenhängenden Fragen. Sie sollten gewiß nach dem Grundsatz entschieden werden, daß die öffentlichen Interessen allem Persönlichen vorgehen. Aber auch das Persönliche, z. B. in Namen- und Titelnennungen, Ehrungen, Geburts- und Jubiläumstagen, ist von allgemeinem Interesse und sollte unter rechten Maßstäben niemals außer acht bleiben.

Das alles fordert ständige Fühlung mit allen leitenden Stellen in den Ämtern, den Verbänden, Parteien, dem Vereinsleben und der Gesellschaft. Es verlangt Fleiß, Takt und eine Fülle von Kulissenkenntnis. Ständige, nie abreißende Regsamkeit muß sein. Passives Herankommenlassen des üblichen Lokalstoffes, der bloße Abdruck der Polizeiberichte, der Vereins- und Unfallnachrichten und des sonstigen Kleinkrams ohne Eigenarbeit, Eigenergänzung und Führung lähmen die ständige Anteilnahme der Leserschaft. Ein lokaler Teil ist dann auf der Höhe, wenn niemand ihn ohne Schaden ungelesen lassen kann.

Journalistisch ist der eigene Nachrichtendienst aufzubauen. Auch ein eigener Bilderdienst ist erforderlich. Bei geringer Redaktionsbesetzung ist das schwierig. Es erfordert größte Lokal- und Personalkenntnis, Findigkeit, Sach- und Menschenkenntnis und organisatorisches Geschick. In der ortspolitischen Willensbildung hält das Blatt engste Fühlung mit den leitenden Stellen der Gemeindeämter. Es sorgt für eine sachliche, das Wesentlichste fassende Berichterstattung über die Arbeit des Gemeindeparlaments, das ja selbst eine Quelle sachlicher Unterrichtung oft in persönlich interessanten Formen ist. Die deutschen Gemeindeverwaltungen haben die Notwendigkeit einer Zusammenarbeit mit der örtlichen Presse längst eingesehen. Die Presse muß dahin wirken, daß es nicht zu einer schematischen Informationsarbeit kommt, die im lokalen Teil am wenigsten zu brauchen ist. Der selbständigen Eigenarbeit muß der Weg offen gehalten werden. Die Presse- und Nachrichtenämter der Städte und Gemeinden waren noch vor denen der staatlichen Stellen entwickelt. Sie geben Jahr für Jahr vieltausend Informationen an die Presse[1]). Doch ist es ihre Aufgabe, den Lokalreportern die individuelle Arbeit mit den Referenten zu ermöglichen. Eine Gemeindebehörde von wirklicher Großzügigkeit wird dabei auch sachliche Kritik und

[1]) Zankl, Hans Ludwig: Kommunale Publizistik. In: Publizistik, 6/1960, S. 262—269.

kundige Anregung begrüßen, zumal dann, wenn sie auf Kenntnis der örtlichen Verhältnisse und Sachkunde beruhen. Freilich steht die Empfindlichkeit gegen Kritik oft im umgekehrten Verhältnis zur Größe der Gemeinden. Bei den engen wirtschaftlichen und gesellschaftlichen Beziehungen, namentlich in kleineren Gemeinden, gehören zu einer Arbeit solcher Art starke Verantwortungsfreudigkeit, sicheres Urteil, genaue Kenntnis der sachlichen und persönlichen Zusammenhänge aller kommunalen Dinge. Das fordert oft mehr Ruhe, Geduld, Klugheit und Standfestigkeit als manche andere Sparte sie verlangt. Viele außenpolitische Artikel, Reportagen und Kritiken sind wesentlich einfacher zu schreiben und ungefährlicher als noch so kurze Ausführungen in gemeindlichen Fragen, die oft jähe Gegenwirkungen zur Folge haben.

Auch ein „Feuilleton" hat der lokale Teil. Die „Spitze", der dem Nachrichtenteil voraufgeschickte kleine Artikel, dient der örtlichen Meinungsbildung und der stimmungsmäßigen, meist gern gelesenen Betrachtung. Er bringt die Pfingstfreude, den Weihnachtsglückwunsch und den Gruß an den Frühling, jawohl, und er sollte sich dessen nicht schämen, derartiges ist nötig wie das Kalenderblatt. Das sind Aufgaben, die nicht mit den üblichen Gelegenheitsredensarten, sondern durch gute Federn auch eigen und neu für eine starke Lesergemeinde gelöst werden können. Auf sie zu verzichten, ist immer ein Fehler. Die Spitze sollte möglichst eine gute und wichtige örtliche Angelegenheit behandeln und, wo dazu der Stoff nicht reicht, sollte eine lokal gebundene Plauderei unterhaltender und belehrender Art gegeben werden. Wichtig ist dabei immer die *Eigenarbeit.* In ihr findet die örtliche Bindung des Blattes, insbesondere die Heimatzeitung, ihr ganz besonderes Leben. Hier, aber auch in der übrigen Presse, hat der lokale Teil auch das Recht, den *Leitartikel* auf der ersten Seite für sich in Anspruch zu nehmen. Er sollte davon oft Gebrauch machen. Es muß mit dem Vorurteil aufgeräumt werden, als seien der lokale Teil und seine Leiter Kräfte minderer Bedeutung in der Zeitung. In der Mehrzahl der Fälle hängt das Gelingen des Blattes in weitem Maße von ihnen ab.

Oft hat auch der lokale Teil *sensationelle* Dinge zu berichten. Sensation liegt immer dann im öffentlichen Interesse, wenn sie publizistisch, d. h. im ernsten Dienste für die Öffentlichkeit notwendig ist. Das Leben ist belastet mit dunklen und oft tragischen Ereignissen, die bekannt werden und es werden müssen, in Abwehr ihrer Ursachen, im Schutz vor ihren Folgen und in der Pflicht zu allgemeiner Charakterisierung der Zeit. Durch schlechte protokollartige Wiedergabe unter Verzicht auf typographische Betonung ist das niemals zu erreichen. Wer das Gegenteil behauptet, kennt nicht die Lebensgesetze der Zeitung. Sie kann in einer erregten Zeit nicht olympische Ruhe atmen. Jede Sensation wird aber, das sei hier wiederholt, nur dann tragbar sein, wenn das öffentliche Interesse sie fordert. Die *falsche* Sensation beginnt dort, wo für die sensationelle Darstellung und reißerische Aufmachung einer Nachricht ein öffentliches Interesse nicht mehr gegeben ist, wo ein aus öffentlicher Pflicht nicht gebotener Einbruch in die Sphäre des privaten Lebens erfolgt. Das gilt auch dann, wenn aus sensationellen Gründen rein persönliche Dinge, die den öffentlich interessierenden Fall nicht mehr angehen, künstlich und gewollt in der öffentlichen Behandlung hochgespielt werden (Angelegenheiten des Privatlebens, Familienangelegenheiten, Schicksale von Verwandten usw.). Sensationsfälle solcher Art, die seit 1945 wieder in manchen Blättern zu skrupellosem Leserfang ausgewalzt werden, haben in gefährlicher Weise zugenommen. Sie beschäftigen in ihren Folgen die Jugend- und Kriminalgerichte, die Ärzte, die Geistlichen, die Lehrer, die Erzieher[1]). Diese übersteigerten Sensationen sind ein trauriges Zeichen rein auf Profit gerichteter Zeitungsarbeit. Der Deutsche Presserat hat, anknüpfend an Einzelfälle, sich oft mit dem Problem beschäftigt. Vor allem aber sollten die *Leser* jeden sensationellen Krampf ablehnen, denn von der Leserschaft her, die nicht mehr liest oder gar abbestellt, geht eine starke Einwirkung aus. Sensationelle Übersteigerungen drücken im Konkurrenzkampf der Blätter gefährlich das geistige Niveau der ganzum Presse und damit die politische Leitungskraft der Zeitungen und ihre Glaubwürdigkeit.

Zum örtlichen und Heimatteil gehört auch die *Gerichtsberichterstattung.* Aufgabe einer guten Gerichtsberichterstattung ist es, neben der selbstverständlichen Berichtsarbeit über die „großen Fälle“, das Rechtsverständnis der Öffentlichkeit an typischen

---

[1]) vgl. Keilhacker, Martin: Die Entwicklung des heranwachsenden Menschen zur Persönlichkeit. In: Persönlichkeitsschutz u. Meinungsfreiheit, München 1959 und Hirsch, E. E.: Maulkorb für die Presse. Zum zivilrechtlichen Persönlichkeits- und Ehrenschutz, Berlin 1959. — Dovifat, E.: Pressefreiheit und Schutz der Ehre und Intimsphäre. Veröffentlichung der Universitätstage 1959, Freie Universität Berlin, und Stellungnahme des Deutschen Presserats vom 19. Februar 1959, Jahresbericht 1960, S. 46.

Einzelfällen zu bilden und durch deren Beurteilung im Rahmen unserer Gesamtentwicklung das Rechtsleben in Fluß zu halten. Auch hier ist *journalistische* Begabung Voraussetzung des Erfolges. Wer, ohne dem Ansehen der Rechtspflege zu schaden oder dem Spruch der Gerichte vorzugreifen, lebendig, anschaulich und packend auch kleinere Tragödien und Vergehen (Verkehrsdelikte) darstellt, wie sie sich Tag um Tag vor den Schranken der Gerichte abspielen, trägt mehr zur Rechtskenntnis und fürsorglichen Warnung in der Öffentlichkeit bei als durch trockene Belehrung oder spröde Rechtsberatung geleistet werden kann. Die großen Gerichtsverfahren, bei denen das Tribunal zur Szene wird, verlangen gute Federn und ein hohes Maß von Sachkunde im Rechtsverfahren. Sensationelle Ausbeute ist hier doppelt gefährlich. Sie schadet dem Ansehen der Zeitung und schädigt Recht und Rechtsauffassung, erzielt also die umgekehrte Wirkung, die der gute Bericht bringt. Es ist im allgemeinen nicht üblich, bei kleineren Straffällen, vor allem bei Jugendlichen, Namen zu nennen. Auch sollten während eines laufenden Verfahrens das Urteil vorwegnehmende Stellungnahmen unterlassen werden. Sie werden in England — contempt of court — schwer bestraft. In der Gerichtsbarkeit ist skrupellose Sensationsmache oft verhängnisvoll, weil Menschenschicksale auf dem Spiele stehen. Einige Zeitungen sind in Deutschland jetzt dazu übergegangen, jeweils den Namen des Richters, des Staatsanwaltes und des Verteidigers zu nennen[1]). *Gerichtspressestellen* dienen der Zusammenarbeit zwischen Rechtsprechung und Presse[2]).

Unerschöpflich im Stoff und gleichsam ständiger Hintergrund des aktuellen Zeitgeschehens in der Gemeinde ist seine *heimatliche Bindung* an Herkunft und Geschichte, an Art, Natur und Landschaft. Von der Vorgeschichte angefangen bis in unsere Zeit, von der geologischen Schichtung der Landschaft bis zu ihrer Tier- und Pflanzenwelt, aus allen diesen Stoffgebieten sollte Woche für Woche ein

---

[1]) vgl.: Wer sprach das Urteil? In: Der Tagesspiegel (Berlin) vom 23. 8. 1964.

[2]) vgl.: Richtlinien für die Gerichtsberichterstattung, eine Erklärung des Deutschen Presserats vom 29. 4. 1958, Jahresbericht 1959, S. 34. Eine klassische Form des Gerichtsberichtes, durch die eine starke Eindämmung der damals (1920—28) grassierenden „Eidesseuche" publizistisch verfochten und durchgesetzt wurde, leistete Paul Schlesinger als Gerichtsberichterstatter der Vossischen Zeitung in den 20er Jahren. Sling, d. i. Paul Schlesinger: Richter und Gerichtete, Berlin 1929. Frankenfeld, A.: Keine publizistische Einmischung in Gerichtsverhandlungen. In: ZVuZV, 24/1966, S. 1050 ff.

Heimatartikel das Blatt begleiten. Mitarbeiter, Fachkenner aus Beruf oder Neigung gibt es in jedem Leserkreis. Hier zeigt der Redakteur seine Begabung, Mitarbeiter zu gewinnen. Das ganze sympathische Stoffgebiet bindet auch gemütsmäßig den Leser an das Blatt.

Stärker als in den meisten Blättern sollte die *Kommunalpolitik* betrieben werden. Ihre Grundsätze sind keineswegs immer die der politischen Parteien. Ihre Zielrichtung und ihr Verfahren sind weitgehend sachlich bestimmt. Nirgends ist eine Aussprache darüber nützlicher als eben hier, wo die Zahl der mittelbar Beteiligten, der urteilsfähigen Interessenten im allgemeinen fast mit der der Leserschaft übereinstimmt. Kommunalpolitik in diesem Stil gehört in jede lebendige Gemeinde. Sie ist eine Sinngebung des kommunalen Alltags und eine praktische Vorschule der großen Politik, die unser aller Schicksal ist.

Das *Bild* als Zeichnung und Photo, als Nachrichtenbild, Feuilletonbild und Bildfeuilleton ist für die Ausstattung des lokalen Teils heute unentbehrlich.

d) Der kulturelle Teil und seine publizistische Wertung
Das Feuilleton — Der Feuilletonismus

1. Kultur und Zeitung — Der Begriff „Feuilleton"

Der kulturelle Teil der Zeitung, das Feuilleton, umfaßt in Nachricht und Meinung alle die Werte und Kräfte eines Volkes, die das kulturelle Leben in der Öffentlichkeit bestimmen und dort zur Geltung kommen.

Kultur ist die innere Einheit alles geistig-seelischen Besitzes und aller geistig-seelischen Kräfte. Sie ist „die Einheit des künstlerischen Stils in allen Lebensäußerungen eines Volkes" (Nietzsche). *Kultur* ist damit ebenso der geistige *Besitz* eines Volkes wie seine geistige *Schaffens- und Gestaltungskraft.* Sie birgt ein statisches und ein dynamisches Element. In ihren Leistungen aber weist sie immer religiös, künstlerisch, wissenschaftlich über das nur Materielle hinaus, dessen rein zweckmäßige Bewältigung Sache der Zivilisation ist. *Zivilisation ist technische Sicherung des natürlichen Daseins durch gesteigerte Nützlichkeit, Bequemlichkeit und Ordnung.* Zivilisation ist geistig-materiell gesteuerte praktische Zweckmäßigkeit. Zivilisation heißt, alle Sicherheiten und Annehmlichkeiten des Daseins entwickeln und sich darin wohlfühlen.

In ihrer *nachrichtenmäßigen Zweckbestimmung* gehört die Zeitung in den Bereich der Zivilisation. In ihrer *gesinnungsmäßigen* Aufgabe entwickelt sie, zumal in der Wiedergabe künstlerischer Schöpfungen, die sie deutet und für die sie wirbt, *kulturelle Werte.* Diese Werte hat die Zeitung, ihrer Natur entsprechend, dem Alltag zu vermitteln, dem sie verpflichtet ist und in dessen Eintönigkeit und Sorge sie etwas vom Abglanz der echten Werte sorgfältig, wahrhaftig, vor allem aber *verständlich* übermitteln soll. Wenn sie auch ihrem Wesen nach diese Werte als Kleingeld stückelt, verschlägt das nichts. Sie muß nur sorgen, daß die Währung echt ist.

Dies führt zur Erkenntnis einer *Grundtatsache,* der alles kulturelle Wirken der Publizistik, nicht nur das der Zeitung, unterliegt. Auf die Zeitung abgestimmt lautet diese Grundtatsache: *Zeitungen können nur solche Kulturwerte übermitteln, die nach den Gesetzen der Zeitungsarbeit der breiten Lesermasse zu erschließen sind und dort ankommen.*

Es ist eine der schwersten journalistischen Leistungen, der breiten Öffentlichkeit auch die schwerer zugänglichen Kulturwerte zu vermitteln. Aber die Zeitung hat im letzten Jahrhundert z. B. der jungen Kunst Schritt um Schritt Bahn gebrochen.

Die großen Massenzeitungen werden immer das schwierige Problem zu meistern haben, wie kulturelle Leistungen ihren Lesern eingehen und in welcher Form sie ihnen darzubieten sind. Das soll keine Unterordnung geistiger Hochwerte unter das Technische im Tages- und Massenerzeugnis der Zeitung sein. Die Zeitung vermittelt im allgemeinen keine Werte, die sich *nur* exklusiven Zirkeln auftun, wobei die Frage umstritten bleibe, inwieweit solche Werte überhaupt kulturell genannt werden können. Für die Aufnahme von Kulturwerten in die Zeitung ist dem Redakteur die gleiche Aufgabe gestellt, die dem Herausgeber eines guten und volkstümlichen Buches oder den Leitern eines volkstümlichen Theaters aufgetragen ist. Sie haben das Recht, neben dem großen Weltanschauungsdrama auch einmal das Kassenstück zu spielen. Ohne sich etwas zu vergeben, gilt es für die ihrer Aufgabe bewußten Zeitung zunächst einmal, Aufmerksamkeit zu wecken, Interesse wachzurufen und dann den Wert zu bringen in der Form, in der er *angenommen* wird. Vom Standpunkt ästhetisierender Literaturbetrachtung mag man das ablehnen, für jede wirksame Ansprache der Öffentlichkeit ist es unumstritten. Empörte Urteile über das, was die Zeitung aus der kulturellen Welt abdruckt oder von den mißratenen Anverwandten der großen Literatur bringt (etwa den *Zeitungsroman*), erledigen sich damit insoweit, als solche Beispiele notwendig zunächst einmal dem Geschmack des Zeitungslesers nahegebracht werden müssen. Außerdem hat die breite, schwer arbeitende Masse der Leserschaft ein Recht, nicht nur an ihr zugänglichen kulturellen Werten teilzuhaben, sondern auch entspannt und unterhalten zu werden. All das ist bei der Auswahl des Stoffes zu berücksichtigen, der im kulturpolitischen Teil der alten „Feuilletonsparte“, dargeboten wird. Diese Dinge lassen sich nur in der kräftigen Atmosphäre dessen lösen, was volkstümlich, packend und lebensnah ist in der wahren Atmosphäre der Öffentlichkeit.

Dies braucht nun keineswegs Unterhaltung gleich niederem „Amüsement“ zu sein, wie es von bestimmten Zeitungstypen gesucht wird. Es gibt auch eine vom Aktuellen her seelisch bewegte und dann auch ins tiefere Sein wirkende Form des Ausdrucks und der Stoffwahl, die den rechten Übergang bietet aus der flüchtigen Bindung an den Tag zu den bleibenden Werten. Dieses Stoffgebiet und diese geistige Haltung, aus denen zweierlei für das Zeitungswesen her aufgewachsen und zu besonderer Reife gekommen ist, sind: *Das Feuilleton und der Feuilletonismus.*

Der Begriff „Feuilleton" wird im dreifachen Sinne gebraucht: das Feuilleton als redaktionelle *Sparte*, das Feuilleton als sogenannte *„Kleine Form"*, das Feuilleton als *journalistische Haltung*, als eine *subjektiv* persönliche Form in Darstellung, Sprache und Gesinnung, als *„Feuilletonismus"*.

Als *Stoff-* und *Spartenbegriff* umfaßt das Feuilleton alle kulturpolitisch wichtigen *Nachrichten* (Theater, Neuerscheinungen des Büchermarktes, Personalien, Kunst und Wissenschaft), einen *Meinungsteil* (die ganze Kunst- und Theaterkritik) und einen *Unterhaltungsteil*, der durch „Feuilletons", Romane, Novellen, Skizzen, Kurzgeschichten usw. der Sparte den Charakter gibt. Dieser ganze Stoff wurde — heute seltener, aber früher generell — *„unter dem Strich"* gebracht, im Gegensatz zur großen Politik, die „über dem Strich" abrollte. Die allgemeine Bedeutung des unterhaltenden und belehrenden Stoffes, des Feuilletonstoffes, hat heute in manchen Blättern, so in den meisten Boulevardtypen, den schwarzen Strich überhaupt verschwinden lassen. Oft wird er nur sparsam angewandt, wo er früher, vom Handelsteil abgesehen, durch das ganze Blatt lief. Der Feuilletonstoff nimmt dafür ganze Seiten in Anspruch oder ist über das ganze Blatt in Blocks verteilt.

Der schwarze Strich erklärt sich aus der Geschichte dieser Sparte, der im französischen Journalismus des beginnenden 19. Jahrhunderts ihr Name gegeben wurde. Feuilleton = Blättchen war ursprünglich der Intelligenzzettel des „Journal des Débats". Er war ein kleiner, der großen politischen Zeitung beigehefteter Zettel, der „Avertissements", kleine Anzeigen und dgl. brachte. Hier nahm der *Abbé de Geoffroy*, der „père du feuilleton", kurz vor 1800 Raum für Theaterkritiken, kleine Reisegeschichten und Plaudereien für sich in Anspruch. Das sonst ganz der großen Politik gewidmete Blatt sah ein wenig verachtend auf das literarische Einerlei, worauf dann der Abbé diese Deklassierung bewußt betrieb und sie so zu einer großen Sache im literarischen Journalismus Frankreichs machte. Als dann bei einer Formatänderung des Hauptblattes das „Blättchen" verschwand, wurde sein Inhalt, durch einen dicken, schwarzen Strich vom Politischen getrennt, ins Hauptblatt gebracht. Der große Einfluß des französischen Journalismus zu Beginn des 19. Jahrhunderts hat dann der auch in deutschen Blättern längst vorhandenen Stoffgruppe den Namen „Feuilleton" gegeben. Bayerische Blätter z. B. haben diesen Stoff auch schon vor 1800 durch einen Strich markant von der Politik getrennt. Aber durch das berühmte französische Blatt ist die Sache bekannt und benannt worden. Sie ist bei uns aus dem „Gelehrten Artikel" erwachsen, dessen Redakteur 1751 Lessing an der „Vossischen Zeitung" wurde.

Die „*feuilletonistische*" Haltung freilich ist älter als die Zeitung, ist so alt wie die publizistische Führung überhaupt. Sie findet sich in den Predigten des Mittelalters ebenso wie in den Reden der Antike und ist überall da zu finden, wo der Mensch, gewinnend und persönlich im Menschlichen angesprochen, aus den Zufälligkeiten und Nebensächlichkeiten des Tages in das Große und Allgemeine emporgeführt wird. (Siehe unten S. 86.)

2. *Das Feuilleton als Sparte*

Das Feuilleton ist eine Zeitungssparte, in der alle Gebiete des kulturellen Lebens, das Geistig-Künstlerische und Wissenschaftliche in Nachricht und Meinung sich mit denen der Unterhaltung und Belehrung zu einer Einheit verbinden.

Die im Hitlerregime für das „Feuilleton" gewählte Bezeichnung „*das 3. politische Ressort*" ordnete im Sinne des totalitären Strebens auch die künstlerischen und unterhaltenden Inhalte des Feuilletons dem politischen Machtstreben unter. Große Teile des Feuilletons stehen aber diesem Streben gegenüber viel zu sehr abseits, als daß eine solche Bezeichnung berechtigt wäre. Doch ist nicht zu leugnen, daß auch das Feuilleton von der Grundgesinnung eines Zeitungsunternehmens geprägt wird. Gerade die kulturellen Werte tragen sichtbar die Farbe der grundsätzlichen und weltanschaulichen Haltung eines Blattes[1]). Hier ist sie sogar am ehesten erkennbar, wenn sonst sich der politische Teil mancher Zeitungen windfahnengleich dreht.

Drei Stoffgruppen umfaßt das Feuilleton als Sparte: Nachricht und Bericht, publizistische Wertung und Kritik, Unterhaltung und kulturelles Beispiel (Roman, Kurzgeschichte, „Kleine Form").

---

[1]) Die größere Liberalität des Feuilletons erlaubt allerdings im Ästhetischen der Darbietung höchst individuelle Eigennoten, die in das politische Gesamtbild oft nur schwer passen.

a) Nachricht und Bericht

Das Feuilleton umfaßt zunächst in Nachricht und Bericht die ganze Fülle des kulturellen Geschehens. Von den einfachen Einzelmeldungen oder ihrer mosaikmäßigen Zusammenfassung im „Kleinen Feuilleton“ angefangen bis zur umfassenden kulturellen Reportage, die ausführlich und lebendig bebildert ist, gehen die Formen der Darbietung. Sie sollten nach Möglichkeit immer eine besonders persönliche Note tragen. Beispiele für die gesamt-geistige Haltung sind dabei das äußere Gesicht. Sie zeigen sich in der graphischen Darbietung in Bildauswahl, Schriftwahl, Schmuck und schließlich von innen her durch den *Geist*, aus dem heraus Tag um Tag das kulturelle Geschehen dargestellt wird. Die Politik mag begeistern oder empören, die Wirtschaft mag die Leute zum Nachrechnen bringen, sie zukunftsfroh oder besorgt machen; was sich im Wirken kultureller Kräfte abspielt, rührt oft ans Innerste des Persönlichen. Im Bereich des Kulturellen darf daher weit weniger das spröde, nüchtern protokollierende, photographierende Referat, es muß der persönlich gesehene und erschaute *Erlebnisbericht* gegeben werden. Man kann in wenigen gegeneinandergestellten Verhältniszahlen einen handelspolitischen Vorgang, man kann in knappen, eindeutigen Gesetzen die staatliche Ordnung erfassen, kulturpolitische Vorgänge aber entziehen sich solch stofflicher Sichtbarkeit. Nirgends regen sich seelische Kräfte so wie hier, nirgends verlangen sie so persönliche Ansprache. Auch von dort her tun sie ihre politische Wirkung[1]).

Die Aufgaben des *Berichtes* im Kulturellen beginnen im Gebiet des *Organisatorischen*, das alle Zweige des geistigen Lebens tragen und unterbauen muß: das Schulwesen, soweit es nicht Gegenstand der politischen Auseinander-

---

[1]) vgl. Haacke, W.: Meinungsbildung durch Unterhaltung. In: Die öffentliche Meinung, hrsg. v. Martin Löffler, München/Berlin 1962 (Bd. 4 der Schriftenreihe der Deutschen Studiengesellschaft für Publizistik), S. 31—56. Ebendort (S. 9) schreibt Adolf Arndt (Begriff und Wesen der öffentlichen Meinung): „Die bedenklichste Gefangennahme ist die unbemerkte: das Manipulieren der Menschen in der gefälligen Form der Unterhaltung. Sie nimmt den durch sie Zerstreuten von sich selber fort bis zum Grade der Betäubung hin.“

setzung, sondern der pädagogischen Aufgabe ist, die ganze Gliederung der gelehrten Arbeit in allen Formen, die Universitäten und Hochschulen, die Akademien, die Forschungsgesellschaften, das Theater, die Konzerte und die Konzertorganisationen, die Hörer- und Besucherorganisationen, Film, Rundfunk und Fernsehen in Aufbau und Gliederung, die Museen, das Bauwesen (in künstlerisch-kultureller Bedeutung), Ordnung und Arbeitsweise kultureller Institutionen und Verbände: all das und vieles ähnliche andere ist noch lange nicht Kulturinhalt, sondern erst Organisation. Je besser aber auch das rein Organisatorische als Voraussetzung der kulturellen Leistung erlebt ist, um so mehr wird später die Leistung den Leser gewinnen. Bevor noch der Film abrollt, interessiert seine Herstellung, ehe noch diese oder jene naturwissenschaftliche Entdeckung in ihrem Erfolg beschrieben und dargestellt ist, interessiert die Organisation des Instituts, in der sie gemacht wurde, interessieren die Menschen — und zwar die ganzen Menschen, auch in ihrem persönlichen Schicksal —, die sich für das endlich Errungene eingesetzt haben. Das Theater zieht besonders an, ehe sich noch zur Aufführung der Vorhang hebt und eine kritische Wertung zu geben ist. So ist die *Kulturorganisation* ein wichtiges Feld für journalistische Arbeit, die dem *Kulturinhalt* dient, indem sie die ihm vorausgesetzten organisatorischen, wirtschaftlichen und technischen Einrichtungen zu Ansehen bringt oder zu kritischer Wertung anregt. Der sogenannte „rasende Reporter“ ist, wenn überhaupt irgendwo, so für jede Form wirklich kulturellen Berichtes am wenigsten brauchbar. Jeder kulturelle Vorgang fordert auch in Sprache und Form eine ihm gemäße Darstellung. Diese Forderung verstärkt sich überall da, wo die Zeitung publizistisch, hier also *kritisch*, zu den Vorgängen des kulturellen Lebens Stellung nimmt.

b) Publizistische Wertung und Kritik

Auch in Erfüllung ihres kritischen Werkes folgt die Zeitung dem Ruf der Öffentlichkeit. Mit dem Augenblick, da die Kunst den sakralen Raum und das mehr oder weniger gutgemeinte fürstliche Mäzenatentum verließ und sie nun in der Öffentlichkeit um die Mittel zum Leben und Schaffen werben und ihre Leistungen gegen Bezahlung anbieten muß, hat auch die Kritik der Öffentlichkeit begonnen. Sie fand in der Zeitung Ausdruck.

Kritik — von griechisch „krinein", scheiden, unterscheiden — ist bewußt unterscheidende und wertende Beurteilung. Sie bedeutete in der Antike im Urteil von Amts wegen sprechender Richter („Kritai") fachliche Hilfe und ist nach festen Kunstregeln, aber nicht öffentlich, geübt worden. Sie hat im Mittelalter in den Bruderschaften der Bauhütten und Malergilden eine belebende Kraft als reine Werkkritik gehabt, aber weder in der Antike noch im Mittelalter wurde sie frei aus der Öffentlichkeit als deren Urteil gesprochen oder als persönliches Urteil Einzelner geübt. Auch für die Leistungen des *Theaters* wäre berufsmäßige Kritik unvorstellbar gewesen, solange das Theater seinen sakralen Sinn behauptete. Erst als es vor dem kirchlichen Raum und in den Bereich der volkstümlichen Unterhaltung und dann des bürgerlichen, künstlerischen Interesses kam, erwachte die individuelle Kritik an der gegen Geld gebotenen Schaustellung. Ebenso geschah es im Bereich *bildender Kunst*, als z. B. die Malerei nicht mehr von den religiösen Aufträgen der Kirchen und dann dem Mäzenatentum der Könige und Fürsten lebte, sondern für den Zimmerschmuck des Bürgerhauses ihre Leistungen in „Ausstellungen" und „Salons" anbot und käuflich absetzte (Ende des 18. Jahrhunderts). Ähnlich stand es mit der *Musik*, die aus den Kirchen an die Fürstenhöfe kam („Kammer"-Musik) und von dort durch die „musikliebenden", die „Philharmonischen" Gesellschaften aufgenommen wurde. So entstand dann für die bürgerliche Welt das „Konzert" gegen Eintrittsgeld und damit kam das Publikum, das von der Zeitung eine kritische Wertung verlangte. Darüber hinaus aber erweist sich dann die Kritik als Ausdruck des individuellen rationalen Urteils an den Erscheinungen des öffentlichen Lebens, und zwar auf allen seinen Gebieten aus einer neuen und freien Deutung des Weltgeschehens.

Als Bezeichnung für das individuelle Kunst- und Geschmacksurteil kommt der Begriff „Critique" zunächst in der gelehrten Welt zur Wertung des Buches, dann zur Beurteilung schöngeistiger Leistungen in Frankreich auf. *G. E. Lessing* gibt der „critic" — so schrieb er das Wort —

eine Höchstleistung reifen verantwortlichen Urteils aus künstlerischer Verpflichtung und umfassender Sachkunde. Mit ihm schon kommt die Kritik aus der Zeitschrift auch in die *Tageszeitung* („Das Neueste aus dem Reiche des Witzes“, 1751, Beilage zur „Vossischen Zeitung“). Es beginnt die Geschichte der Kritik, die jetzt ihr persönliches Urteil dem Künstler und dem Kunstwerk in der breitesten Öffentlichkeit der Zeitung gegenüberstellt.

Geurteilt wird zunächst nach Maßstäben, „so unfehlbar wie die Elemente des Euklid“, doch entscheidet der „Kunstrichter“ nicht nach seinem Geschmack, sondern „hat seinen Geschmack nach der Regel gebildet, welche die Natur der Sache fordert“. Lessing, der der Kritik diese Grundlage gab, dient beratend auch dem Künstler, „dem man nicht die Sorge überlassen kann, selbst für seinen Verlust und Gewinn zu arbeiten“. Lessing verlangt vom Kritiker neben gründlicher Sachkunde und reicher Belesenheit auch die Einfühlung in den Künstler. Er wendet sich gegen den „finsteren“, den „unberauschten Richter“.

Die Herzensbegeisterung des Kritikers wird später von dem berühmtesten der Musikkritiker des 19. Jahrhunderts, der selbst ein großer Künstler war, von Robert Schumann, übernommen. Er hat „das Genie Frédéric Chopins erkannt und als erster prophetisch auf Brahms hingewiesen“[1]). Schumann ließ bewußt gestaltend die drei Grundtypen der Kritik hervortreten: Florestan, den Fahnenträger des Kommenden, Eusebius, den schöpferischen Deuter, und Raro, den reifen, gütig ratenden und fördernden Meister, als dessen Nachfahr im Bereich der Theaterkritik bis heute *Theodor Fontane* unerreicht ist. Er ist Vorbild einer Generation von Kritikern, die selbst zurücktreten hinter dem Werk, das sie zu besprechen, und dem Künstler, den sie zu beraten haben; Kritiker, die nicht die Kritik zum Selbstzweck machen, sondern sie Vermittler sein lassen vom Kunstwerk zum Künstler, vom Künstler zum Publikum. Sie nehmen die Maßstäbe aus der Wahrheit des Lebens und

[1]) vgl.: Stuckenschmidt, H. H.: Glanz und Elend der Musikkritik, Berlin 1957.

dem Urteil des Herzens. So Fontane: „Was nicht in der Wahrheit steht, das stirbt.“ „Es ist immer das Menschliche, das uns rührt und fesselt.“ „Die Kritik soll ihre Gesetze am besten in das eigene Herz geschrieben haben[1]).“

Eine zweite, in stärkster Weise subjektive Entwicklungslinie stellt nicht das Kunstwerk, sondern den *Kritiker* in den Mittelpunkt. Sie beginnt mit *Jules Janin* (1804—1874), dem Pariser „König der Kritik“, dem Vater der „Ich-Kritik“. „Ich“-Kritik darum, weil sie im Grunde nur dem Kritiker dient. „Die junge Kritik ... interessiert sich für die neuen Werke, gewiß, aber sie interessiert sich besonders für ihre eigenen Erfolge. Die Kritik von heutzutage geht auf ihren persönlichen Ruhm aus.“ Aus der egozentrischen Einstellung dieser Kritiker erwächst im 19. Jahrhundert gegenüber der damals vielfach im gelehrten Urteil vertrocknenden Kritik eine zweite Linie. Sie zeigt die Bilanz des Stiles und der Farbe, der Bewegtheit und Treffsicherheit vollendeter Form, wie wir sie bei *Börne* und *Heine* finden. Von ihnen entfaltet sich die „Ich-Kritik“ über *Maximilian Harden* und *Siegfried Jacobsohn*[2]) („Es gibt keine Kritik, es gibt nur den Kritiker“) zu *Alfred Kerr*[3]). Der Kritiker ist „kein Gesetzgeber, sondern ein Gesetzfinder, ein Gegenschöpfer“. „Erkennend eine Schönheit schaffen ... und alles ist erledigt.“ „Für den Kritiker bleibt es (im letzten Grunde) beinahe Wurst, ob er von einem rühmenswerten oder einem schwachen Drama spricht, das Rühmenswerte wie das Schwache sind ein Vorwand ..., um zu sprechen; eine Lust loszuwerden, eine Lust zu zeugen; Forderungen zu stellen, — an Ulk und Schmerz und Schönheit dieser Erde mitzutun.“ Diese von Kerr mit außerordentlicher Zielsicherheit und sprachlicher Kraft, aber im extrem egozentrischen Sinne verfochtene Richtung fand und findet mancherlei Nachfolge.

---

[1]) Knudsen, Rüdiger: Der Theaterkritiker Fontane, Berlin 1942.

[2]) Steinke, W.: Der Publizist Siegfried Jacobsohn als Theaterkritiker, Diss., Berlin 1960.

[3]) Kerr, A.: Gesammelte Schriften in zwei Reihen, Bd. 1—7, Berlin 1917 bis 1920, 1. Die Welt im Drama. Bd. 1—5.

Ihr sehr entschieden entgegen steht die andere, der Kunst, dem Künstler und dem Publikum verpflichtete Form, die sich nicht nur um das Ich des Kritikers, sondern um das Werk des Künstlers dreht. Getragen ist sie von *Hermann Bahr* (1863—1934) in Wien und von *Julius Bab* (1880—1955) in Berlin. „Der Kritiker muß der Entsagende sein, der sich des Eigenen entäußert, der zum Dienste an der Sache lebt", schreibt Bahr. Er will Mittler werden zwischen Künstler und Kunstwerk, um die zeitgenössische Kunst unter die Leute zu bringen". Ähnlich Julius Bab. „Seine Kritiken entbehren jeder Wortspielerei, jedes Geplänkels mit Gefühlen und jeder persönlichen Überhebung ... Die Kritik war ihm Berufung, eine heilige Verpflichtung des Dienstes für das Kunstwerk Theater"[1]). In England, wo die Linie Janin-Kerr durch *James Agate* (1877—1947)[2]) eindrucksstark vertreten war, wendet sich *W. Somerset Maugham*, der Kritiker und Schriftsteller, gegen Kritiken, „die auf Kosten des kritisierten Autors amüsant sind". „Kritik ist eine persönliche Angelegenheit, es ist nichts dagegen zu sagen, daß der Kritiker eine große Persönlichkeit ist. Gefährlich ist nur, wenn er seine Tätigkeit als schöpferisch ansieht. Sein Beruf ist: zu führen, abzuschätzen und der Kunst neue Wege zu weisen, sieht er aber seine Tätigkeit selber als schöpferisch an, wird er von dieser aufreibendsten aller menschlichen Tätigkeiten zu sehr beschäftigt sein ... Er muß Geduld, Ernst und Begeisterungsfähigkeit haben, so daß ein großer Kritiker tatsächlich auch ein großer Mensch sein muß[3])."

T. S. Eliot nennt das Ziel der Kritik „die Erhellung von Kunstwerken". Sicher ist Kritik geistig schöpferisch. Viele — so Kerr, Shaw, Eliot — nennen sie sogar eine Kunst. „Die Tätigkeit, die urteilt, ist wesentlich identisch mit der Tätigkeit, die hervorbringt." Sie ist „ein Werk der Kunst

[1]) *Bab, Ilse:* Der Theaterkritiker Julius Bab, Diss., Berlin 1952.

[2]) Kritiker der Sunday Times, Theaterkritiker der B. B. C., Filmkritiker des Tatler. Schrieb 16 Bände Kritiken u. 13 Bände Belletristik. Alle Kritik ist bei ihm bewußte Selbstdarstellung.

[3]) Maugham, W. Somerset: Rückblick auf mein Leben, Zürich 1948.

über ein Werk der Kunst" (Benedetto Croce)[1]). Der Kritiker kann irren, und selbst sehr bedeutende Kritiker wurden in manchem ihrer Urteile den nachfolgenden Generationen unbegreiflich. „Jeder neue Kritiker leistet der Literaturkritik schon dadurch einen Dienst, daß seine Irrtümer anderer Art sind, als die seiner Vorgänger"[2]) (Eliot). Heine tröstet: „Die Werke des Geistes sind ewig feststehend, aber die Kritik ist etwas Wandelbares, sie geht hervor aus den Ansichten der Zeit, hat nur für diese ihre Bedeutung, und wenn sie nicht selbst kunstwertlicher Art ist, so geht sie mit ihrer Zeit zu Grabe. Jedes Zeitalter bekömmt auch neue Augen und sieht gar viel Neues in den alten Geisteswerken." Wesentlich und wichtig aber ist, daß die Kritik „produktive Kritik" (Friedrich Schlegel) ist, wegebahnend für das Kunstwerk, Deuter für das Publikum, Berater für den Künstler. Sie sollte sich nicht nur selbst suchen und ihren stilistischen Glanz, sich nicht in den hyperkritischen Exzessen gefallen, die auf allen kritischen Gebieten ein Zeichen unserer Zeit sind[3]). Die Freiheit aber der Kritik sollte unter allen Umständen erhalten bleiben. Nur aus der vollen Freiheit des Urteils[4]) ist es der Kritik — neben manchen zeitlich schädlichen Fehlurteilen — in allen größeren künstlerischen Entwicklungen geglückt, bahnbrechend zu werden. Das aber lohnt schon viele Irr- und Fehlgänge. Der Kritiker „bedarf sehr spezialisierter geistiger Antennen, um das Wertbeständige aufzunehmen und das Sinnlose auszusondern"[5]). In seinen Gesprächen über Musik erklärt *Wilhelm Furtwängler*, die zeitgenössische Musik habe nie so viel Förderung durch die Kritik erfahren, wie in der Gegenwart[6]). *Friedrich Sieburg* nennt Kritik „ein Akt der Autori-

---

[1]) Holthusen, H. E.: Ja und Nein. Neue kritische Versuche, München 1954, S. 137.

[2]) vgl. Stuckenschmidt, a. a. O., S. 15, sowie: T. S. Eliot: Ausgewählte Essays, Berlin 1950.

[3]) vgl. Hexenjagd. Das Elend der deutschen Kunstkritik. In: Rheinischer Merkur, Nr. 24/1956.

[4]) vgl. Die Freiheit der Kunstkritik. In: Der Tagesspiegel (Berlin), v. 19. 7. 1956, S. 10.

[5]) Stuckenschmidt, a. a. O., S. 61.

[6]) Zitiert nach Stuckenschmidt, a. a. O., S. 29.

tät, der sich am Kunstwerk bewährt. Der Leser sucht Orientierung auf das Lesenswerte ..." Der Kritiker „übt sein Amt nicht aus, um zu kritisieren, sondern um Dichtung zu ermöglichen"[1]). *Friedrich Luft* sagt zur Kritik in Berlin, sie suche den *aktuellen Nutzwert.* Der kann ebenso im „Vergnügen der Einwohner" liegen wie in der „Bewußtmachung der Wahrheit im klassischen oder im modernen Gewande. Der Nutzwert des Schönen muß gesucht, muß gezeigt, muß augenfällig gemacht werden"[2]).

Dieser sehr kurze Rückblick in die Geschichte läßt die Entscheidung offen, welcher der beiden Linien der Kritiker man folgen soll. Wir glauben, daß dies jeweils eine höchst persönliche Sache ist, daß aber über allem Persönlichen die *Kunst* steht und der Künstler[3]). So formulieren wir:

Kunstkritik ist die subjektive, aber sachlich und künstlerisch verantwortliche Beurteilung des Kunstwerkes, dem der Kritiker verpflichtet ist. Er berät den Künstler, vermittelt das Kunstwerk der Öffentlichkeit, scheidet überzeugend die Werte und Unwerte, bricht dem Wahrhaftigen Bahn und soll zur Höherentwicklung der Kunst beitragen.

Das Gebiet der kritischen Arbeit hat sich in den letzten Jahrzehnten geweitet. Zur Musik- und Theaterkritik und zur Kritik der bildenden Künste ist die *Filmkritik*, die Kritik des *Rundfunks* und *Fernsehens* getreten. Unter ihnen ist die Filmkritik durch Verleiher und Theaterbesitzer auf dem Wege über das Inserat immer wieder in ihrer Unabhängigkeit bedroht. Gegen diese Ansprüche und Einflüsse bedarf es scharfer Abwehr. In Beilagen und „Filmseiten" kommt die Tageszeitung ohnehin dem Film entgegen.

Rundfunk- und Fernsehkritik sind Urteile über Leistungen, die leider meist nicht wiederholt werden. Deshalb werden gelegentlich Voraufbesprechungen gegeben. Die kritischen Urteile müssen aus der Eigennatur der neuen publi-

---

[1]) Sieburg, Friedr.: Nur für Leser, München 1961, S. 17 ff.

[2]) Luft, Friedr.: Berliner Theater 1945—1961 (Hrsg. v. Henning Rischbieter), 2. Aufl., Velber 1962.

[3]) Der große Schauspieler Kayssler (1874—1945) verlangte vom Kritiker „Ratschläge stammverwandten Geistes". Vgl. Dovifat, E.: Kritik der Kritik. Festschrift für Braun. In: Publizistik, 5/1963, S. 27 ff.

zistischen Mittel kommen. Sie sind keine Film- und keine Theaterkritiken. Außerdem haben sie dem Monopolcharakter der Unternehmen Rechnung zu tragen, ebenso auch der Breite des beteiligten Publikums und der Reichweite des Empfangs.

Die *Buchkritik* in der Zeitung ist aus Gründen des Raummangels nur knapp und nicht immer so gepflegt, wie sie sein sollte. Sehr verbreitet ist der Vorabdruck von markanten Teilen einer Neuerscheinung in Artikelform, eine ausgezeichnete Starthilfe für das durch Film und Fernsehen ohnedies bedrohte gute Buch. Wie schwierig die Buchkritik durch die Zeitung selbst ist und welch schwerer Auswahl sie dabei gegenübersteht, zeigt die Tatsache, daß 1965 lt. Mitteilung des Börsenvereins 22 842 Neuerscheinungen zu verzeichnen waren und 4405 Neuauflagen. Allein die „Schöne Literatur" nahm 20,6 % der Produktion ein.

Das nationalsozialistische Regime verbot durch Anordnung vom 28. 11. 1936 die Kunstkritik. Sie sollte durch die „Kunstbetrachtung" ersetzt werden. Diese Kunstbetrachtung sollte „weniger Wertung" als „Darstellung und Würdigung" sein. Sie sollte nicht „richten", denn „nur Partei und Staat sind in der Lage, aus der nationalsozialistischen Kunstauffassung heraus, Werte zu bestimmen"[1]). Das war die vollendete Verstaatlichung des Kunst- und Kulturbegriffs. Es spricht für die Wendigkeit und das Geschick der Federn einiger nicht nationalsozialistischer Publizisten, daß sie im damaligen Deutschland auch unter der Überschrift „Kunstbetrachtung" Kunst und Systemkritik mutig, meist bis zum Verbot, auszuüben gewagt haben. Werner Bergengruen hat *Rudolf Pechels* tapfere „Zwischenzeilenarbeit" während des Hitlerregimes gewürdigt[2]). Diese Würdigung

---

[1]) Rede des Leiters der Presseabteilung, vgl. „Deutsche Presse" 1936, Beilage zu Nr. 49.

[2]) Einführung in: Zwischen den Zeilen. Der Kampf einer Zeitschrift für Freiheit und Recht. 1932—1942. Aufsätze von Rudolf Pechel, Wiesentheid 1948. Vgl. auch: Kliesch, Hans Joachim: Die Film- und Theaterkritik im NS-Staat, Diss., Berlin 1957, und Mirbt, Karl-Wolfg.: Methoden publizistischen Widerstandes im 3. Reich, nachgewiesen an der „Deutschen Rundschau" Rudolf Pechels, Diss., Berlin 1958. Ders.: Theorie und Technik der Camouflage. In: Publizistik 1/1964. — Ackermann, Konrad: Der Widerstand der Monatsschrift

hat Gemeingültigkeit für alle, die damals diese Technik übten: „Das Korrektiv für die Unerträglichkeit der nationalsozialistischen Lebensüberwachung war die Dummheit und Unbildung der nationalsozialistischen Hoheitsträger. Kurz, man hatte in einer Sprache zu schreiben, die oberhalb des Verständnisses der Aufpasser lag. Vom Leser freilich mußte diese Sprache verstanden werden. Wir waren alle, gestehen wir es ruhig, ein wenig Monomanen. Nicht nur in der Lektüre, auch im Gespräch wurde die leiseste Andeutung verstanden[1]).“

Die Erfahrungen jener Jahre veranlassen uns, an der *Freiheit der Kritik* mit aller Kraft festzuhalten, sie aber auch so verantwortlich zu üben, daß nicht wieder ein Vorwand entsteht, der geistigen Freiheit Schaden zu tun, und der kritischen Arbeit ihr Lebenselement zu rauben.

c) Unterhaltung und kulturelles Beispiel

aa) Der Zeitungsroman

Die Auswahl des unterhaltenden Stoffes in der Tageszeitung ist bestimmt durch das *Grundgesetz*, von dem die Übertragung kultureller Werte in der publizistischen Arbeit abhängig ist. Es können nur solche Kulturwerte übertragen werden, die der breiten Lesermasse zu erschließen sind. Auch der gewissenhaft auswählende Redakteur, der nicht nur nach Auflagensteigerung schielt, wird auf der Suche nach dem Besten von mancherlei literarischen Spitzenwerken absehen müssen, wenn sein Blatt eine zahlreiche Leserschaft anzusprechen hat. Er wird bei der Auswahl des Unterhaltungsstoffes dann häufig auf einen gewissen *Mittelwert* kommen[2]). Dieser Mittelwert ist nicht mehr niedrige Qualität

---

Hochland gegen den Nationalsozialismus, München 1965. — Fechter, Sabine: Paul Fechter, Wege und Formen der Opposition im Dritten Reich. In: Publizistik, 1/1964, S. 17—39. — Vgl. das Literaturverzeichnis in: Der lautlose Aufstand. Bericht über die Widerstandsbewegung des deutschen Volkes 1933—1945, hrsg. v. Günther Weisenborn, Hamburg 1962. — Reichhold, Ludwig: Opposition gegen den autoritären Staat. Christlicher Antifaschismus 1934—1938, Wien, Köln, Stuttgart, Zürich 1964.

[1]) Danach sind auch die Ausführungen über „Kunstbetrachtung“ zu werten, die in der zweiten Auflage dieser Bände gegeben wurden (vgl. I, S. 6).

[2]) vgl. Ackerknecht, Erwin: Der Kitsch als kultureller Übergangswert, Bremen 1950, und S. 73, Anm. 1).

(Kitsch oder Schund), aber er ist darum noch lange nicht literarisch hochwertig. Das wird vor allem bei der Auswahl des *Zeitungsromans* klar. Weil viel an ihm gesündigt wurde und immer noch sehr viel gesündigt wird, gibt es Kreise, die ihn mitleidig belächeln. Damit verkennen sie seine Bedeutung. Sie übersehen die Bildungsmöglichkeit, die hier liegt und von ernsten Redaktionen genutzt wird. Sie übersehen auch die Rolle des Romans, den Leser an das Blatt zu binden. Daß viele Zeitungromane weit unter dem geistigen Wert bleiben, den sie auch in der Zeitung haben *könnten,* ist noch kein Beweis gegen den Zeitungsroman, nur ein Ansporn, ihn zweckmäßiger auszuwählen.

Der Zeitungsroman vereinigt zeitungsgemäße Form mit zeitnahem Inhalt. Er hat seine Leser auch geschmacklich zu erziehen und bindet sie unter Ausnutzung seiner Spannungswerte an das Blatt, dessen publizistische Wirkung er damit steigert.

An sich ist der Roman ein zeitungsfremder Stoff. Seine epische Form widerspricht dem dramatischen Leben der Zeitung und vor allem der Aufteilung in einzelne Leseportionen. Nicht politische und erst recht nicht literarische, sondern wirtschaftliche Gründe brachten ihn in das Blatt. Man nutzte, zuerst in Frankreich, die Spannungskräfte gewisser Romane, um die Leser an das Blatt zu fesseln. 1829 druckte der Gründer der „Revue de Paris“ zum erstenmal einen Roman in Fortsetzungen. *Emile de Girardin* (1806—1891) steigerte um 1830 in Paris durch Fortsetzungsromane die Auflage seiner Zeitung „La Presse“ um ein Mehrfaches[1]). Es entwickelte sich in Frankreich eine „Fabrikation“ typischer Zeitungsromane, an der sich mit großem geldlichen Gewinn die Gebrüder Dumas, insbesondere aber der damals auch in Deutschland weitverbreitete Eugène Sue beteiligten. Eine Übersetzung seines Romans „Vom ewigen Juden“ erschien 1844 in der (Leipziger) „Allgemeinen Zeitung“ und war der erste in Deutschland veröffentlichte Zeitungsroman.

[1]) vgl. Schauseil, A.: Emile de Girardin. Diss., Berlin 1958.

Den ersten Zeitungsroman eines *deutschen* Verfassers brachte 1849 der „Kottbusser Anzeiger“. Es war ein kurzer historischer Roman von Schubar mit dem Titel „Die Prophezeiungen“. Sehr bald entwickelte sich dann ein üppige Romanschriftstellerei für die Zeitung auch in Deutschland, in der neben gängiger Unterhaltung, wie sie etwa Spielhagen bot, literarisch wertvolle Romane gedruckt wurden, so die deutschen und ausländischen Romane des Naturalismus, aber auch Theodor Fontane. Zugkräftig war immer der Gesellschaftsroman. Nach dem ersten Weltkrieg brachten es Vicki Baum und Hans Fallada zu großen Erfolgen. Vielgelesen in dieser Gattung sind heute auch Hans Wolfgang (Hans Habe), Maria v. Keller, Walther von Holander, Gina Falkenberg und andere mehr[1]).

Die Aufgabe, den Leser an das Blatt zu binden, wird nie außer acht gelassen. Romane laufen darum immer über den Termin der Bezugserneuerung. Sie werden oft auch zur Bezieherwerbung großen Stils genutzt, plakatiert und kostenlos versandt („neu hinzutretende Abonnenten erhalten den Anfang nachgeliefert“).

Viele behaupten, daß es einen eigentlichen *Zeitungsroman* nicht gäbe. Die Frage mag literarisch umstritten sein. Zeitungsfachlich ist sie es nicht. Wie alles, was sie an sich zieht, hat die Zeitung auch den Roman ergriffen und ganz mit ihrem Wesen durchdrungen. Zunächst paßt sie ihn ihrer Erscheinungsform an. Sie verlangt keine weitgesponnene Handlung, sondern eine, die sich in kurzen Wellen bewegt („kürzeste, regelmäßige Folge“). Sie verlangt weiter eine deutliche Aktualität, mindestens in der Anpassung an die Zeit und ihre Aufgaben („jüngstes Zeitgeschehen“) und schließlich auch in den *meisten* Fällen einen ganz *allgemeininteressierenden Stoff* („breiteste Öffentlichkeit“), damit

[1]) Nutz, W.: Der Trivialroman. Seine Formen und seine Hersteller, Köln, Opladen 1962. Über den Massenkonsum trivialer Romane vgl. Schwarzenauer, W.: Jeder 3. Bundesdeutsche liest Romanhefte, mit Ermittlungen des Demoskop. Inst. in Allensbach. In: Die Anzeige, 7/1965. — Langenbucher, Wolfg. R.: Der aktuelle Unterhaltungsroman. Beitr. zur Geschichte und Theorie der massenhaft verbreiteten Literatur. Bonner Beiträge zur Bibliotheks- und Bücherkunde, Bd. 9, Bonn 1964.

den Wünschen eines möglichst weiten Kreises Genüge geschieht.

Die Bewegung der Handlung in kurzen Wellen bedingt einen Fortschritt in jeder Fortsetzung. Nirgends schwierige Problematik, nirgends lange Zwiegespräche oder breite Schilderung. Wenige, aber *handelnde* Personen. Der Leser muß das Gefühl haben: es geht vorwärts! Der Gang der Handlung ist gedächtnishaftend. Rückblättern ist unmöglich. Aus seiner Bindung an die Zeit greift der Zeitungsroman gern deren Fragen und Ereignisse auf. Man vergleiche die vielen Romane mit Flüchtlings- und Heimkehrermotiven in der Nachkriegszeit und Stoffgebieten, die sehr tragische Vorgänge aus dem Terror und der Rassenverfolgung des Hitlerregimes zum Gegenstand hatten. Die natürliche Aktualität gehört in das Aktualitätsgefüge der Zeitung.

Die Zeitungen haben, je nach der publizistischen Grundauffassung, aus der sie kommen, bei ihren Lesern ein „Herauflesen", eine langsame Qualitätsverbesserung der Romane mühsam, aber nicht ohne Erfolg durchgesetzt oder haben hemmungslos, gleich schlechten Spielfilmen, den wechselnden Wunschbildern der Masse bis in alle Torheiten nachgegeben.

Der Versuch des Hitlerregimes, den *politischen Roman* zur politischen Ausrichtung auszunutzen, scheiterte. Die Zahl der politischen Romane stieg zwar durch die zwangsweise abgesetzten NS-Blätter etwas an, gleichzeitig verdoppelte sich aber der Umsatz des alten, des sogenannten „Zeitungsromans", d. h. des Liebes- und Gesellschaftsromans. Er stieg von 29,0 % auf 49,0 % (1940). Die Stoffgebiete der Romane sind oft erörtert worden. Der alte „*Gesellschafts- und Liebesroman*" ist aber immer noch absatzfähig, wenn er nicht nur zeitliches Kolorit, sondern auch Zeitereignisse in der Handlung verarbeitet. So ist der *Schicksalsroman* aufgekommen als ein Liebesroman unter allen Abenteuern unserer Zeiterschütterungen. Heikle Situationen, krasse Ausschweifungen werden zwar für die Romane bestimmter Boulevardblätter gesucht und sogar illustriert, die ernste Tagespresse neigt jedoch wie bisher zum Familienroman, d. h. einem Roman, der in der Familie gelesen werden kann. *Kriminalromane* halten ihre bevorzugte Stellung. Abenteuer- und phantastische Romanstoffe sinken ab: man weiß durch Rundfunk und Film zu viel von fremden Ländern, als daß man noch geneigt wäre, groteske Vorstellungen gläubig hinzunehmen. Beliebt ist immer noch der *Umwelt-(Milieu-)Roman,* der eine bestimmte gesellschaftliche Umwelt zum Hintergrund seiner Handlung nimmt. Ganz abgefallen ist der *historische Roman.*

Zugenommen hat neuerdings unter den Typen des Familienromans auch der lebenszuversichtliche Zustandsroman, der, wenn er sentimental erzählt, z. B. einen Normalhaushalt liebevoll nachzeichnet und gemütlich plaudert, sogar auf den Zeitungsrhythmus der kurzen Handlungswellen verzichten darf. Im übrigen bleiben für den Milieuroman Film, Theater, Hotel und Krankenhaus die Standardkulisse. Ebenso ist der Stoff des Zeitungsromans — wie der sogenannte „Heimatfilm" — von der Heide in die Hochgebirgslandschaft abgewandert. Rosegger und Anzengruber bleiben die geistigen Paten. Immer noch ist, in Anpassung an die Themen einiger „Illustrierten" und Wochenendblätter, das Milieu des Märchens beliebt. Grafenschlösser, Luxusvillen, Prinzessinnen, mit denen die Bücher der viel verlachten Frau Courths-Mahler es immerhin auf 22 Millionen Auflage brachten, erleben damit eine Aktualisierung. Die ernste Tageszeitung meidet bewußt dieses Stoffgebiet.

Die *Auswahl des Romans* ist immer schwierig. Sie muß sachkundig und zeitig erfolgen. Im Zeitungsroman sollten verbunden sein eindeutiger und sauberer künstlerischer und weltanschaulicher Wert mit rechtem Leseanreiz. Einmal kann der einen, das andere Mal der anderen Forderung mehr entsprochen werden, niemals aber einer allein! Es gibt Zeitungen, die ihre Romane erst kleinen, eigens dazu zusammengesetzten Lesergruppen vorlegen. Deren Rat ist wichtig, er sollte aber noch nicht entscheidend sein. Ist der Geschmack des Lesers getroffen, so hat die Romanredaktion den literarischen Wert zu prüfen. Ist er vorhanden, kann der Roman in Satz gehen. Eine gute Redaktion hört den Leser, unterwirft sich aber seinen Wünschen nicht. Sie ist es, die führt, wenn auch in Anpassung und Verständnis für die Leser, die gerade vom Roman her einer Betreuung bedürfen. Der Geschmack der Leser ist keineswegs so niedrig, wie man oft glaubt. Der mutige Entschluß, einmal Wertvolles anzubieten, erzielt oft guten Erfolg.

Die *Beschaffung* des Romanmanuskripts hat bei der Fülle des Bedarfs besondere Formen angenommen. Der Gesamtbedarf der deutschen Presse (Bundesrepublik und Westberlin) beläuft sich auf etwa 10000 Abdrucke im Jahr, die teils in Feuilletons (unter dem Strich), teils in Beilagen gegeben werden. Es gibt auch Blätter, die fortlaufend zwei Romane bringen. Unter diesen Umständen ist die Beschaffung durch *Romanvertriebe* das übliche Verfahren. Nur ganz große Blätter, und selbst die nicht immer, kaufen unmittelbar vom Verfasser. Sie sollten es viel häufiger tun und dabei durch hohe Honorare den fähigen und berufenen Schreibern die Muße zu ruhiger, wirklich wertvoller Arbeit geben, was jüngst eine Reihe englischer Verlage versucht hat. In letzter Zeit von großen Blättern veranstaltete Romanpreisausschreiben zeigen das Streben, zu wertvollen, vor allem zeitnahen Arbeiten zu kommen. Für mittlere und kleinere Blätter erarbeitet der Romanvertrieb die Auswahl. Er kennt auf Grund ständiger Fühlung mit den Zeitungen deren Bedarf. Er hat die Möglichkeit, sein Angebot bis an die kleinste Zeitung zu bringen und so durch die Zahl der erfolgten Abdrucke das Ergebnis für den Verfasser auch wirtschaftlich ertragreicher zu machen, als ihm das im Eigenvertrieb möglich wäre.

Sehr fördernd ist die Beratung der Verfasser durch die Romanvertriebe. Rein künstlerisch gesehen mag das befremden, es liegt aber in den natürlichen Bedingungen des Zeitungsromans, daß er bestimmten zeitgebundenen Aufgaben genügen muß. Es ist somit zweckmäßig, daß sich der Verfasser, schon wenn er schreibt, von dem Romanvertrieb beraten läßt, welche Romanstoffe die Zeitungen zur Zeit besonders wünschen, also welche Themen gefragt sind. Einem großen Berliner Romanvertrieb wurden in einem Jahre rund 400 Romanmanuskripte angeboten. Davon konnten nur 35 als Erstdrucke verkauft werden. Dieser Romanvertrieb pflegt Beziehungen zu etwa 100 Stammautoren. Die verkauften Manuskripte dieser Stammautoren verhalten sich zu den unverlangt eingesandten Manuskripten wie 1 : 20. Der durchschnittliche Umfang eines Zeitungsromans beträgt rund 300 Schreibmaschinenseiten zu 30 Zeilen. Die Weiterverbreitung des einmal „einschlagenden“ Romans bis in die kleine und kleinste Presse vollzieh sich dann so, daß nach dem Erstdruck in einer Großzeitung eine größere Zahl mittlerer Blätter, deren Bezieherkreise sich nicht überschneiden, den Roman erwirbt, woraufhin er, wenn er wirklich zugkräftig ist, zum Abdruck in Kleinzeitungen nochmals in Maternform hinausgeht. Ein Roman erhält auf diese Weise Leseziffern, wie sie das Buch selten in solcher Höhe erreicht.

Der *Preis*, den ein Zeitungsroman seinem Verfasser bringt, ist davon abhängig, wo und wie oft das Werk abgesetzt wird. Hohe Einzelhonorare für Erstdrucke sind heute schon selten geworden. Sie erreichen aber fünfstellige Ziffern (20 000,— und 25 000,— DM) für „erste Autoren“. Die Nachdruckrechte werden dann mit etwa 1000,— bis 1500,— DM bezahlt, unter Reservatsrechten für ganze Verbreitungsgebiete. Kleine Zeitungen können bereits gematerte Romane mit allen Fortsetzungen für 50,— bis 60,— DM beziehen. Für den Verfasser werden Honorare solcher Art überhaupt nur tragbar, wenn durch zahlreichen Abdruck Summen anwachsen, die die Arbeit einigermaßen lohnen. Sie verleiten sonst zu einer oberflächlichen Vielschreiberei.

Der beste *Zeitungsroman* sollte jährlich durch einen Preis anerkannt werden und, besonders empfohlen, in Buchform Verbreitung finden. So würden Vorbilder und Beispiele herausgestellt. Es muß immer wieder und immer häufiger gelingen, *den* Zeitungsroman zu schaffen, der künstlerischen Wert, klare geistige Haltung und zeitnahe Leserwerbung miteinander verbindet. Wenn er auch von der akademischen Literaturkritik nicht immer die Note I erhält: gelingt es ihm, durch saubere Mittel ein breites Publikum in echter Behandlung eines zeitnahen Stoffes auf einen Nenner zu bringen und dabei Vertrauen und Anhänglichkeit für die Zeitung zu gewinnen, so darf man mit ihm zufrieden sein. Er bringt neben einem publizistischen auch einen kulturellen Erfolg heim[1]). Sind die Leser einer Zeitung durch die Romanwahl einmal gewonnen, so wird die Zeitung dann

[1]) Es sei hier darauf hingewiesen, daß der solide und gesunde *Mittelwert*, der nicht letzte künstlerische Höhe ist, aber auch nicht mehr niedere Unterhaltung, geschmacksbildend ist. Dieser Mittelwert sollte auch im Rundfunk und Film besonders erstrebt werden. Er ist ein Mittel, der gefährlichen Entwicklung entgegenzuarbeiten, die journalistisch anschaulich pointiert *Karl Korn* darstellt; vgl. Korn, Karl: Die Kulturfabrik, Wiesbaden 1953.

auch anspruchsvollere Arbeiten wählen und mit Erfolg veröffentlichen können. Neben die Übermittlung des kulturellen Wertes tritt damit die kulturpolitische Geschmacksbildung. Nur so kann Schritt für Schritt ein breites Leserpublikum zu Anerkennung wirklicher Leistungen bewogen werden. Kulturkritische Resignation ist fehl am Platze. Die Zeitung kann hier zufassen und kann es mit einiger Zuversicht tun.

bb) Die Kurzgeschichte

Die Kurzgeschichte ist eine lebendige, zu kurzer Spannung und eindrucksvoller Lösung treibende Erzählung. Sie ist unbedingt zeitgebunden, ein typisches Kind der Zeitung, eine kurze Augenblicksfreude des Lesers, knapp abgewickelt, scharf pointiert, menschlich und erlebt.

Edgar Allan Poe hat die amerikanische „Short Story" geschaffen und hatte zunächst eine sehr oberflächliche Nachfolgerschaft. Seit aber Thomas Wolfe in einigen Arbeiten („Vom Tod zum Morgen"), vor allem aber Faulkner, Hemingway und Steinbeck zu arbeiten begannen, haben sich in amerikanischen Zeitschriften echte Kurzgeschichten entwickelt, und ein gut Teil der amerikanischen Produktion ist diesen bedeutenden Erzählern nachgebildet[1]). Die englischen Autoren führt W. Somerset Maugham[2]), der in seinen Lebenserinnerungen geradezu die Kunst lehrt, Kurzgeschichten zu schreiben. Neben ihm steht der unbeständige aber sehr geniale Graham Greene[3]). Frankreichs Kurzgeschichten gehen auf Maupassant, Flaubert und Marcel Proust zurück. Stark ist auch der Einfluß der Russen[4]). *Anton Tschechow* ist einer der meistgedruckten Kurzgeschichtenschreiber in der deutschen Presse; von den heutigen Russen ist es *Michail Sostschenko*, dessen schmerzlich-überlegener Humor aus echt russischer, resignierender Melancholie das sowjetische Dasein treffend charakterisiert.

In Deutschland haben wir in *Heinrich von Kleist* einen Klassiker der Kurzgeschichte. J. P. Hebel vertiefte sie in schöne Volks-

---

[1]) Junges Amerika. Preisgekrönte Stories aus den USA, Berlin 1948; vgl. Kirchner, Engelbert: Short Story. In: Frankfurter Hefte, 5/1950.

[2]) Maugham, W. Somerset: Rückblick auf mein Leben, a. a. O.

[3]) Greene, Graham: Spiel im Dunkeln, Einsiedeln 1947.

[4]) Sostschenko, Michail: Schlaf schneller, Genosse. Übertr. v. Grete Willinsky, Darmstadt 1954; vgl. auch Willinsky, Grete: Die Kurzgeschichte in Sowjetrußland. In: Welt und Wort, 10/1954.

verbundenheit. Paul Ernst, Wilhelm Schäfer und Hans Frank haben sie weitergebildet. Die Kurzgeschichte fordert sichere Schilderung, gerafften Ausdruck, überzeugende Erlebniskraft, unmittelbaren Sinn für Gegenwarts-, ja selbst für Tagesfragen. Hier muß, wenn auch nicht in der Nachricht, so doch im zeitbedingten Hintergrund, das jüngste Geschehen unserer Tage der Handlung Hintergrund geben. Kurzgeschichten mit Vorliebe in unwahrscheinlich wohlhabenden Gesellschaftskreisen spielen zu lassen, fördert, wie bei schlechten Filmen, den gefährlichen Betrug, als seien solche Kreise selbstverständlich. Auch gewollte Pointen und gesuchte Witzlösungen lassen bei der realen Wirklichkeitsnähe der guten Kurzgeschichte den Leser unbefriedigt. Der Autor muß die Kurzgeschichte so gestalten, daß sie nicht konstruiert erscheint. „Sie ist ausschließlich auf das unmittelbare Begreifen angewiesen ..." (Kirchner), für Unmittelbarkeit könnten wir auch Menschlichkeit sagen. Erfolgreiche deutsche Autoren sind: Peter Bamm, J. Martin Bauer, Michael Becker, Friedel Eidens, H. Ludwig Geiger, Erich Kästner, G. H. Mostar, Eug. Skasa-Weiss, Georg Zivier, C. Hoecker, Hanns Rieban, Ernst Kreuder, Gitta von Cetto, Thaddäus Troll, M. Beheim-Schwarzbach, Jo Hanns Rösler u. a. m. Die deutsche Presse hat z. Z. keinen Mangel an Angebot, aber Mangel an guten Kurzgeschichten. Jedenfalls sind die guten Mittelwerte, die in amerikanischen Zeitungen zahlreich zu finden sind, bei uns noch nicht erreicht[1]).

cc) Die Serie und das Feature

Die Serie innerhalb der Tagespresse ist eine Reihe von Berichten, die einander täglich oder in regelmäßigen Zeitabschnitten (häufig an Sonntagen) folgen. Sie steht zwischen Roman und Reportage (Erlebnisbericht). Ohne die tatsachentreue Nachrichtennatur der Reportage und ohne die dichterische Freiheit des Romans entnimmt sie dem aktuellen Leben oder doch bekannten und viel besprochenen Ereignissen ihren Stoff in einer freien und spannenden Gestaltung.

---

[1]) Eine Reihe von Zeitungen haben im vorigen Jahrzehnt, um gute Kurzgeschichten anzuregen, Preisausschreiben veranstaltet, so Die Zeit im September 1954. Ergebnis vgl.: Die Leser haben sich entschieden. In: Die Zeit v. 13. 1. 1955, S. 4 f. Unter rund 200 Einsendungen waren mehrere Hundert Kriegs- und Nachkriegserlebnisse. Liebesgeschichten waren selten, ebenso selten Geschichten mit gutem Ausgang. Erster Preisträger war ein junger Studienrat mit seiner ersten und, soweit bekannt, bisher einzigen Arbeit („Die Probe").

Die Serie ist eine Erfindung der Boulevardpresse, der Straßenverkaufszeitung. Sie steht an auffallender Stelle, meist einer Aufschlagseite im Innern des Blattes und wird groß aufgemacht. Ursprünglich war es ihre Aufgabe reißerisch zu wirken. Skandalprozesse, Verbrechertypen, wüste Abenteuer, Privat- und Liebesleben von Fürsten, Königen, Filmdiven und Boxern geben den Stoff ab, an dem sich die Serie entwickelt. Krasse Bilder bewegen Tag um Tag ihren Verlauf. Abbruch der genau abgewogenen Textrate in spannenden Augenblicken erhöht die Leserspannung und soll den Absatz steigern. Blätter von Qualität und geistiger Haltung haben ernste und stofflich wertvolle Inhalte zur Serienbearbeitung genommen. Historische und geographische Themen, Biographien, Lebensleistungen bedeutender oder doch interessanter Menschen, Entdeckungen, Erfindungen, Forschungen. Die gute Serie ist eines der Übergangselemente, die von der Zeitung zur Zeitschrift führen und trägt gute Werte in sich.

Ursprünglich aus der Presse stammend, dann vom Rundfunk übernommen und zur Presse zurückgekommen, ist das *„Feature"*, ein amerikanischer Fachausdruck; als „Fitschör" ist das häßliche Wort aus dem Berufsjargon wohl nicht mehr herauszubringen. Zu deutsch heißt es eigentlich: Zug, Gesichtszug und kann damit etwas journalistisch sehr Brauchbares bezeichnen. Nach amerikanischer Auffassung ist Feature „entertainment and amusement, or informing and instructing the reader, or giving valuable public service". Dies ist ein ganzes journalistisches Programm. Die Engländer[1]) betonen die aktuelle Natur, sie verlangen, daß das Feature einen „topical peg", zu deutsch einen „Aufhänger", also einen aktuellen Ausgangspunkt, habe, im übrigen aber „subjects of interest not strictly in the day's news" behandle. Der Rundfunk kennt einen zweifachen Feature-Begriff. Das „künstlerische Feature", das ein aktuelles Ereignis klanglich aus dem Studio her in eigens hergerichteter Sendung behandelt. Er kennt ferner das „realistische Feature", das unterwegs mit dem Mikrophon auf der Straße, im Theater, bei großen Ereignissen in der sozialen Reportagearbeit aufgenommen wird, und aus diesen realistischen Aufnahmen wird dann durch verbindenden Text

---

[1]) *Mansfield, E.:* The complete Journalist, London 1948.

ein Ganzes gestaltet, das mit dem deutschen Begriff „Hörbild“ besser bezeichnet wäre. Dies realistische Feature ist dem Feature in der Tageszeitung am meisten verwandt. Ein aktuelles Ereignis wird in lebendiger und anschaulicher Form allgemein unterrichtend und sachlich fundiert dargeboten. Briefe, Redestellen, Bilder, Akten und dgl. beleben und belegen die Wirkungskraft des „Feature“, das so wie seine Schwester in Forsetzungen, die Serie, zwischen Roman und Reportage sich entwickelt und einen wertvollen und interessanten Stoff lesewerbend bietet. Auch das Feature ist heute als Halb- und Fertigfabrikat lieferbar. Einige Korrespondenzen haben sich darauf spezialisiert.

Die *Anekdote* erzählt so charakterisierende Einzelheiten einer Person oder eines Vorganges, daß sie intuitiv überzeugt und sich wirksam einprägt. Sie ist heute auch in den Zeitungen wieder häufig zu finden. Aus dem rein Menschlichen vermittelt sie eine erleuchtende Einsicht. Sie kommt aus dem Herzen, ist gemütvoll und haftet länger im Gedächtnis als der Blitz des Verstandes: der Witz. Schwer ist es, gute Anekdoten zu finden. Nur wenige vermögen, sie zu schreiben, und auch sie sind ungleich. Manches bringen die Leser heran. Man sollte sie dazu immer anregen. Die Anekdote ist lehrend und unterhaltend. Sie vermittelt gute Beispiele und moralische Urteile ohne Pharisäertum. Sie gehört in die Zeitung.

Der *Essay* kommt im allgemeinen nicht in die Zeitung, wenngleich er „in Wissen und Bildung der Gegenwart dient“, als Probe gegeben wird, „geistige Beziehungen rein ausspricht, kritisch deutet und auf nahes Leben zurückführt“. Er ist ein „geschlossenes Stück künstlerisch subjektiv entwickelnder Prosa“. Nur große, auf einen bestimmten Leserkreis ausgerichtete Blätter bringen ihn gelegentlich in ihren Beilagen und Sonntagsnummern[1]).

Der *Aphorismus:* treffende Gedanken und Gedankensplitter, heitere Rand- und kritische Zeitbemerkungen werden heute häufiger in die Zeitung eingestreut. Meist

[1]) *Klie*, Barbara: Der deutsche Essay als Gattung, Diss., Berlin 1944.

sind sie an einen Namen gebunden. Sie finden schmunzelnde oder ärgerliche Leser, aber Leser finden sie[1]).

dd) Verse

Lyrik ist in der Zeitung nur in den Teilen und auf den Seiten möglich, die literarisch gestimmt sind und auch in der Form des Umbruchs, möglichst ohne nebenanstehende Inserate, Besinnlichkeit zulassen. Oft werden aus guten Lyrikbänden Proben gebracht, oft auch wird Lyrik an Erinnerungstagen bedeutender Lyriker gebracht. Das Wort soll dann die biographische Notiz ersetzen und tut es oft besser als eine flüchtige Wertung. Das Pathos des leeren Festgedichtes ist im Hitlerregime so grausam mißbraucht worden, daß man derlei Gedichte in der Zeitung nicht mehr sehen möchte. Ohnedies las man es auch früher nie, selbst dann nicht, wenn ihm die Ehre des Schmucksatzes zuteil wurde.

Beliebt ist nach wie vor der plaudernde Sonntagsdichter, der in Knittelversen über die Woche berichtet. Der gereimte Aphorismus, die Glosse in Versfüßen, kommt vor, bleibt aber selten.

ee) Bild und Zeichnung

Im Gebiet des Feuilletons haben wir zwei Bildformen zu unterscheiden: das Feuilletonbild und das Bildfeuilleton[2]).

Das *Feuilletonbild* ist die Illustrierung des Kunst- oder Kulturberichtes. Es ist dem Texte beigegeben oder bedarf der Beschriftung. So gehört es zur Nachricht oder zur Reportage. Das gute Porträt kann so gepflegt werden, besser noch das charakteristische Augenblicksbild (siehe auch S. 98). Erzählende Aufnahmen aus dem Theater, die einen Künstler, eine Szenerie, ein Kostüm, eine Tanzgruppe festhalten, sind weniger häufig als die von manchen Blättern in

---

[1]) Wehe, Walther: Geist und Form des deutschen Aphorismus. In: Die Neue Rundschau, 50. Jg., 1939, Bd. II, S. 403 ff. — Erich Kästner (Kurz und bündig. Epigramme, Köln u. Berlin 1950) spricht von einer „verschollenen Kunstform".

[2]) Watteyne, Wolfgang: Feuilletonbild und Bildfeuilleton. Ein Beitrag zur Systematik des Pressephotos, Diss., Berlin 1954.

wahlloser Fülle veröffentlichten Filmbilder, die als Standphotos von den Verleiherfirmen geliefert werden.

Seltener und doch voller Stimmungkräfte ist das *Bildfeuilleton.* Aus der Fähigkeit des Photographen, das Bildhafte einer Sache, einer Person, eines Ereignisses in vertiefender künstlerisch erlebter Form festzuhalten, erwächst dieser Bildtyp. Er wird überall gerne gesehen und von einer ansprechbaren Leserschaft dankbar angenommen. Hierher gehören keineswegs die immer noch nicht ausgestorbenen „Genrebildchen", sondern die im Typischen mit rechter Beleuchtung heran- und herausgeholten Wirklichkeiten eines Dinges, eines Menschen, einer Landschaft, die so packend erkannt sind, daß sie symbolisch für das Wesen des Dargestellten sind und Bleibendes anklingen lassen (vgl. Feuilletonismus, S. 86). Pawek hat diese besondere journalistische Kunst, eine vierte, seelisch bewirkte und menschlich überzeugende Erkenntnis durch das Bild zu gewinnen, dessen „vierte Dimension" genannt. Vgl. S. 102.

Die *Zeichnung* in der Zeitung kann sein

1. graphische Verdeutlichung eines spröden Stoffes (geographische, technische, statistische Angaben),
2. Illustration von Romanen und Kurzgeschichten,
3. Nachrichtenzeichnung,
4. Karikatur und Kampfbild.

Die *Verdeutlichung* spröder Stoffe durch lebendige statistische Diagramme in einprägsamen Symbolprägungen ist eine Aufgabe, die in Deutschland noch weit zurückgeblieben ist, wenngleich tüchtige Zeitungen sie schaffen und Maternunternehmen sich Mühe geben, Diagramme zu liefern. Sogenannte Suggestivkarten, obschon im Hitlerregime in ihrer politischen Eindringlichkeit auf einige Zeit unerträglich geworden, sind auch für friedliche Zwecke einprägsam und gut zu brauchen.

Illustrationen von Romanen und Kurzgeschichten lohnen sich für die Zeitung nur wenig. Entweder kann ihnen nicht die nötige künstlerische Qualität gegeben werden, oder sie vermindern für viele Leser die Kraft der Bildvorstellung, die in der eigenen Phantasie entsteht. Zeichnungen von spannenden Ereignissen kommen immer noch im Sport vor, sind aber hier wie auch sonst durch das Photo überholt.

Karikaturen und Kampfbilder sind nach der allgemeinen und dehnbaren Weite der Richtungsangabe unserer Tageszeitungen (vgl. S. 42) dort im scharf kritischen und kämpferischen Sinne seltener geworden. An die Stelle der satirisch kämpfenden Karikaturen treten die *humorvoll* schildernden Witzzeichnungen. Versöhnlich mildern sie die Gegensätze durch den Lachanreiz, den sie bieten, und ohne Verbitterung oder Ärger steigen sie in die höhere Ebene, in der sich die Gegensätze ausgleichen. Außenpolitisch bleibt die Karikatur ein Mittel satirischer Charakterisierung der politischen Lage, vor allem im Kampf mit den totalitären Mächten.

Karikatur, von caricare = überbelasten, ist an sich die satirische Übersteigerung typischer Eigenarten von Personen oder Zuständen, die dadurch treffend und schlagend gekennzeichnet werden. Sie „deckt die keimhaft vorhandenen Disharmonien auf und bringt sie durch das Mittel der Übertreibung jedem zum Bewußtsein“[1]). Als scharfe Waffe des *politischen* Kampfes sucht die Karikatur, um allgemein faßlich zu sein und unmittelbar zu wirken, die bekämpfte politische Richtung oder Idee in einer *Persönlichkeit* zu treffen, deren Verzerrung dann das Ganze trifft. Das kann mit verschiedenen Mitteln geschehen: sei es durch Schaffung eines persönlichen Typs symbolischer Art (der „Bourgeois“, der „Kapitalist“, auch in der verzerrenden Darstellung „der deutsche Michel“, „Uncle Sam“, „John Bull“ und „Marianne“[2]), oder durch karrikaturistische Typenprägung der politischen Exponenten und Führer bekämpfter Richtungen, Parteien und Bewegungen. Diesen Politikern wird dann durch den Kampfzeichner alles aufgebrannt, was im Gegner überhaupt, insbesondere auch in seinem wirklichen oder vermeintlichen Ideengut, getroffen werden

[1]) Brauer, H., und Wittkower, R.: Die Zeichnungen des Gianlorenzo Bernini, Berlin 1931, S. 102. — George, M. Dorothy: English political caricature. A study of opinion and propaganda. 2 Bde., Oxford 1959. — Reumann, Kurt: Das antithetische Kampfbild, ungedruckte Diss. Berlin 1965.

[2]) Bogher, Ferdinand: Marianne, John Bull, Uncle Sam und Michel. In: Sonntagsblatt (Hamburg) v. 4. 2. 1951, S. 5.

soll. An ihnen werden alle Eigenarten übersteigert, die symbolisch sein sollen für die in ihnen bekämpften Kräfte.

Karikaturen kehren so die Kampfparolen besonders anschaulich heraus, bringen sie auch der allerbreitesten Öffentlichkeit nahe und sind oft in tiefgreifender Art typenprägend, unverwischbar und äußerst gedächtnishaftend. Manche im Zeitalter der großen Glaubenskämpfe geprägten karikaturistischen Typen sind bis heute im Gebrauch. So sind sie Zeichen und Merkmal der geistigen Auseinandersetzung in allen Zeiten der Wende. In ruhigen Jahren klingen Haßgesang und Kampffreude der Karikatur ab, aber ihre Werbeaufgabe bleibt.

Der Zeichenstift des Karikaturisten nimmt sich aber nicht nur des Politischen an, sondern ebenso auch der mehr oder minder heiklen Sorgen und Nöte, übler Gewohnheiten, gedankenloser Schwächen und modischer Extravaganzen mit Witz und heiterem Tadel. Die humoristische Darstellung der Dinge, die vom Parteikampf wegführen, ist eine erfreuliche Entwicklung im jüngeren Journalismus. Die Karikatur sagt dann lachend und versöhnend die Wahrheit. Wenig beglückend ist der Einbruch der *„Comic Strips"* auch in Teile der deutschen Tagespresse. Sie sind, ähnlich wie die wertmäßig viel höherstehenden „Neuruppiner Bilderbögen" von Gustav Kühn, späte Nachfahren der Moritatenlieder, des mit dramatischen Schaubildern illustrierten Bänkelsangs, der auch politisch-publizistisch wirkte, später aber in das rein Unterhaltende, oft Grausame und Aufregende absank. Wie bei den Moritaten wickeln die „Comics" in einer Bildfolge eine Handlung ab. Damit zollen sie dem immer ersehnten Drang zum bewegten Bild ihren Tribut. Eigentlich erfüllt der Film („moving pictures") jetzt besser diese Sehnsucht. Gleichwohl blieben die „Comics"! Die Unterhaltung der gezeichneten Menschen und Tiere steigt primitiv in umschnörkelten Worten („Blasen") aus dem Mund der Handelnden. Fortsetzungs-Comics laufen oft jahrelang, bis zu 2000 Fortsetzungen. So bilden sie auch damit einen Anreiz, immer wieder zur Zeitung zu greifen. Eine Erhebung in der deutschen Tagespresse für 1956 ergab unter 215 Bildstreifen 23 Witzserien, 12 Tiergeschichten, 16 Märchen, 2 ganze Romane, 11 Wildwest- und Abenteuergeschichten, 3 Kriminalgeschichten, 4 utopische Erzählungen, 3 Liebesgeschichten und 16 sonstige Bildstreifen. In Bucherscheinungen erreichen die Comics riesige Auflagen, die hauptsächlich von der Schuljugend gekauft und gelesen werden.

Man hat die Gesamtauflage dieser knallfarbigen Heftchen auf 50 Millionen jährlich errechnet[1]).

3. Der Feuilletonismus — Stilform und journalistische Haltung

Der Feuilletonismus hat nicht Rang und Ansehen einer literarischen Gattung. Er ist *Publizistik* und sollte nicht um Ehren ringen, die ihm nicht zustehen[2]). Als eines der wirksamsten *publizistischen* Mittel ist der Feuilletonismus zu werten, und dieser Wert ist im Gange der Geschichte des öffentlichen Lebens sehr beträchtlich.

Der Feuilletonismus ist eine journalistische Haltung, aus der sich eine ganz bestimmte Form der Betrachtung der Dinge, der Ereignisse und der Menschen ergibt. Die *Zeitung*, dem Tage, dem Alltag verpflichtet und gezwungen, aus ihm die Menschen anzusprechen und sie über ihn hinauszuheben, hat diese feuilletonistische Form vor allem anschaulich entwickelt. Doch ist diese Form, diese Haltung an sich viel älter. Sie wird seit Jahrhunderten in allen publizistischen

---

[1]) vgl. Nafziger, Ralph O.: Die Entwicklung der Comic Strips. In: Publizistik, 3/1956. White, David Manning: The Comic Strips in America. A Bibliography, Boston, the communications research center, Report Nr. 2 (1961).

[2]) In einem umfassenden Werk hat *Wilmont Haacke* (Handbuch des Feuilletons, 3 Bde., Emsdetten 1951—53) das Feuilleton sowohl als Sparte wie als journalistische Haltung eingehend, gründlich, in wissenschaftlicher Methodik und mit unermüdlicher Liebe dargestellt. Es ist ein für die Sache des Feuilletons sehr verdienstvolles Werk. Aus mehr als drei Jahrhunderten literarischer und journalistischer Entwicklung arbeitete H. das feuilletonistische Element heraus, dessen literarische Bindungen und Grenzen er bis in die aktuelle Gegenwart untersuchte und darstellte. Das Ganze ist eine Geschichte und Systematik der wertvollen geistig-kulturellen Kräfte in der Presse überhaupt. Haacke sieht im Feuilleton eine *„gleichzeitig literarische und journalistische Gattung"*. Er meint damit das Feuilleton als „Klein Form" und die vielen ihr verwandten journalistisch-literarischen Leistungen, deren Wesensinbegriff aber doch das *„Feuilletonistische"* ist, das, nach unserer Meinung, zuerst vor allem publizistisch wirkt. Auch Haacke teilt unsere Meinung im Entscheidenden, indem er die *Feuilletonkunde* als ein Arbeitsgebiet in die Publizistik-Wissenschaft einordnet, so im 2. Band, S. 317 ff. Im nachfolgenden sind hier die Ergebnisse der Forschungen Haackes infolge der notwendig straffen Zusammenfassung nur andeutungsweise wiedergegeben. Im übrigen stehen die Ergebnisse meiner früheren Arbeiten über das Feuilleton, die ich hier darbiete, der vertieften, schwer erarbeiteten Erkenntnis Haackes nicht entgegen, wie er selbst feststellt (vgl. Haacke, Bd. 2, S. 84 ff.). Die Ergebnisse seines Hauptwerkes führt Haacke weiter in: Publizistik. Elemente und Probleme. Essen 1962 (Probleme des publizistischen Stils, Genesis des Feuilletons, S. 73 ff.).

Mitteln angewandt. Der Feuilletonismus ist immer ein sehr wirksamer Weg, die Menschen aus dem Menschlichen heraus anzusprechen, sie innerlicher zu gewinnen und zu überzeugen, besser als rhetorisches Pathos oder dialektischer Scharfsinn das vermögen.

Wären die Reden des *Demosthenes* nicht in der Überlieferung und der Fixierung durch wenig kongeniale Schüler verblaßt und hätten so von der Atmosphäre des Gesprochenen nicht so viel verloren, sie würden noch stärkere, unmittelbare Kraft ausstrahlen. Allerdings sind sie feuilletonistisch immer eng gebunden an örtliche Vorgänge und Beziehungen, die ganz aktuell in ihrer Zeit stehen und damit heute nur mehr schwer verständlich sind. Man kannte in der griechischen Rhetorik schon die „Epideixis", d. h. die Umwelt, das rundherum Wahrzunehmende, das die Nebensächlichkeiten sprechen und zum Größeren hinwirken ließ. Man lese weiter die Darstellung, die *Cicero* vom Treiben Catilinas, *Augustinus* vom Wesen der Gottlosen, *Bruder Berthold*, der franziskanische Bußprediger des hohen Mittelalters, gegen den Reiz der Sünde, *Luther* gegen das Papsttum, *Thomas Münzer* gegen Luther vorgebracht hat. Man lese, was vorgebracht wurde von *Abraham a Santa Clara* wider die Laster der Zeit, von *Görres* gegen Napoleon, von *Friedrich List* für die Eisenbahnen, von *H. Heine* zu den französischen und deutschen Zuständen, von *Börne* über das Theater, von *Lassalle* für die Gräfin Hatzfeld und gegen das Manchestertum, von *O'Connel* für die bedrückten Iren, von *Bismarck* gegen die Liberalen und zu Preußens Gloria!

In all diesen Reden, Predigten, geschriebenen und gedruckten Kundgebungen publizistischen Wollens stehen plötzlich Zeugnisse, die Herz und Seele überraschend gewinnen. Sie sind greifbar gesehen, anschaulich vorgetragen, lebensnah und realistisch fixiert, meist, vom Kleinen herkommend, unwiderlegbar im zwingend Menschlichen, im Feuilletonistischen[1]).

Aus drei Elementen erwächst diese feuilletonistische Wirkung. Äußerlich sind es (1.) *Nebensächlichkeiten* und Zufäl-

[1]) Auch von den gezeichneten Zeugnissen der Publizistik, den Karikaturen (siehe oben S. 84 f.), gilt das gleiche: so wirkt Goya gegen die Aristokratie und die Inquisition, Hogarth gegen die Sittenlosigkeit seiner Zeit, Daumier gegen Louis-Philippe und Napoleon III., Th. Th. Heine gegen die Wilhelminische Zeit usw.

ligkeiten von Dingen und Menschen, (2.) die kurz und treffend *gesehen* werden und, im wesentlichen erkannt und herausgestrichen (3.) *symbolischen, gleichnishaften Charakter* gewinnen, zum mindesten aber zu Höherem führen, Bleibendes, Allgemeines anklingen lassen.

Am Beispiel des Feuilletonistischen in der *Zeitung* lassen sich diese drei Grundelemente entwickeln.

In der Einleitung zu seinen Japanberichten erörtert einer der Meister der feuilletonistischen Form, *Friedrich Sieburg*[1]), ohne eine Systematik geben zu wollen, das Geheimnis der feuilletonistischen Wirkung, ihren Ausgangspunkt: „Der Mensch, ... der daheim, im kleinen Gartenbezirk, sein Leben ganz erfühlt, wird nicht müde, noch aus dem Donner der Geschichte das einfache Lied seines eigenen Glückes heraushören zu wollen ...“ Das ist der *eine* Ausgangspunkt jeder feuilletonistischen Betrachtung, und das ist die Ursache, warum sie verfängt! Nicht mit Haupt- und Staatsaktionen setzt das Feuilleton an, nicht mit glühender Begeisterung, hallendem Pathos und infernalischer Leidenschaft, wie sonst so oft in der Publizistik, sondern daheim, „im kleinen Gartenbezirk“, will es den Menschen aus dem Donner der Geschichte sein eigenes Glück heraushören lassen. Dieser Ausgangspunkt spricht immer an, und darum ist er in der Publizistik so wichtig. Das Ansprechende muß hier immer das erste sein. Sieburg sagt es in schöner Form: „... nur darum erscheint in diesem Buche die winzige Spiegelung eines Regentropfens, der an einer Kamelienblüte hängt, oft bedeutsamer als Japans gesamte Asienpolitik.“ Weil er vom einzelnen und besonderen ausgeht, hat man den Feuilletonisten auch den „Philosophen des Einzelfalles“ und den Feuilletonismus die „Mikroskopie des Lebens“ genannt.

Die *Franzosen*, die in ihrer Liebe zur Form vor allem im 19. Jahrhundert den Feuilletonismus vorwärtsführten — Heine und später Theodor Wolff haben das bei ihnen gelernt — fanden

---

[1]) Die stählerne Blume, Frankfurt a. M. 1939. Ders.: Die Lust am Untergang, Hamburg 1954; ders.: Was nie verstummt, Tübingen 1951; ders.: Nur für Leser, a. a. O.

auch gute Deutungen[1]). So der Begründer des modernen Pariser Feuilletons Etienne Jouy[2]) „Je consacrais ma plume à peindre ... cette foule de détails et d'accessoires de se compose le tableau mobile des meurs." Die Vergänglichkeit dieser Betrachtung erklärte er, als man ihn aufforderte, sie in einem Buche zu sammeln: „Ces bluettes littéraires ne sont faites que pour amuser le lecteur ... elles n'ont qu'un jour à vivre, et je ne vois pas la nécessité de les enterrer ensemble ..." Ähnlich die Wiener: „Ein echter Feuilletonist stellt nur das Spiel der Dinge in ihren zartesten Nuancen dar. Er lebt im Kleinen. Seine Sphäre ist das Einzelne[3])." Peter Altenberg (1859—1919) fragt: „Sind diese kleinen Sachen Dichtungen? Keineswegs ...!"[4]). Oder Friedrich Luft (Urbanus)[5]), der den Feuilletonisten einen „Eckensteher des Alltages" nennt, kennzeichnet den eigentlichen Wert feuilletonistischer Darstellung: „... mit dreißig zwecklosen aber sinnvollen Zeilen ein kleines Fenster aufgestoßen haben, Licht eingelassen in den täglichen Tag, daß sie für Augenblicke uns den Himmel sehen ließen ..." Damit ist Deutlicheres gesagt über das Wesen des Feuilletonismus, als systematisch zu entwickeln ist.

Die feuilletonistische Haltung also geht vom *Äußeren* in das Innere, vom Einzelnen zum Allgemeinen, während die *Dichtung* meist den umgekehrten Weg nimmt. Der Feuilletonist hat die Gabe, die Dinge und die Zustände belebt zu sehen und sie mit wenigen Strichen festzuhalten. In der *so* geschauten Äußerlichkeit werden die tieferen Schichten erkennbar. Nicht nur der Feuilletonist, der in der Zeitung schreibt, auch der Feuilletonist der Rede und des Bildes muß diese Freude haben an den Dingen und die *Liebe* zu ihnen, den stillen und besonderen Gefährten unseres Daseins, mit denen uns Beziehungen verknüpfen wie mit lebendigen Wesen. Sie zu *sehen* und sie *darzustellen,* ist reifste feuilletonistische Kunst.

So Altenberg: „Auge, Rothschildbesitz des Menschen". Die wenigsten Menschen *sehen* überhaupt. So Max Liebermann: „Die meisten Menschen sehen gar nicht, die gucken bloß." In den

[1]) vgl. Meding, Hildegard: Die Entwicklung der „Chronique" und ihre bedeutenden Vertreter, Diss., Berlin 1940.
[2]) L'Hermite de la Chaussée d' Antin, Paris 1811.
[3]) Kürnberger, Ferdinand: Ges. Werke, Bd. II, München—Leipzig 1911, „Literarische Herzenssachen".
[4]) Altenberg, Peter: Wie ich es sehe, Berlin 1922.
[5]) Urbanus, d. i. Friedrich Luft: Tagesblätter, Berlin 1948.

journalistischen Arbeiten Dostojewskis (Graschdanin, Tagebuch eines Schriftstellers) heißt es: „Ich habe nie die alte Regel vergessen, nicht der Gegenstand ist wichtig, sondern der Blick. Wenn man einen *Blick* hat, so wird man auch den Gegenstand finden." Die große Kunst ist dann, das *Gesehene* festzuhalten und wiederzugeben und so die „Beziehungslinien" zum inneren Sinn der Dinge und Menschen zu finden. Hier das Verlangen Altenbergs: „Ich möchte einen Menschen in *einem* Satze schildern, ein Erlebnis der Seele auf *einer* Seite, eine Landschaft in *einem* Wort. Lege an, ziele, triff ins Schwarze. Basta!" Hermann Löns hat für die Leistung des Feuilletonisten fast Virtuoses verlangt: „Wenn einer einen Korb mit Eiern, von denen eines genau dem anderen gleicht, *packend* beschreiben kann, dann ist er ein guter Feuilletonist."

Wenn so das Alltägliche der Dinge, belebt und anschaulich gesehen, zu uns spricht und gleichzeitig das Tiefere in den Dingen wach wird, so daß es typisch, beispielhaft und symbolisch wird, entsteht die überzeugende Wirkung des Feuilletonismus. Diese Haltung ist immer auch eine Gesinnungssache und also auch publizistisch wirksam.

Der Feuilletonismus ist eine journalistische Haltung, die Einzelheiten und Zufälligkeiten des Tages in menschlich persönlicher Betrachtung so treffend sieht und darstellt, daß Wesentliches und Allgemeingültiges anklingen und gesinnungsmäßig wirksam werden.

Die Zeitung hat diese feuilletonistische Haltung in der sogenannten *„Kleinen Form"* zu letzter Blüte und Virtuosität entwickelt. Hier ist der Feuilletonismus Selbstzweck, feinster Ausdruck stilistischer Kunst und kann sprachliche Vollendung sein. Von *draußen* her sehend und betrachtend, dringt sie sachte in das Innere der Dinge und Menschen, der Ereignisse und Tatsachen, um sie zu durchröntgen. Dabei wird dann freilich weniger das Skelett, sondern es werden vielmehr der Pulsschlag und die Seele des Durchleuchteten fühlbar.

Die Meister dieses von der Zeitung und Zeitschrift herkommenden Feuilletonismus gehen in *Frankreich* auf *Jean Loret* zurück, der Ende des 17. Jahrhunderts seine „esquisses des moeurs" vertraulich für den Adel schrieb. Er ist neben dem Abbé de Geoffroy, dem Redakteur des „Journal des Débats", der Vorläufer der Pariser *„Chroniqueurs"*. Das tägliche französische Kurzfeuilleton brilliert in Frankreich bis heute in fast allen Blättern und erscheint regelmäßig unter den gleichen für das Feuilleton kennzeichnenden Titeln. In *England* nimmt in den „TIMES"[1]) der dritte Leitartikel die Stelle des Kurzfeuilletons, der „Kleinen Form", ein, während in der Massenpresse Englands und Amerikas die „Columnists" die feuilletonistischen Talente entwickeln, wenn sie ihr tägliches Feuerwerk abbrennen. In *Wien* geht die Linie der Feuilletonisten unmittelbar auf Abraham a Santa Clara[2]) zurück; das Feuilleton erlebt im Rokoko (Josef Richter, Johann P. Pezzl) eine Blüte, die im 19. Jahrhundert mit Adalbert Stifter (Wien und die Wiener, 1844) nicht in seiner dichterischen, sondern seiner feuilletonistischen Leistung neu beginnt. Von Karl Eduard Bauernschmid (1801—1875) und Ferdinand Kürnberger (1823 bis 1870), Daniel Spitzer (1835—1893) und Ludwig Speidel (1830 bis 1906) wird sie fortgeführt. Die erste Hälfte dieses Jahrhunderts erlebt dann mit Peter Altenberg (1860—1919), Karl Kraus (1874—1936), mit Th. Herzl, dem Vorkämpfer des Zionismus, und Alfred Polgar (1875—1955) eine neue Blüte. In Deutschland beginnt, sich alle 30—40 Jahre wandelnd, das moderne Feuilleton mit Lichtenberg, Moeser[3]) und Matthias Claudius. Von Paris aus entwickeln für die „Augsburger Allgemeine Zeitung" *H. Heine* und in Deutschland *Börne* eine feuilletonistische Form. Im „Jungen Deutschland" aufgenommen, fand sie später in Heinrich von Treitschke ihren Todfeind, der aber selbst ein wirkungsvoller Feuilletonist war. Das Berliner Lokalfeuilleton hat in *Ernst Kossak* (1814—1880) und *Adolf Glassbrenner* (1810—1876), Vorläufer eines Größeren, der sich besonders in Deutschland allgemeinen Ansehens erfreute, *Theodor Fontane* (1819—1898). Mit *Victor Auburtin* (1870—1928) erreicht das Berliner Feuilleton eine klassische Höhe. Das feuilletonistische Element meisterte zum Zwecke des gehobenen Gerichtsberichtes *Paul Schlesinger* (Sling, s. S. 56). Unter den religiös bestimmten Feuilletonisten steht in Berlin *Carl Sonnenschein* (1876—1929) mit seinen „Notizen" an hervorragender Stelle. In *München* haben die

[1]) vgl. Döring, Heinz: Der 3. Leitartikel der Times, Diss., Berlin 1954.

[2]) vgl. Haacke, W.: Handbuch des Feuilletons, a. a. O., Bd. 1, S. 271 ff.

[3]) dem Goethe in „Dichtung und Wahrheit" eine Kennzeichnung gibt, die den Feuilletonisten sicher charakterisierte: Er (Moeser) schreibe „... keineswegs lehrreich, sondern in den mannigfaltigsten Formen, die man poetisch nennen könnte ... Immer weiß er uns eine heitere Ansicht des Ernstesten zu geben, immer froh, mehr oder weniger ironisch ... alles so abgemessen, daß man zugleich den Geist und den Verstand, die Leichtigkeit und die Gewandtheit dieses Schriftstellers bewundern muß."

Kreise um „Jugend" und „Simplicissimus" einen kritischen Feuilletonstil entwickelt. *Ludwig Thoma* (1867—1921) ist in seinen Glossen und Feuilletons ihr bekanntester Vertreter.

Von den führenden Feuilletonisten der Gegenwart seien nur wenige genannt: Peter Bamm, Walter Bauer, Walter Foitzik, Ernst Penzoldt, Sigismund von Radecki und Erik Graf Wickenburg[1]). Sigismund von Radecki hat sich — ähnlich wie der unlängst verstorbene Sieburg (I, S. 149) — auch mit dem Wesen der Sprache und des Feuilletonismus in der Zeitung befaßt[2]). Sehr stark in der Anwendung feuilletonistischer Mittel, z. T. auch in Rundfunk- und Fernsehsendungen, in Reportagen, Berichten und Artikeln, sind: Walter Henkels, Peter von Zahn, Klaus Harpprecht, Matthias Walden und Friedrich Luft.

„Zeitungsleute, seid behutsam mit dem Feuilleton, denn es ist ein kostbares Werkzeug", mahnt Friedrich Sieburg. „Trotz allen Vielgeschwätzes ... leben wir eigentlich in einer stummen Zeit. Der Mensch spricht nicht mehr zum Menschen, in einer Welt tierischen Gebrülls herrscht tödliches Schweigen von Herz und Herz[3])."

Wir glauben, daß die „Kleine Form", die von Herz zu Herz spricht, dieses Schweigen freundlich und harmonisch unterbricht. Leider sind es nur wenige, die sie meistern. Wären es mehr, die Zahl derer, die sie erwarteten, würde ansteigen und damit einem Kulturwert der Zeitung neuer Auftrieb gegeben sein.

Die Anwendung des Feuilletonistischen in der „Kleinen Form" ist, streng publizistisch gesehen, nicht einmal die wichtigste, so lesenwert sie auch sein mag. Der *Feuilleto-*

---

[1]) Haacke, W.: Handbuch des Feuilletons, a. a. O., Bd. 2, S. 87, wie im gesamten Werk, hat die Feuilletonisten aller Landschaften vollständig und fast ohne Lücken aufgezählt und die wichtigsten charakterisiert.

[2]) Radecki, Sigismund v.: Das Schwarze sind die Buchstaben, Köln 1957.

[3]) Sieburg, Friedrich: Schwarz-weiße Magie. Über die Freiheit der Presse. Tübingen o. J., s. S. 149, Anm. 1; zum Gesamtthema aufschlußreich, Michlnickel, Monika: Feuilletonistische Sprache und Haltung bei Sieburg und von Radecki, Diss., Berlin 1963. — Henkels, W.: Zeitgenossen, Hamburg 1953; ders.: 99 Bonner Köpfe, Düsseldorf 1963. — Zahn, Peter v.: Windrose der Zeit, Hamburg o. J.; ders.: Fremde Freunde, Hamburg 1953; ders.: An den Grenzen der Neuen Welt, Hamburg 1955. — Harpprecht, Klaus: Viele Grüße an die Freiheit, Stuttgart 1964. — Walden, Matthias: Politik im Visier, Stuttgart 1965. — Süßkind, W. E.: Abziehbilder, Notizen aus dem Alltag eines Zeitgenossen, Stuttgart 1963. — Bamm, Peter: Anarchie mit Liebe, Stuttgart 1962.

nismus als politisches Kampf- und Werbemittel hat gleichfalls auf verschiedenen Seiten berechnete und planvolle Anwendung gefunden.

So schon in der französischen Revolution durch den Grafen *Rivarol*[1]), der am alten Regime hing und die neuen Männer verhöhnte. Ähnlich tat das *Hermann Goedsche* (Pseud.: Sir John Retcliffe) 1848 in der Redaktion der „Kreuz-Zeitung". Denn der echte Feuilletonismus in seiner auch enthüllenden und scharfen Sicht auf die Dinge und Menschen war in polemischer Anwendung auf das Politische immer beliebt. Das hat in vielen seiner Feuilletons, in seinen Pariser und Berliner Briefen *Heine* gezeigt.

Maximilian Harden, in seiner gedrechselten Sprache, war politischer Publizist, der durch seinen Feuilletonismus besonderes Aufsehen weckte und, als er politisch angriff, sich durchsetzte. Er wurde der schärfste Kritiker der wilhelminischen Zeit. In entschiedener und kompromißloser Linksopposition stand später *Tucholsky*[2]) mit feuilletonistischen Mitteln gegen die Politik der Weimarer Zeit. Sein Redaktionskollege *C. von Ossietzky* war der tapfere Verfechter einer Ideologie des Pazifismus, für die er, abseits von aller feuilletonistischen Form, sein Leben opferte[3]). Gegen die Demokratie wirkten skuppellos Blätter der Rechten. Hier schrieb von Berlin aus *Adolf Stein* seine politischen Feuilletons unter dem Pseudonym „*Rumpelstilzchen*" mit heftigen Angriffen gegen die Republik[4]). Im Hitlerregime nutzte *Dr. Joseph Goebbels* das feuilletonistische Mittel für alle seine politischen Angriffe in Rede und Schrift. *Mussolini* verfaßte im „Popolo d'Italia" seine feuilletonisierenden Kurzartikel, ihres kursiven Satzes wegen „Corsivi" genannt. Die politisch-publizistische Nutzung des Feuilletonismus kann von tiefer Wirkung sein, was gerade die mit maskierten Idealismen arbeitende Publizistik des Hitler-

---

[1]) vgl. Jünger, Ernst: Rivarol, Frankfurt a. M. 1956.

[2]) Enseling, Alf: Die Weltbühne, Organ der intellektuellen Linken, Münster 1962.

[3]) Koplin, Raimond: Carl v. Ossietzky als politischer Publizist. Berlin/Frankfurt a. M. 1964 (Diss., Berlin 1963).

[4]) Piept es? Berlin 1930.

regimes gezeigt hat. Aus östlicher Sicht sind die viel zitierten „Reportagen“ *Egon Erwin Kischs* zu nennen, durchsetzt mit anschaulichen Feuilletonismen[1]). Selbst *Ilja Ehrenburg* hat aus seiner bürgerlichen Zeit starke feuilletonistische Fähigkeit in die Sowjetpropaganda gebracht[2]). Der Feuilletonismus ist so alt wie der geistige Kampf überhaupt. Niemand, der politische Methoden ernsthaft wertet, sollte seine Technik verkennen.

Die in Amerika entstandene publizistische Form des *„Nachrichtenmagazins“* („News Week“, „Time“)[3]) zeigt nur wenig feuilletonistische Elemente. Zwar geht auch sie vom Menschlichen aus, aber aus einem scharfen, oft schonungslosen Intellekt. Sie holt aus oft hervorragend gearbeiteten Sachinformationen das Menschliche in häufig peinlichen Motivierungen heraus. Wie Prodikos in der griechischen Philosophie vermag sie das „Hohe von unten her begreiflich zu machen und das Große als Allzumenschliches zu entlarven“. Aber das amerikanische Nachrichtenmagazin kann diese Technik noch humorvoll halten und gemildert verständlich machen. Anders das deutsche „Nachrichtenmagazin“: „Der Spiegel“. Er mobilisiert in bestimmten Teilen der Öffentlichkeit die skeptische Grundhaltung, die nach den Irreführungen durch das Hitlerregime immer noch vorhanden ist. Er ist „prinzipiell negativ“, er vertritt „im Namen der Vernunft das Prinzip NEIN“, „Plus minus Null“ ist nach seinem eigenen Urteil das Resultat seiner Arbeit[4]). Weil er stets zu verneinen sucht, gibt er auch guter Information eine deformative Wirkung.

Erfreulich aber ist die häufige Nutzung des feuilletonistischen Stilelementes in fast *allen* Sparten der Tageszeitung. Die hochgestelzte Form des Leitartikels und seine rhetorische Kälte sind bei jüngeren Schreibern längst feuilletonistisch lebendig. Selbst der Handelsteil hat etwas davon

---

[1]) Kisch, E. E.: Marktplatz der Sensationen, Berlin-Ost 1947.

[2]) Ehrenburg, Ilja: Auf den Straßen Europas. Berlin-Ost 1947.

[3]) Magnus, Hans Uwe: Time. Studien über die amerikanischen Nachrichtenmagazine, Diss., Berlin 1962.

[4]) Chargesheimer/Kuby: Des Spiegels Spiegel, Hamburg (Der Spiegel) 1961. Sackarndt, Paul: Der Spiegel entzaubert, Essen 1961.

abbekommen! Der lokale Teil ist ebenso feuilletonistisch ausgestattet, und sogar im *Sport* geht die Sprache gelegentlich in das Beschauliche. Die Belebung spröder Stoffe und sachlicher Einseitigkeiten durch diese feuilletonistische Form ist eine erfreuliche Wendung zum Menschlichen, die auch in der geschäftlichen Werbung durch die Fortentwicklung der Reklame zur „Public Relation“ an Boden gewinnt. Beides entspringt einer Neigung unserer Zeit, die aus aller Technisierung zurück möchte zur menschlichen Mitte, in die Wärme des Herzens.

e) Der Sportteil

Der Sport ist seit mehr als 60 Jahren ein wichtiges, vom Leserkreis gefordertes Ressort jeder Zeitung. Aus dem Wachstum und der Vielgliedrigkeit des Sports ist dieses Ressort breit entfaltet. Nach großen Sportereignissen und immer an Montagen wird ihm viel Raum gegönnt. Besondere Zeitungstypen, wie die Montagblätter, sind zum überwiegenden Teil auf dem Interesse der sportinteressierten Leserschaft aufgebaut.

Ursprünglich war der lokale Teil Träger der Sportmitteilungen, die anfangs im wesentlichen aus Tips für die Wetten im Pferdesport bestanden. In Süddeutschland (München) waren alpine Nachrichten die ersten Sportmeldungen überhaupt. In Norddeutschland folgten Meldungen von Klub- und Vereinskämpfen zunächst aus dem als besonders vornehm geltenden Tennis, dann vom damals als roh verschrieenen Fußball (um 1895). Aus solchen Anfängen entwickelte sich die ausgedehnte deutsche Sportberichterstattung, die heute in großen Blättern in selbständigen Beilagen gegeben wird und einen eigenen umfangreichen Nachrichten- und Korrespondenzdienst in Wort und Bild besitzt. Auch bestimmte Anzeigengruppen (Sportgeräte, Kleidung, Sportveranstaltungen, Kraftwagen, Boote usw.) haben sich dem Textteil zugesellt und seinen weiteren Ausbau ermöglicht.

Wegen der leidenschaftlichen Anteilnahme der Öffentlichkeit und der großen Allgemeinbedeutung des Sports legen heute schon kleinere Blätter Wert darauf, eigene Sportredakteure anzustellen, die neben journalistischer Fähigkeit genaue Fachkenntnisse der sehr mannigfaltigen Sportarten, ihrer Technik und Wettbewerbsformen besitzen und in der Lage sind, sich auch sportpolitisch, d. h. im Streit um die öffentliche Geltung und Fortenwicklung des Sports, ein eigenes Urteil zu bilden. Dabei sind die öffentlichen und allgemeinen Aufgaben des Sports, seine Rolle in der Erziehung zu körperlicher Gesundheit, zu echtem Volkssport, Teamgeist und Fairness dem leeren Treiben verflachender Rekordsucht und der Rücksichtnahme auf Vereinscliquen und Sportlieblinge voranzustellen. Durch das Aufkommen des Totobetriebes werden Hunderttausende am Sport interessiert, die kaum an der Sportnatur der Spiele, geschweige denn an eigener sportlicher Arbeit Interesse nehmen. Nicht unwichtig ist die Behandlung dieser Entwicklung auch für den Sportredakteur, der hier eine Art Kulturpolitik des Sports mit sicherem Verständnis der seelischen und körperlichen Bedeutung des Sports führen muß.

Besondere Pflege verlangen heute die *örtlichen Sportveranstaltungen.* Sie haben für die Zeitung die Bedeutung und die Zugkraft örtlicher Ereignisse und deren Vorzüge und Nachteile. Sie sind in ihren Ergebnissen herüberzuführen in die Gesamtheit nationaler Sportleistung und wohl zu hüten vor den Einflüssen überspitzter lokaler Sporteifersucht. Auch in dieser Berichterstattung ist dem *Bild* ein besonderer Platz einzuräumen. Die allgemeine Sportberichterstattung ist heute nachrichtenmäßig stark durch die Nachrichtenbüros und die Sportkorrespondenzen bestimmt. Lokalzeitungen erweitern den Sportteil besonders deshalb immer mehr, weil sie die *Jugendlichen* an sich fesseln und als treue Leser gewinnen wollen.

Wohl zu beachten ist die *Sprache* des Sportteils. Wenn sie kurz und knapp sein will, so entspricht das nur ihrer Aufgabe. Lange war sie durch Übernahme abgeschliffener, für den Laien unverständlicher Ausdrücke des Fachjargons verdorben und ist auch heute noch keineswegs von allen Fehlern der Berufssprache frei. Sie hat sich aber unter Einfluß fähiger Schreiber wesentlich gebessert. Auch ein Verdienst der so oft angegriffenen Zeitungssprache.

f) Die technische Redaktion

Wenige Blätter können sich eine technische Redaktion erlauben. Die breite Mehrheit der Zeitungen gibt allgemein interessierenden technischen Stoff, insbesondere Erfindungen, Neuerungen usw., ohne dabei immer klar zu bleiben. Einige sammeln den Stoff in Beilagen, andere verteilen ihn über das ganze Blatt.

In jedem Fall sind an die Bearbeitung technischer Fragen vier Forderungen zu richten. 1. Der Stoff muß allgemeinverständlich dargeboten werden. Das verlangt gutes Wissen und sicheren Ausdruck. 2. Der Stoff muß sachlich einwandfrei und fehlerlos dargestellt werden. Dumme und plumpe Fehler schaden der Sache und dem Blatt. Sie kommen in der technischen Berichterstattung häufig vor. 3. Vorsicht bei technischen Sensationen, Entdeckungen und Erfindungen, namentlich wenn sie aus dem Ausland groß aufgemacht hereintelegraphiert werden. Es verbirgt sich dahinter oft Alltägliches, längst Entdecktes oder doch praktisch Wertloses. Übertrieben propagandistisches Feiern neuer Entdeckungen führt zu falschen Begriffen und übersteigerten Erwartungen und damit später zu Enttäuschung. 4. Es muß in allen technischen Berichten auch die Frage *Mensch — Maschine*, also der Automation, im Blickpunkt stehen. Hier kann aus dem technischen Teil oder in Anlehnung an ihn in die sehr wichtige und bedeutsame Sozialreportage herübergeführt werden.

Sehr beliebt, weil auch für den Anzeigenteil fruchtbar, sind die technisch-fachlichen Artikel, Bildseiten und Sonderbeilagen, die sich mit dem Kraftfahrwesen, den Typen der Wagen, den Rennerfolgen usw. beschäftigten. Die Gebiete der phantastischen Technik (Raketentechnik, Weltraumflüge) sind heute begehrt, aber in manchen Darstellungen technisch nicht immer ernst zu nehmen. Sie gehören dann in den Unterhaltungsteil.

Wo die Redaktion über Fachkräfte nicht verfügt, also in der Mehrheit der Fälle, wird sich leicht eine sachkundige Persönlichkeit finden, die sie schnell und zuverlässig berät (gelegentlicher Mitarbeiter). Solche Beziehungen zum Leserkreis können auf allen Gebieten fruchtbar werden.

g) Das Lichtbild — Die Bildberichterstattung

Die Zeit liegt noch nicht fünf Jahrzehnte zurück, als man sich stritt, ob das Lichtbild in die Zeitung gehöre oder nicht. Heute ist es in seinem Charakter als *Nachricht*, als Mittel der *politischen Willensbildung*, der *Belehrung* und *Unterhaltung* vollauf anerkannt und in schneller, oft sogar überstürzter Aufwärtsentwicklung. Der heutige Mensch, im Ansturm aller publizistischen Mittel starken Bildeinwirkungen (Film, Illustrierte, Fernsehen) ausgesetzt, geht vom rein begrifflichen Denken mehr und mehr auf das anschauliche Vorstellen in Bildern über. Jedenfalls trägt er ihrer viele Hundert in seinen Bilderinnerungen gleich einer Bildkartei bei sich. Die Zeitung, so gern sie es etwa bis zum 1. Weltkrieg noch wollte, konnte daran nicht vorübergehen. Heute hat sie dem Bilde einen voll gemessenen Raum anzuweisen. Die Boulevardpresse bevorzugt das Bild im ganzen graphischen Ausdruck. Die Zündkraft des Bildes hat sie groß gemacht.

In der journalistischen Arbeit steht der Bildjournalist heute gleichberechtigt neben dem schreibenden Journalisten. Der Bildjournalist ist in erster Linie Reporter. Sein Werkzeug ist die Kamera. Wenn sie auch nur ein technisches Instrument ist, muß er ihre Leistungsfähigkeit doch beinahe „menschlich" erfühlen. Er hat die Ereignisse auf ihrer Höhe, die Dinge in ihrem Wesen, die Persönlichkeiten im Kern ihrer Natur wahrhaftig zu treffen. In Fällen besonders großer Ereignisse kann das Bild das Wort schlagen. Er muß *mehr* geben als der mittelbar durch Wort und Schrift arbeitende Reporter zu geben in der Lage ist. „Ein Bild soll tausend Worte sagen." Das ist das Wesen des Bildes. Es erzählt schon in seinem Gesamteindruck sehr viel und muß bei längerem und gründlichem Anschauen immer mehr erzählen, ohne darum Mühe zu machen. Darum ist das Bild auch das seit jeher volkstümlichste Mittel, zu bilden, zu führen und zu unterrichten. „Was die Gelahrten durch die Schrift verstahn, lehrt das Gemälde den gemeinen Mann" heißt es schon im ausgehenden Mittelalter.

Das Bild spricht unmittelbar zur breitesten Masse.

Geschichtlich hatten frühe Vorläufer der Zeitung, so der *Einblattdruck*, der die in grobem Holzschnitt wiedergegebene Darstellung eines sensationellen Ereignisses war, den Wert des Bildes längst erkannt. Die Erfindung der Photographie, die optisch-chemisch einen Vorgang „photographisch getreu" auf die Platte brachte, konnte in die Tageszeitung als Bild erst Eingang finden, als eine billige und schnelle Vervielfältigung möglich wurde. Das geschah durch die Erfindung der Autotypie, die dem Berliner Kupferstecher *Georg Meisenbach* 1881 gelang. Die Autotypie, zu deutsch *Netzätzung*, gibt im Gegensatz zur *Strichätzung*, die nur Linien, Punkte und volle Flächen in deutlichem Schwarzweiß festhält (Holzschnitt, Federzeichnung), mannigfaltige, zwischen Schwarz und Weiß liegende Tonstufen. Erst in den letzten fünf Jahrzehnten ist es geglückt, technisch die Autotypie für den Druck auf grobem „maschinenglattem" Zeitungspapier zu entwickeln. Gleichzeitig wurde die Herstellung so beschleunigt, wie es für die Berichterstattung der heutigen Zeitung gefordert werden muß. Neben dem Hochdruck- hat das Tiefdruckverfahren (Kupfertiefdruck) zur Herstellung der besonderen Bilderbeilagen in der Zeitung Eingang gefunden. Neuerdings beginnt auch das Offsetverfahren, sich für Bildbeilagen, in USA bereits für ganze Zeitungen, zu bewähren.

So ist in der Tageszeitung das Bild eines der tragenden Mittel der publizistischen Arbeit geworden. Heute steigert es seine Ausdruckskraft von Jahr zu Jahr. Schon kann der Leser das Bild gar nicht mehr missen. Das flüchtigere Fernsehbild haftet nicht, der Leser sucht in der Zeitung, im Standphoto, das Ereignis oder den Menschen gründlicher und in ruhiger Betrachtung zu sehen. Im Leser schärft sich auch der Blick für Bild und Bildwirkung, für die Eigenart oder Einzigartigkeit des *Aufnahmeaugenblickes* (im Höhepunkt des Ereignisses), des *Aufnahmeausschnittes* (welcher Ausschnitt und woher aufgenommen? Innere Komposition! Kreis- oder Dreiecksordnung, Bedeutungswirkungen u. a. mehr), der *Größe* der *Wiedergabe*, der *Bildbearbeitung* und der *Einordnung* des Bildes (schon das Format ist Aussage!) in den graphischen Aufbau der Zeitung.

Die Wiedergabe eines Bildes, das durch das Abgebildete selbst Nachricht ist, verständlich selbst ohne Unterschrift, nennen wir *Bildnachricht.* Gibt aber das Bild Erläuterung zu einem ausführlich dargestellten *Ereignis* oder bedarf es der Deutung durch eine Unterschrift, so ist es ein *Nachrichtenbild.* Die mannigfaltigen Möglichkeiten der Bildbearbeitung beweisen die bis vor wenigen Jahren ernsthaft geleugnete *subjektive Natur* jeder Bildarbeit. Nichts ist falscher als der Glaube, das Zeitungsbild sei ein objektiver Tatsachenbeweis. Bilder werden oft zum Zwecke bewußter Entstellung mißbraucht. Die Fälschungsmöglichkeiten beginnen bei der plumpen Bildlüge, die durch Retusche oder Photomontage (geklebtes Bild, entsteht durch Zusammenkleben verschiedener Aufnahmen und Neuaufnahme des zusammengeklebten Bildes) früher oft betrieben wurde. Das Bildgefühl des Lesers ist heute so entwickelt, daß derartig massive Fälschungen kaum mehr ankommen. Seltener freilich ist das sichere Urteil gegenüber *gestellten* Bildern, also einer künstlich gespielten und dann photographierten Situation („Einen Türken bauen"), die im Interesse der Wahrheit der Berichterstattung unterbleiben sollten[1]). Die Fälschungsmöglichkeiten enden bei tausend feinen und allerfeinsten Mitteln, die durch den Bildbericht eine bestimmte publizistische Wirkung erzielen, wobei vom Aufnahmeaugenblick und Aufnahmeausschnitt bis zur Retusche und der Unterschrift alles angewandt wird. Besonders gefährlich und im Grunde einer Fälschung nahekommend sind sogenannte *„Zwischenzeiten"*, die mit dem natürlichen Auge nicht mehr wahrnehmbare Bildvorgänge fixieren und so phantastische Entstellungen der Bildwirklichkeit ent-

[1]) So die Bildfälschung von „Paris-Match", der Deutsche in SS-Uniform steckte und das Land des „Neonazismus" beschuldigte, s. auch Bd. I, S. 69.

stehen lassen[1]). Kritische Betrachtung ist erforderlich, kommt aber oft zu kurz. Der Leser vertieft sich nämlich meist spontan, instinktiv in das Bild. Für ihn ist es der technisch fixierte Teil eines interessanten Vorganges, es bringt ihm mittelbar einen Augenblick des Erlebnisses, das er als Augenzeuge ganz ausgekostet hätte. Jedes gute Bild läßt nicht nur ahnen, was vor der „punktuellen Wiedergabe des Ereignisses" war, sondern auch, was kommen wird. (Der alte Grundsatz, den Lessing schon im Laokoon fordert.) Außerdem regt das gute Bild aus der visuellen Wirkung andere Sinne an (Geruch, Geschmack, Klang).

Die Unterschrift ist wesentlich. Recht gewählt trifft sie den Kern des Eindrucks, deutet das Bild, leitet, wo es sein muß, die Gedanken des Beschauers und zwingt sie in die gewollte Richtung. Es ist die *Kunst des Bildberichtes, den Dingen, Persönlichkeiten und Ereignissen die wesentliche Seite abzugewinnen.*

Die große journalistische Gabe, *sehen* zu können, muß dem Bildberichterstatter als bildhaftes Sehen besonders zueigen sein. Er muß sie besitzen ebenso im Drängen aktuellsten Geschehens wie bei der Aufnahme guter unterhaltender, belehrender Bilder. In Serien dargeboten geben sie heute, der Textserie parallel, einen vorzüglichen und gedächtnishaftenden Unterricht über allgemein-politische Dinge, über wirtschaftliche und soziale Zustände, über Natur und Heimat. Die *Bildserie* erschließt der breitesten Öffentlichkeit alle Zweige und Berufsgruppen. Dabei hat sich die Kamera auch hier den Menschen zur eigentlichen bildnerischen Aufgabe zu nehmen. Ihre Kunst erschließt oft wirksamer, als es der schreibende Journalist vermag, die Schau der Dinge und Ereignisse. Erlebt wird durch die Kamera eine neue Dimension des Daseins und des Menschen. Die Kamera faßt den Augenblick, da sie „schaubar" werden. Sie „stürzt sich in den Raum. Der Abgrund zwischen unserer Existenz und der Existenz des Photographierten ist verschwunden. Objekt und

---

[1]) Vgl. hierzu die fälschende Technik der Bildaufnahmen von Persönlichkeiten in Zwischenzeiten (Bd. I, S. 69); vgl. Martin, L. A. C.: Das Pressephoto ist kein Dokument mehr. In: Publizistik, 3/1959; vgl. Dovifat, E.: Publizistische Fälschungen und ihr dokumentarischer Mißbrauch. In: Journalismus, Bd. I, Düsseldorf 1960. Vgl. auch Bd. I, S. 102 (Dementi).

Objektiv werden eins"[1]). Gesucht werden muß der schöpferische, der eigentlich fruchtbare „Augen-blick"[2]). So entstehen Bilder, die wir als Feuilletonismus im besten Sinne anerkennen und als „*Bildfeuilletons*" bezeichnen (vgl. S. 83).

Eine Erhebung über einen repräsentativen Ausschnitt der deutschen Tagespresse[3]) erfaßte 19 494 Illustrationen, darunter 14 336 Photographien, 4654 Zeichnungen und 504 Schaubilder. Jede Zeitung brachte danach monatlich 541,5 Bilder durchschnittlich. Die meisten Bilder veröffentlichte ein Münchener Boulevardblatt, die wenigsten eine Allgäuer Heimatzeitung.

Der Inhalt der Bilder verteilte sich auf nachfolgende Stoffgebiete:

Politik	10,0 %	Unterhaltendes	36,5 %
Wirtschaft	1,6 %	Technik	1,8 %
Kultur	12,4 %	Comics	4,6 %
Lokales	22,0 %	Reise, Jugend	
Sport	8,5 %	Sonstiges	2,6 %

Jeder gute Bildjournalist hat, wie der befähigte Schreiber, seinen eigenen ausgeprägten *Bildstil*. Daher sucht er meist auf bestimmten Einzelgebieten und nicht in der Vielfalt der Bildaufgaben zur Höchstleistung zu kommen. Diese Leistung des guten Bildjournalisten verlangt *Urheberschutz* und daraus folgend Schutz auch des wirtschaftlichen Ertrages.

Eine führende Aufgabe erwächst dem *Bildredakteur*. Er hat auf seinem Gebiet alle die Fähigkeiten einzusetzen, die auch den Textredakteur zur Höchstleistung bringen (vgl. Bd. I, S. 33). Er hat die Bildjournalisten anzuregen, ihnen neue Aufgaben zu stellen, aber auch Sorge zu tragen, daß ihnen zu ruhiger, gesammelter Arbeit die wirtschaftlichen Möglichkeiten gegeben, d. h. daß sie so gut bezahlt werden, wie es die Geldmittel der Redaktion nur irgend zulassen.

---

[1]) Pawek, Karl: Totale Photographie. Die Optik des neuen Realismus, Olten/Freiburg i. Br. 1960. Weitere Literatur angegeben in Bd. I, S. 155.
[2]) Strelow, Lieselotte: Das manipulierte Menschenbild, Essen 1960.
[3]) Martin, L. A. C.: Die Illustration der Tageszeitungen in der Bundesrepublik. In: Publizistik, 1/1961.

Der Bildredakteur hat in der Erziehung seiner Mitarbeiter Ungewöhnliches zu leisten. Für seine Tätigkeit braucht er ein besonders geschultes, gutes Gedächtnis, nicht nur für Sachwissen, sondern vor allem für Personen, Tatsachen und Situationen. Er muß ein ganzes Bildarchiv im Kopfe haben, denn er hat Fälschungen, Irrtümer usw. in angebotenen Bildern zu erkennen, aber aus der Vielzahl der ihm gegenwärtigen Bildstoffe auch schnell, glücklich und wirksam geeignete Verbindungen, Bildvereinigungen zu finden und vorzuschlagen. Auch im Zeitungsbild muß ebenso wie im Zeitungstext der gegenwärtige Tag dem Gestern und Vorgestern die Hand reichen und eine Kette herstellen, die immer lehrreich und überzeugend bleibt.

Daß der Bildredakteur auch sprachlich über knappe, zusammenfassende und eindringliche Stilformen verfügen muß, verlangt seine Aufgabe, Bildunterschriften wirksam zu prägen oder sie doch auf ihre publizistische und sprachliche Natur zu prüfen oder neu zu formen.

h) Umbruch und Aufmachung

Der „Umbruch" ist eine Aufgabe der Redaktion, die journalistisch und nicht bloß graphisch bestimmt ist. Er legt die Nachricht vor, er macht aber auch Politik, sehr entschieden sogar. Er ist ein Mittel der politischen Willensbildung ganz besonderer Art und eine Technik, dem Leser in der von der Redaktion (subjektiv) gesehenen Rangordnung die Nachrichten praktisch und anschaulich nahezubringen. Neben der Stoffauswahl entscheidet auch die Stoffaufmachung den Erfolg der Zeitung[1]).

Typographisch ist Umbruch das Einordnen des abgesetzten Textes in den Satzspiegel. Journalistisch ist Umbruch der graphische Ausdruck der Zeitungsaufgabe („Aufmachung").

[1]) vgl. dazu Buisdorf, Heinrich J.: Die Psychologie der typographischen Aufmachung als zeitungswissenschaftliche Aufgabe, Ingolstadt 1939 (Diss., München 1935). Es wäre wünschenswert, wenn eine deutsche wissenschaftliche Arbeit diese Thema aufgriffe, das im Ausland, besonders in den USA, ausgiebig behandelt wird.

Der Umbruch löst nachrichtentechnische (Darbietung der Nachricht) wie publizistische (graphische Unterstreichung des politisch Wichtigen) und wirtschaftliche Aufgaben (Kaufanreiz durch Blickfänge). Er ist mit den drei Grundkräften der Zeitung engstens verbunden.

Der Umbruch hat das *Wichtigste* packend herauszustellen. Er hat *alles* andere *übersichtlich* nach seinem Werte anzuordnen; schließlich läßt er im ganzen Gesicht der Zeitung aus überlegter Grundhaltung, Vielfältigkeit und Tempo *die publizistische Absicht der Zeitung deutlich werden.*

Jede Zeitung folgt dabei ihrem eben ihr eigenen Stil, der sie von anderen Blättern unterscheidet. Sie hat gleichsam ihr graphisches Gesicht, dessen Züge immer bewegt, auch manchmal erregt sein können, stets aber die Züge des gleichen Gesichtes bleiben müssen. Alle graphischen Mittel dienen der *beherrschten* und *gezügelten* Darstellung des Zeitgeschehens zur höheren publizistischen Aufgabe. Es wird also jede Zeitung auch an „tollen Tagen" die Persönlichkeit bleiben, die sie sein soll. Sie wird nicht die Haltung verlieren, aber sie wird aus dieser Haltung heraus alle Mittel spielen lassen, der Zeit ihr Recht und ihren Ausdruck zu geben. Zu den festen, unabänderlichen „Gesichtszügen" der Zeitung gehören Kopf, Format, Schrift, Spaltengliederung und der einheitliche graphische Stil in den Grundelementen der Aufmachung.

Den *Kopf* lieben die Leser und sind an ihn gewöhnt. Häufige Änderungen verärgern. Wegnahme ganzer Teile des Kopfes zu krasser Nachrichtenaufmachung, „Manschetten", oder allein zur Werbung verblüfft, stumpft ab und gibt dem Ganzen ein unsolides Äußeres. Auch das „*Format*" ist für das Blatt wesensbestimmend. Die Formate der Zeitung, früher durch Bogensteuer zu unhandlicher Größe getrieben, sind und bleiben mannigfaltig; allein in Deutschland gab es 1954 noch etwa 20 verschiedene Formate[1]). 1963 hatte sich diese unwirtschaftliche Vielfalt vereinfacht. Bevorzugt ist nach wie vor das „Berliner Format" (47 × 31,5 cm) mit 61 % aller Zeitungen. Das „Rheinische Format" (53 × 37,5 cm) führen 31 % der Blätter. Im „Hamburger Format" (57 × 40 cm) erscheinen 8 %. Entsprechend dem Format ist auch die *Spaltengliederung*. Die dreispaltige Aufmachung erinnert an das ruhige Bild des Buches. Sie ist fast ganz verschwunden. 44 % der Tagespresse erscheinen in 4 Spalten, ebenso viele in 5 Spalten, 10 % in 6 Spalten, sehr gelegentlich nur mehr in 3 oder 7 Spalten[2]). Die auflagenstarken Blätter bevorzugen die vielspaltige, besonders die fünf-, sechs- und achtspaltige Aufmachung. Sie ist wegen der Kürze der Zeilen müheloser lesbar und begünstigt den Bau zusammenfassender Kästen[3]).

Als Schrifttype haben alle großen Blätter seit 1941 die Antiqua gewählt. Sie wollten damit auch über die deutschen Grenzen hinaus leichter verständlich sein[4]). Die Fraktur ist als Zeitungstype heute verschwunden. Die allgemeine Zeitungsschrifttype (sogenannte *„Brotschrift"*, weil der tägliche allgemeine Text in ihr gesetzt wird), muß ein einheitliches, ruhiges, natürliches Schriftbild geben. Auf dem rauhen Zeitungspapier muß es im Druck klar bleiben. Die Type darf nicht verschmieren, muß also ohne enge Innenräume bleiben, in denen die Farbe sich festsetzt. Trotzdem hat sie schmal zu laufen und Raum zu sparen, durch große Mittellängen aber lesbar zu bleiben. Schließlich hat sie sich präge- und druckfest zu halten. Je nach dem Durchschuß zwischen den Zeilen, dem Maß des Fettsatzes und der Sperrungen, der „Luft" zwischen Überschriftsbalken und Artikeln, der

---

[1]) Erhebung der Fédération Internationale des Editeurs des Journaux, Bulletin d'Information, Juillet 1954.

[2]) vgl. Bericht des ZWA nach Angaben des BDZV. In: ZVuZV, 15/1966, S. 553.

[3]) Selbst die so traditionsgebundene Frankfurter Allgemeine Zeitung wird seit Anfang 1966 statt bisher in fünf, jetzt in sechs Spalten umbrochen. — Vgl. auch Schröter, Paul: Normung der Formate. In: ZVuZV, 18—19/1961.

[4]) Ein aufschlußreiches Experiment über die Lesbarkeit verschiedener Schriften führte das Institut für Demoskopie, Allensbach, durch. Die ermittelten Ergebnisse veranlaßten den TAGES-ANZEIGER, Zürich, als neue Grundschrift die Imperial zu wählen. Vgl. Noelle-Neumann, Elisabeth: Schriften im Test. In: ZVuZV, 36/1963, S. 2168 ff.

Schlankheit oder Fettigkeit der Überschriftstypen (Auszeichnungsschriften) erscheint die Zeitung „hell", „licht" oder „dunkel", „fett" aufgemacht. Diesen Charakter muß die Zeitung dann auch behaupten. Der Geschmack des Lesers ist konservativ. Jähe Abänderungen in diesen Gesichtszügen der Zeitung haben oft grobe Briefe, Abbestellungen und viel unausgesprochenen Ärger zur Folge[1]). Die Zeitung ist ein Alltagsbegleiter. Man liebt ihre Gleichmäßigkeit. Sie soll nicht täglich durch immer neue Kleider Unruhe und Überraschung verbreiten. Daher muß die Zeitung auch graphisch aus immer derselben *Grundhaltung* sprechen. Sie kann dabei auch dem Geschehen lebendig und voller Temperament Rechnung tragen, aber sie sollte sich nie selbst verlieren.

Die Frage des *Geschmacks* und der *künstlerischen* Gestaltung des Zeitungsbildes ist durch diese Forderungen keineswegs ausgeschaltet. Im Gegenteil. Indem die Zeitung ihr Bild nach ihrer inneren Aufgabe prägt, wirkt sie aus Zweckmäßigkeit auch künstlerisch schön.

Wirkung und Übersicht der Seitenaufmachung sind immer dann gegeben, wenn drei Grundregeln beachtet werden: die künstlerische des *Goldenen Schnitts*, die kompositorische der *Gewichtsverteilung* und die psychologische des *blickhäufigsten Punktes*. Die Grundregeln des Goldenen Schnitts und der Gewichtsverteilung sind aus der Bildenden Kunst übernommen, und ein diesen Grundregeln verpflichteter Umbruch wird den ästhetisch geschulten Leser am stärksten ansprechen. Ob er auf die breite Masse der Leser überzeugend wirkt, wäre noch experimentell zu ermitteln.

---

[1]) Ob und welche neue Aufmachung vorzuziehen ist, kann durch Experimente ermittelt werden. Wie man den Lesestoff in lesbarer Form darzubieten habe, ist in der amerikanischen Literatur ein altes Problem. Vgl. dazu Paterson, D. G.; Moles, A., und Tinker, M.: How to Make Type Readable, Harpers 1940 und Tinker, M.: Legibility of Print, Iowa State Univ. Press 1963. Hvistendahl, J. K.: Reader Estimates of Reading Time and Attractiveness of Type in Six Different Forms, monograph, South Dakota State Univ. Press 1964; ders.: The Effect of Typographic Variants on Reader Estimates of Attractiveness and Reading Speed of Magazine Pages. In: Communications Research Report, No. 3, March 1965. — In England veröffentlichten Chris Knapper und Peter Readership of News Items. In: Gazette, 2—3/1965, pp. 231—236; 4/1965, pp. 323—328).

Ein Experiment, von dem Merald E. Wrolstad berichtet, hat ergeben, daß ein gegen diese Grundregeln verstoßender Umbruch ebenso viele Versuchspersonen ansprach wie ein „vollendeter“ Umbruch[1]).

Rein praktische Überlegungen lehren: immer sind es die Linien, seien es Überschriftbalken, seien es Textspalten, die sich auf der Zeitungsseite schneiden. Gelingt es, sie da, wo sie sich teilen, so zu gliedern, daß der kleinere Abschnitt sich zum größeren verhält, wie dieser zum Ganzen, so entsteht jenes natürliche Wohlgefallen, jene *„rechte Proportion“*, die jeder gute Umbruchleiter unbewußt sucht und findet. Des weiteren müssen die Gewichtsverhältnisse der hellen und dunklen Satzflächen und Bilder zueinander in ein Verhältnis gebracht werden. Es muß eine Art labilen Gleichgewichts entstehen. Dabei wird der obere Teil der Seite im Zusammenklang mit der Kopfleiste und den sie deutenden Unterzeilen schwerer belastet sein können, und im übrigen wird sich eine Verteilung nach den Diagonalen hin zu vollziehen haben. Dabei ist ein Ausgleich zu suchen, daß die Seite nicht bloß „kopfschwer“, „rechtshängend“ oder „linkslastend“ wirkt.

Schließlich wird auch die Neigung des Lesers, auf bestimmte Seitenteile zuerst zu schauen, psychologisch zu beachten sein. Es ist Tatsache, daß manche Stellen der Seite dem Leser mit dem, was sie zu sagen haben, ganz unmittelbar ins Auge leuchten, andere Stellen zurücktreten, ja fast im Schatten stehen. Psychologische Erhebungen, durch Daniel Starch[2]), schon vor dem 1. Weltkrieg vorgenommen, haben ergeben, daß bei Aufteilung der Seite in vier Felder das Auge den Blick ins Feld rechts oben zuerst und am häufigsten hinlenkt (sogenannter „Optical Point“, der

---

[1]) Wrolstad, Merald E.: Adult Preferences in Typography. Exploring the Function of Design. In: Journalism Quarterly, 37/1960, pp. 211—223.

[2]) vgl. Münsterberg, Hugo: Psychologie im Wirtschaftsleben. Angewandte Experimentalpsychologie, Leipzig 1913; Lopatecki, Eugene de: Advertising Layout and Typography, New York 1935, nennt folgende Grundsätze: balance, contrast, proportion, rhythm, unity.

„blickhäufigste Punkt“). Eine Wertung ergibt nachfolgendes Schema:

28	33
16	23

Die so aufgebaute Einordnung der Stoffe hat fraglos eine durch die Praxis bewährte Berechtigung, doch ist durch die schnelle Fortentwicklung des Seitenbildes, der Einordnung der Illustrationen und vor allem der Verlebendigung der Anzeigen diese grobe Gliederung überholt. Sie galt und gilt noch weitgehend für den Textumbruch, weniger aber für den starken Blickfang jeder Form des Bildes und der graphischen Wucht der großen Auszeichnungsschriften[1]). Ihr Lautheit vermag natürlich den Blick des Lesers umzulenken. Der Durchschnittsleser, besonders der Leser der Lokalpresse, reagiert freilich, wie Starch es dargestellt hat. Das liegt allerdings weitgehend daran, daß er durch den konservativen Umbruch daran gewöhnt ist, so und nicht anders zu reagieren. An eine Umordnung des interessantesten Lesestoffes, etwa von der ersten zur zweiten Seite, kann man den Leser jedoch allmählich gewöhnen[2]). Die Dinge sind im Fluß.

Es lassen sich also *keine* ständig geltenden Wirkungsregeln festhalten. Jede Zeitung hat ihr Gesicht und zeigt es in wechselndem Mienenspiel.

---

[1]) vgl. Epple, Ernst: Rechte Seite — rechts oben! Eine experimentelle Untersuchung über die Abhängigkeit des Aufmerksamkeitswertes von der Plazierung einer Anzeige. „Frankfurter Illustrierte“ im Verlagshaus Frankfurter Societäts-Druckerei. Auszug in: ZVuZV, 15—16/1961, S. 636—646, sowie Wilsmann, A.: Der Aberglaube der Rechtsplazierung. In: Druckspiegel v. 1. 1. 1958; ders.: Ist der Aberglaube an die Rechtsplazierung zu überwinden? In: Die Anzeige, 1/1960. Die Erhebungen gelten bevorzugt für die Anzeigenseiten, für redaktionelle *Zeitungs*seiten scheint uns die Münsterbergsche Theorie noch nicht überwunden zu sein.

[2]) Der Schweizer TAGES-ANZEIGER (Auflage 165 000), die auflagenstärkste Schweizer Zeitung, hat ein großes Interesse auf die S. 2 gelenkt. Vgl. dazu auch S. 105, Fußnote 4. „Die Welt“ hat Anfang 1966 den Leitartikel und die Karikatur auf die S. 2 verlegt.

Die Zusammenfassung in *Kästen* ist längst allgemein üblich, doch dürfen sie nicht zu Schachteln werden. In ihrer Stellung zueinander und bei der Teilung der Spalten durch Schlagzeilen müssen „Treppen" und „hohe Kamine" vermieden werden. Immer ist es gut, durch Artikel von Seite zu Seite hinüberzuführen, was nach amerikanischem Vorbild auch in Deutschland heute schon durch „Seitenspringen" ersetzt ist. Ein Artikel beginnt auf Seite 1 und wird abgebrochen, um im Innern des Blattes weitergeführt zu werden. In den vielen Umbruchsystemen, die sich in jüngster Zeit zu regel- und formlosen, graphisch lärmenden „Circus-Aufmachungen" übersteigern, bedarf es gelegentlich schlicht gebauter Seiten, damit das Auge ausruhen kann. Namentlich *Beilagenseiten* geben dazu gute Gelegenheit. In der Umbrucharbeit beweist der Redakteur seine Fähigkeit zu wirklicher Vorschau, d. h. der Umbruch soll nicht erst beim Metteur am Umbruchtisch entstehen. Geplant wird er von der ersten Nachrichtenbearbeitung an, und genaue Kenntnis aller technischen Mittel und Möglichkeiten helfen zur sicheren Endgestaltung. Der Umbruch beweist die enge Verbindung der *geistigen* Arbeit und ihrer *technischen Verbreitung.*

Hier ist nun im Getriebe der Zeitung eine *Nahtstelle* erreicht. Hier wird das Geistige durch das Technische wirksam. Als persönliche Vertreter beider Welten treffen sich Redakteur und *Metteur,* meist grimmige Gegner, aber notwendig Gegner. Der eine beansprucht im Streben nach höchster Aktualität noch die allerletzte Minute für sich, der andere verlangt die gleiche Zeit, um der ruhigen und genauen Abwicklung des technischen Vorganges unbedingt sicher zu sein und die Zeitung pünktlich dem Vertrieb und dem Leser zuzuführen. Beide streiten also im Dienst der Zeitung, deren wirtschaftlich-technische Seite nunmehr zu besprechen ist.

V. TEIL

Die Technik und Wirtschaft im Zeitungsbetrieb

Ideal gesehen, dienen Technik und Wirtschaft ausschließlich der *publizistischen Aufgabe* der Zeitung. Real gesehen, ist diese Auffassung dem praktischen Leben gegenüber eine Überforderung. Vielen Zeitungen bleibt sie Grundgesetz, einigen auch nur Vorwand. In jedem Falle aber fodert die Zeitung eine wirtschaftlich-kaufmännische und graphisch-technisch saubere, tüchtige und gekonnte Leistung[1]). Je stärker und gesünder sich die wirtschaftliche Grundlage der Zeitung entfaltet und je pünktlicher und zuverlässiger die Technik eingesetzt ist, um so mehr ist der geistigen Aufgabe der Zeitung gedient, um so weiter ist das Feld ihres Wirkens abgesteckt. Eine gute Zeitung kommt, wenn sie richtig geleitet ist, auch im Wirtschaftlichen und Technischen zu Höchstleistungen, doch sollten sie immer der geistig-publizistischen Aufgabe untergeordnet bleiben. Darum muß bei jedem noch so technischen, noch so kaufmännischen Vorgang in der Zeitung das publizistische Ziel überall in Sicht bleiben. Die von allen führenden Leuten der Zeitung und von der Demokratie selbst erhobene Forderung, daß die Zeitung ihrer öffentlichen Aufgabe und Verpflichtung immer gewiß bleibe, gilt somit auch für die Arbeit in der Technik und der Wirtschaft des Zeitungsbetriebes.

Nach dieser Grundauffassung werden nachfolgend die wirtschaftlichen und technischen Aufgaben der Zeitung in ihren wesentlichen Vorgängen dargestellt. Sie sollen auch in Zahlen, Ziffern und Ertragsberechnungen schließlich immer in ihre publizistische Aufgabe zurückführen.

---

[1]) Die Revolutionierung der typographischen Aufmachung ist noch nicht zu Ende. Sogar die in der graphischen Form hochkonservativen „TIMES" haben die Titelseite neu gestaltet (ZVuZV, 45/1965). Vgl. auch: Produktverjüngerungen in der Presse. In: ZVuZV, 4/1966. — Das Verhältnis Technik und Wirtschaft: publizistische Aufgabe ist schon in den zwanziger Jahren von Ernst Posse, Hjalmar Schacht, Dovifat, Kapp u., a. erörtert worden. Eine erste Übersicht bot: Garr, M.: Die wirtschaftlichen Grundlagen des modernen Zeitungswesens. In: Wiener Staatswissenschaftl. Studien, 10. Bd., 3. H., 1912.

1. Das Hauptbuch des Verlages

Ein Blick in das Hauptbuch des Verlages, schematisch gesehen, lehrt, daß der Zeitungsbetrieb, nach dem ersten Eindruck zu urteilen, nur mit wenigen und markanten Posten zu rechnen hat. Sie sind nachfolgend aufgezeichnet[1]):

Einnahmen:	Ausgaben:
1. Aus Verkauf	1. Für Satz und Druck
2. Aus Anzeigen	2. Für Papier und Farbe
3. Aus Nebenbetrieben a) Gewinn aus Druckaufträgen b) Gewinn aus anderen Blättern des gleichen Verlages.	3. Für Vertrieb, für Werbung, für Verlagsverwaltung 4. Für Redaktion.

Das Verhältnis der beiden ersten *Einnahmeposten*, nämlich der Verkaufseinnahmen zu den Anzeigeneinnahmen, wird wesentlich den Typ der Zeitung bestimmen. Von dem dritten Einnahmeposten, den Einnahmen aus Nebenbetrieben, könnte man mit Recht behaupten, daß er nicht wesentlich zur Zeitung gehört. Ist doch nicht einmal der eigene Druckereibetrieb eine Notwendigkeit. In der Praxis haben sich insbesondere nach 1945, als die Besatzungsmächte Verlagslizenzen nicht an bestehende alte Verlage, sondern an politische Gruppen und Persönlichkeiten vergaben, Zeitungen ohne eigene Druckereien entwickelt. Sie wurden in fremden oder beschlagnahmten Druckereien im Lohndruck hergestellt. Dieses wirtschaftlich wenig günstige Verfahren hat dazu geführt, daß viele dieser Blätter eigene Druckereien aufbauten oder aufkauften. Denn die Verbilligung, die dadurch entsteht, daß die Zeitung im eigenen Druckbetrieb hergestellt wird und daß sie diese kostspielige Anlage auch für andere Druckaufträge ausnutzen kann, ist wichtig für die Kostenberechnung der Zeitung.

Erscheinen *mehrere* Zeitungen im gleichen Verlag, so können sie sich in ihren wirtschaftlichen Ergebnissen ein-

---

[1]) vgl. dazu die Tabellen S. 147.

ander ausgleichen. Dieses Verfahren hat vor 1933 zu einer sehr wertfördernden Verbindung alter, angesehener Qualitätszeitungen mit volkstümlichen Massenblättern geführt, deren Ertrag den höheren Aufwand oder den Fehlbetrag der Qualitätszeitungen decken konnte. Es sind des weiteren auch *Zuschüsse* möglich, die aus zeitungsfremden Wirtschaftsquellen stammen und auch mit politischen Absichten verbunden sein können. Sie werden als Anlaufkredite oder durch überbezahlte Aufträge an die Druckerei des Unternehmens gegeben. In jedem Fall sind sie zeitungswirtschaftlich nicht organisch und im Hinblick auf die öffentliche Aufgabe des Unternehmens gefährlich oder täuschend. Solche Zuschüsse kommen allerdings auch nicht immer nur von wirtschaftsstarken Seiten. Sie werden auch aus kleinen Beiträgen von denen aufgebracht, die mit der Zeitung die Verfechterin ihrer politischen Überzeugung ins Leben gerufen haben. Solche Beiträge spielen damit namentlich bei der Gründung der Zeitung eine Rolle. Zum natürlichen Wirtschaftsorganismus der Zeitung gehören sie nicht. Die jüngere deutsche Pressegesetzgebung hatte daher, um die Klarheit und Wahrheit der Besitzverhältnisse, die sogenannte „Firmenwahrheit", offenzulegen, Bestimmungen eingeführt oder vorgeschlagen, nach denen Inhaber und Beteiligungsverhältnisse der Verlage (z. B. vierteljährlich) in genau festgelegten Formen bekanntzugeben sind[1]).

Unter den *Ausgaben* werden zwei Gruppen deutlich: Die festen und die beweglichen Ausgaben. Zu den festen Ausgaben sind Satz, Druck und die Kosten der Redaktion zu rechnen; sie bleiben zunächst die gleichen, selbst dann, wenn durch plötzliches Heraufschnellen der Auflage die Kosten für Papier und für Vertrieb sehr wesentlich steigen, was zu sehr gefährlichen Engpässen führen kann (vgl. S. 148). Auch hier wird das Verhältnis der Ausgabesätze zueinander jeweils stark von der Natur des Blattes bestimmt.

Ziel der *zeitungsfachlichen Betrachtung* wird es sein, immer und überall die Beziehungen der genannten Posten

[1]) vgl.: Bd. I, S. 24.

zur führenden, also zur geistigen Seite der Zeitung zu finden. Das unterscheidet die zeitungsfachliche Untersuchung von der allgemeinwirtschaftlichen oder betriebstechnischen.

2. Die Ausgaben

a) Satz und Druck

Aus ihrer ureigensten Herkunft bringen Satz und Druck ein *kapitalistisches Element* in die Zeitung. Sie erfordern Sach- und Betriebskapital. Erst durch die Vervielfältigung mit Satz und Druck hat sich das kapitalistische Element mit dem geistigen Schaffen verbunden. Es hat ihm den Segen weitester Verbreitung und größter Öffentlichkeit, aber auch die Gefahr wirtschaftlicher Abhängigkeit gebracht, früher von den Gewalten politischer oder wirtschaftlicher Macht, heute von den Trieben und Neigungen der Masse, denen sich Verlage bewußt unterordnen, wenn sie ihrer öffentlichen Verpflichtung wenig und ihrem materiellen Gewinnstreben um so mehr ergeben sind.

Bis zur Erfindung des Buchdrucks wurde im allgemeinen mit geistigen Dingen kein Handel getrieben. Auch der Begriff des „geistigen Eigentums" war ein gänzlich anderer. Er galt so lange, als der Autor das Manuskript festhielt. Ließ er es abschreiben oder rundlaufen, dann erloschen seine Rechte. Druck war aber nun eine Technik, die stattliche Kapitalsummen erforderte. Typenvorrat, Presse, Farbe, Papier — das heischte ein Anlage- und Betriebskapital, das für die damaligen Wirtschaftsverhältnisse sehr bedeutsam war. Doch ist auch schon im Keim der ganzen Erfindung ihre wirtschaftliche Ergiebigkeit erkannt worden. Die Anfänge der „Schwarzen Kunst" sind dunkel, aber selbst aus dem reichen Legendenwerk, das sie umrankt, ist in jeder Zeile zu lesen, daß der Streit schon in den allerersten Anfängen um die wirtschaftliche Nutzung ging.

Von *Johannes Gensfleisch* (Gutenberg) wissen wir überhaupt nur aus den Kämpfen, die er um die wirtschaftliche Ausbeute seiner Erfindung führen mußte und die er verloren hat. Er erfand nicht den Druck, dessen Technik man beim Stoff- und Tafeldruck (xylographisches Verfahren) längst kannte. Erfunden wurde der Satz mit beweglichen Buchstaben (Lettern) sowie die

Typisierung (daher „Type", typographisches Verfahren) dieser Lettern und ihre Herstellung durch Guß aus einer mit Stahlstempeln geprägten Form. So entstanden ganze „Schriften" in allen Maßen sorgsam einander angepaßter Typen, die, in gleicher Höhe und Breite zusammengefügt und dann dem Druckverfahren unterworfen, das Wunder künstlicher Schrift, der „ars artificialiter scribendi", ermöglichten. Schon die ersten Pressen druckten 300 Bogen täglich, d. h. „an einem Tag soviel als sonst in einem Jahr" handgeschrieben hergestellt wurden. Die neue Erfindung revolutionierte auch die Begriffe vom „jüngsten Gegenwartsgeschehen" und der „breitesten Öffentlichkeit". Das Gegenwartsgeschehen war um ein Vielfaches schneller zu vermitteln, und die Öffentlichkeit wurde ein Kreis, dessen Durchmesser mit wachsender Schnelligkeit der Vervielfältigung immer weiter ausgreifen konnte. *Die technischen Voraussetzungen der modernen Tageszeitung wurden geschaffen.*

Es war die Zeitung, die diese technische Entwicklung vorwärts trieb, um die Schnelligkeit des Druckes zu steigern und immer größere Verbreitung möglich zu machen. Zeitungen haben den Bau der ersten *Schnellpressen* finanziert.

Friedrich Wilhelm König (1774—1833) aus Eisleben sah, wie der Webstuhl dem Weber mechanisch das Hin- und Herwerfen des Webergarnschiffchens abnahm. So suchte er die Grundbewegungen des Druckvorganges miteinander durch einen aus einer Kraftquelle gespeisten Mechanismus zu verbinden und fand den technischen Grundsatz der *Schnellpresse*[1]). Es gelang ihm, nachdem er in Deutschland vergeblich versucht hatte, seine Erfindung anzubringen, die Londoner „TIMES" dafür zu interessieren. Das sensationelle Zeitgeschehen zwang die „TIMES", ihre Nachrichtendienste zu beschleunigen. Am 29. November 1814 wurde die „TIMES" zum ersten Male[2]), wie sie in ihrem Leitartikel mitteilte, „vermittels eines mechanischen Apparates" hergestellt. König hatte seine Schnellpresse in wenigen Jahren so vervollkommnet, daß sie sofort das Vierfache der bisherigen Presse leistete (Druckleistung der alten Presse 250—300 Bogen in der Stunde. Erste Schnellpresse 1100, zweite, verbesserte, schon 2000 Bogen in der Stunde). Eine weitere sehr erfolgreiche Fort-

[1]) Goebel, Th.: Friedrich König und die Erfindung der Schnellpresse, Stuttgart 1883; Schröter, Paul: Würzburg — Geburtsstätte der modernen Zeitungstechnik. In: ZVuZV, 43—44/1965, S. 1956—1960.

[2]) Vor 150 Jahren — Die Erfindung der Schnellpresse und der Drucktechnik. In: ZVuZV, Nr. 46/47, 1964, S. 2055—2060.

entwicklung, wieder unter dem Drängen der Zeitung, wurde in den 60er Jahren möglich. Man löste die Druckbewegungen in eine *Rollenbewegung* auf. Der Satz wurde durch Stereotypie auf Walzenform gebracht und zwischen Druckzylinder und Satzzylinder der Streifen sogenannten „unendlichen Papiers" durchgeleitet (Rotationspresse = *Rollendruckpresse).* Damit war einer neuen, alles überholenden Geschwindigkeit der Weg freigemacht. Die Rotationspresse druckt heute bis zu 700 000 vierseitige Zeitungen in der Stunde, entsprechend weniger bei größerem Umfang des Blattes. Sie ist durch Verbindung mehrerer Werke zu einer Reihenmaschine heute so durchgebildet, daß sie 96seitige Zeitungen in einem Druckgang herstellen kann, und zwar bis zu 30 000 in der Stunde, einschließlich einiger mehrfarbiger Seiten.

Seit einiger Zeit gehen Tageszeitungen, vor allem in Japan, in den USA und Schweden, dazu über, im Offset-Verfahren zu drucken, da es eine bessere Farb- und Bildwiedergabe ermöglicht[1]). Hier bahnt sich — in Verbindung mit der elektronischen Setztechnik (s. S. 116) — eine neue Revolutionierung der Zeitungsherstellung an. Daß Zeitungsblätter eines Tages, über Funkwellen übertragen, in der Wohnung des Lesers gedruckt werden, ist keine Utopie mehr[2]). Auch die Rotationspresse und ihre Hilfsmittel sind besonders von den Zeitungsverlagen entwickelt worden.

So schafft sich die Zeitung selbst die technischen Voraussetzungen für die Massenauflage, bindet sich immer stärker an die Bedingungen des Großbetriebes und bleibt im Hinblick auf ihre geistige Unabhängigkeit durch ihn bedroht. Neben dem Druck wird nun auch die Herstellung des Satzes mechanisiert.

Fast bis ins ausgehende 19. Jahrhundert blieb die Satztechnik die gleiche wie zu Gutenbergs Zeiten. Für das Tempo der Zeitungsarbeit war dieses Verfahren viel zu schwerfällig. Man erfand die *Setzmaschine* (Linotype, Typograph), die nicht Lettern zusammensetzte, sondern Gußformen zur Zeile schloß und durch einen mit der Setzmaschine verbundenen Gießapparat ganze Zeilen ausgoß. Die nicht Zeilen, sondern Einzeltypen aus-

---

[1]) Becker, Friedrich: Die moderne Offset-Rotationsmaschine in Standard-Bauart. In: ZVuZV, 8/1966, S. 244 f.

[2]) Simson, Fred: Zeitung — in der Leserwohnung gedruckt. Technische Neuheiten im Zeitungsbetrieb. In: Industriekurier (Düsseldorf) v. 9. 10. 1965, S. 24.

gießende *Monotype* wird in Deutschland zum Zeitungssatz nicht verwandt.

Die Erfindung der Linotype ist *Ottmar Mergenthaler* (1854 bis 1899) zu danken. Der Vorzug der Setzmaschine bestand nicht nur in der größeren Schnelligkeit, die den *Handsatz um das Vier- bis Fünffache übertraf*, sondern auch in der in Zeilen festgegossenen, also in der Eile und Hast der Zeitungsarbeit stets sicher beweglichen Schrift, die zudem frisch gegossen *neu* war und nicht verquetscht in den Lettern.

Das Setzverfahren hat in den letzten Jahren, was Schnelligkeit und Zuverlässigkeit anbelangt, einen großen Aufschwung genommen. In USA ist zunächst ein System von Fernsetzapparaturen entwickelt worden (TTS = *Teletypesetter*) und auch in Deutschland eingeführt[1]). Dabei wird der Satz, ähnlich wie bei Fernschreibern, in einen Lochstreifen gestanzt und dann von Schnellsetzmaschinen, viermal schneller als von den handbedienten, abgesetzt. Da die Lochstreifen fernübertragen werden können, liefern Nachrichtenagenturen ihre Meldungen direkt an die Setzmaschinen. Diese Methode hat natürlich bei den angeschlossenen Zeitungen sowohl im redaktionellen Stoff als auch in den Schriften und Spaltenbreiten eine Uniformierung zur Folge[2]). Die TTS-Technik ermöglicht aber auch schnell und kostengünstig die Herstellung der gleichen Zeitung an verschiedenen Orten. Sie ist die Vorstufe zur Einführung der elektronischen Datenverarbeitung, zum *Computersatz.* In vielen amerikanischen und mehreren deutschen Zeitungsdruckereien übernimmt der Computer heute bereits die Silbentrennung und den Zeilenausschluß und verarbeitet Lochstreifen, die gleichzeitig mit dem Originalmanuskript auf einer Schreibmaschine in der eigenen Redaktion hergestellt werden. Zudem hat die Bleisetzmaschine im Licht- oder Fotosatz eine Konkurrenz erhalten, die noch schneller und rentabler arbeitet. In England gibt es bereits eine ganze Zeitungsdruckerei „ohne Blei". Die Umstell- und Anlern-Kosten sind sehr erheblich[3]). Der Einsatz der *Bildtelegraphie* schließlich

---

[1]) Zehn Jahre Fernsatz. In: Hausnachrichten Die Welt, Nr. 63 v. 16. 12. 1965, S. 5.

[2]) Auf dem Wege zur vollautomatischen Satzherstellung. In: ZVuZV, 3/1964, S. 71; Hübner, Gerhard: Neue Wege in der Satzherstellung mit Computern. In: ZVuZV, 8/1966, S. 239—242; Zeyen, F. O.: Möglichkeiten elektronischer Satzherstellung. In: ZVuZV, 29—30/1966, S. 1287—1293.

[3]) Wolfrum, Wolfram: Lichtsetzmaschinen — Was leisten sie? In: ZVuZV, 12/1964, S. 347—352. — Bernischke, Hans: Eine Zeitungsdruckerei ohne Blei. Eine Setzerei mit Chemie und Elektronik. In: Süddeutsche Zeitung v. 3. 11. 1965, S. 36. — Wirtschaftsüberlegungen beim Computersatz. In: ZVuZV, 4/1965, S. 93 f.

ermöglicht die Fernübertragung ganzer Zeitungsseiten, die dann, so bereits in Japan und Schweden, am zweiten Druckort in Schnellätzmaschinen zu Druckplatten verarbeitet und in Offset- oder Hochdruckrotationen ausgedruckt werden.
Bei der heute noch vorherrschenden Hochdruckrotation erheischte die Umwandlung des flachen Satzes in die für die Rollenpresse bestimmten Zylinderwalzen den Umguß der ebenen Satzform in die Rollenform. Dazu wurde der Satz in Pappmatern eingeprägt und diese in Zylinderform ausgegossen. Dieses *Stereotypieverfahren* wurde gleichfalls im Zeitungsbetrieb und für diesen Betrieb gefunden und brauchbar gemacht.

Immer größer wird so der Maschinenpark der Zeitung, immer größer der Kapitalbedarf, immer ansehnlicher der Großbetrieb. Aber auch aus den Hilfs- und Rohstoffgewerben wachsen wirtschaftlich machtvolle Kräfte und nehmen eine selbständige Stellung gegenüber der Zeitung ein. Die Technik des Rollendruckes verlangt die Zuführung von sogenanntem *„unendlichen Papier"*. Es ist für die Massenauflage bestimmt, fordert also auch die Massenherstellung des Papiers und vor allem seine *Verbilligung*.

b) Papier

Niemals hätten, wäre es bei der alten Papierherstellung aus Leinenlumpen geblieben, die Massenauflagen entstehen können, die eine breiteste Öffentlichkeit im modernen Sinne erreichen. Zwar war die Technik zu Beginn des 19. Jahrhunderts gegenüber der alten Pergament- und Büttenarbeit sehr beschleunigt. Sie blieb aber — schon aus Rohstoffmangel — nach wie vor teuer und für Massenherstellung nicht geeignet. Da wurde die *Herstellung des Papiers aus Holz entdeckt.*

Wie wenig die alte Papierfabrikation selbst in früheren Zeiten genügt hat, geht aus der Tatsache hervor, daß sie gelegentlich großer politischer Ereignisse den durch den Lesehunger steigenden Bedarf der Zeitungen gar nicht decken konnte. Im amerikanischen Unabhängigkeitskrieg gingen Frauen und Mädchen von Haus zu Haus, um Lumpen als Rohmaterial für die Papierherstellung zu sammeln. Der sächsische Webermeister *Friedrich Gottlob Keller* in Hainichen beobachtete, wie Wespen Kiefernholz zerreiben und den entstehenden Holzstoff mit Speichel zu einer dünnen, aber biegungsfähigen Masse verarbeiten, aus der sie ihr Nest bauen. Keller entwickelte nach dieser Beobachtung 1845 die Papierherstellung aus Holzschliff und verkaufte sein Verfahren an eine Bautzener Papierfabrik. Das Verfahren wurde in Amerika weiter entwickelt und dann in Deutschland wieder eingeführt und verbessert. Heute wird bei der Herstellung von Papier aus Holz eine Mischung von *Holzstoff* (mechanisch zerschliffenes Holz, Holzschliff) und *Zellulose* (chemisch unter Säureeinwirkung gekochtes und erschlossenes Holz), und zwar für Zeitungspapier etwa zu 80 % Holzschliff verwendet.

Die Bundesrepublik und Westberlin verbrauchen allein für die Herstellung von Zeitungspapier 1,7—2 Millionen Raummeter Holz jährlich. Die deutsche Forstwirtschaft kann diesen Bedarf auch nicht annähernd decken. Große Teile des Holzbedarfs für die Papierherstellung müssen daher eingeführt werden. In der Inflationszeit verbilligte man den Papierbezug durch Staatszuschüsse, die aus einer Ausfuhrsonderbesteuerung gewonnen wurden. Hier wurde also *die Gesamtheit besteuert, um in den politisch erregten Zeiten das Zeitungswesen zu stützen.* Heute werden bestimmte Kontingente zollfrei eingeführt (525 000 t für 1966). Nach 1945 war die Durchführung der Papierbelieferung der deutschen Presse zunächst nur mit Hilfe der Besatzungsmächte möglich. *Der Zeitungsdruckpapierverbrauch* der Bundesrepublik einschl. Westberlins betrug 1965, bei einer Inlandsproduktion von 213 002 t, Einfuhren von 520 124 t und einer Ausfuhr von 5559 t, insgesamt 727 567 t, d. h. auf den Kopf der Bevölkerung 12,3 kg (gegen 9,6 kg 1960, 6,89 kg 1955 und 4,1 kg 1951). Der Preis pro Kilogramm ist infolge der Rohstoffeinfuhr, der Steigerung aller Kostensätze und des schwerwiegenden Verlustes der Produktionskapazität aus den Gebieten jenseits der Oder-Neiße-Grenze und z. Z. auch denen der sowjetisch besetzten Zone gegenüber dem Preis vor dem 2. Weltkrieg erheblich gestiegen. Er beträgt z. Z. für die Tonne rund 650 DM bei Inlandspapier und rund 630 DM bei nordischem Einfuhrpapier. 1932 betrug er nur 210 M für die Tonne. Zu der Kostensteigerung des Papiers muß die Erhöhung der Durschnittsseitenzahl pro Zeitungsexemplar gerechnet werden. Die Durchschnittsseitenzahl je Ausgabennummer belief sich 1964 auf 22,8.

Die *Freiheit der Papierproduktion* und der *Papierzuteilung* ist eine Voraussetzung der Pressefreiheit. In der sowjetisch besetzten Zone Deutschlands erfolgt die Papierzuteilung unter starker Bevorzugung der SED-Presse nach politischen Gesichtspunkten. In der Sowjetunion ist die Papierzuteilung rein politisch bestimmt.

Die *Druckfarbe* und ihre Herstellung sind im allgemeinen ohne Einfluß auf die Gesamtherstellung der Zeitung gewesen. Früher war es Aufgabe des Druckers, seinen Farbenvorrat aus Ruß und Firnis vor dem Stadttor selbst zu kochen, was immer Anlaß eines frohen Festes war. (Die Feier des Johannistages als Fest der Buchdrucker ist bis heute erhalten.) Seit Anfang des 19. Jahrhunderts erfolgt die Herstellung der Farbe fabrikmäßig.

c) Vertrieb

Ist schon die Vervielfältigung der Zeitung an Schnelligkeit und Zahl immer gesteigert worden unter dem Zwang schleunigster Nachrichtenübermittlung, so wird auch die Auslieferung des fertigen Blattes an den Empfänger so schnell, so pünktlich und so sicher wie nur möglich zu vollziehen sein. Wir kennen drei Formen der Verbreitung: 1. den Straßenverkauf durch angestellte oder selbständige Händler, 2. den Vertrieb an feste Bezieher (Abonnenten) durch eigene oder fremde Beförderungsunternehmen, 3. das Abholen der Zeitung durch den Leser beim Verlag.

Diese letzte Form, heute nur in kleinsten Verhältnissen üblich und auch dort nur in geringem Umfang geübt, streitet sich mit dem Straßenverkauf um den Ruhm, erstes Vertriebsmittel der Zeitung überhaupt gewesen zu sein. Sicher sind Vorläufer der Zeitung und ihres Vertriebs, die sogenannten „Einblattdrucke“, auch „Neue Zeitungen“ genannt, die einmaligen, noch nicht periodischen Nachrichtendrucke des 15. und 16. Jahrhunderts, durch Ausrufen und Verkaufen auf Straßen, Messen und Märkten verbreitet worden, während die frühen periodischen Zeitungen wahrscheinlich durch Abholen beim Postmeister oder Drucker ihre Verbreitung fanden.

Die größte Rolle im örtlichen Vertrieb des Blattes an *feste Bezieher* (sogenanntes Abonnement, in Deutschland immer noch bevorzugte Form des Zeitungsbezuges, s. S. 125) spielt der Vertrieb durch „Austragen“ d. h. durch ein eigenes Botensystem. In großem Stil wird es erst seit dem Aufkommen der Massenpresse angewandt (etwa 1880). Gegenüber allen anderen mittelbaren

Vertriebssystemen, z. B. durch eigene Zeitungsspeditionsfirmen (s. S. 21) und auch durch die Post (s. unten), hat dieses Verfahren den großen Vorzug, eine unmittelbare Fühlung zwischen Verlag und Leser herzustellen. Name und Stand der Leser können leicht festgestellt werden. Die Trägerin wirbt selber neue Leser, da sie entweder eine Vergütung für Neubezieher erhält oder durch ihren Stücklohn an der Steigerung der Bezieherziffer interessiert ist. Eine Botenfrau bedient, je nach der Abgrenzung des Austragebezirkes, bis zu 200 Dauerbezieher. Bei weitgestreckten Absatzgebieten erfolgt der Vertrieb durch Nebenstellen (Filialen), deren in den Großstädten die Zeitungsbetriebe bis zu 60 unterhalten. Zu ihnen werden die Zeitungen durch Kraftwagen, Räder usw. gebracht, und diese Nebenstellen organisieren ihre eigenen Trägergruppen. Die Grenze der Leistungsfähigkeit einer Nebenstelle ist bei 20 000 Dauerbeziehern erreicht. Der größte Berliner Verlag vor 1933 unterhielt 2000 Zeitungträger. Die Zahl ist heute schwer feststellbar. Das Trägerproblem ist jetzt das schwierigste im Zeitungsvertrieb, da angesichts der begrenzten Bezahlungsmöglichkeit Arbeitskräfte auch aus der Gruppe der nur stundenweise Arbeitenden immer mehr in finanziell ergiebigere Tätigkeiten abwandern. So ist die Zahl der Austrägerinnen (meist sind es Frauen) fortdauernd rückgängig.

Den *Einzelabsatz* am Orte leisten neben Kiosken, Läden, Bahnhofsbuchhandlungen usw. die *Straßenhändler*, die in größter Beweglichkeit und oft mit gewiegter Verkaufstechnik den interessierten Leser zu finden wissen. Sie können *Zuschußhändler* sein, d. h. die Verpflichtung haben, nur Blätter eines Verlages nach dessen Anweisungen zu vertreiben. Sie erhalten dafür ein Fixum, eventuell auch uniformartige Kleidung, kaufen aber für einen Bedarf, den sie abschätzen, handeln also in der Hauptsache für eigene Rechnung. Der *freie Händler* hat im Gegensatz dazu diese Bindung an *einen* Verlag nicht. Er kann also verschiedene Blätter vertreiben und vertreibt sie, wo er will, doch ist auch sein Vertriebsgebiet oft durch ein Gewohnheitsrecht der Händler untereinander begrenzt. Allerdings sind auch die Zahlen der Straßenhändler rückläufig. Die Entwicklung des Straßenverkaufs hat in den Ländern, wo diese Vertriebsform die vorherrschende ist (Frankreich, England, Vereinigte Staaten), Formen angenommen, die wir in Deutschland nicht kennen, wo der feste Bezug trotz ansteigenden Straßenverkaufs z. Z. noch überwiegt (s. S. 126).

Jedes Blatt sucht sich über das enge Verbreitungsgebiet des Erscheinungsortes auszudehnen, dem städtischen Absatz einen

Provinzabsatz zuzugesellen und die „Provinz“ direkt und pünktlich zu beliefern. Das Reichspostgesetz vom 28. 10. 1871 schuf für den Zeitungsvertrieb ein Postregal, das heute nicht mehr in Kraft ist, sondern durch die Postzeitungsdienstordnung vom 28. 5. 1963 ersetzt wurde. Bei kapitalstarken Unternehmungen treten heute an Stelle der Beförderung durch die Post verlagseigene Vertriebsmittel, insbesondere Kraftfahrzeuge und für weitere Entfernungen auch Flugzeuge.

Teilweise bieten dem Verlag und seinen besonderen Verhältnissen auch *fremde Verkehrsmittel* zweckmäßige Vertriebsformen. In großen Städten können z. B. für den örtlichen Vertrieb selbständige Speditionsunternehmen (sogenannte Zeitungszentralen) die Zeitung verbreiten. Vielfach erfolgt die Verbreitung auch nach Vereinbarung für mehrere Verlage gemeinsam. Eine Einrichtung, von der die Blätter namentlich dann Gebrauch machen, wenn sie nicht stark genug sind, einen eigenen, das ganze Stadtgebiet deckenden Vertriebsapparat aufzubauen.
Am Orte bestellt die Post nur in kleinem, neuerdings, durch den Mangel an Trägern, auch in größerem Umfange. Entscheidend wichtig ist die unmittelbare Bestellung durch die *Postzeitungsämter* nach außerhalb. Diese Verbreitung durch sogenannte *Posteinweisung* macht die Post zur selbständigen Vermittlerin. Die Zeitung wird in geschlossenen Mengen beim Postzeitungsamt eingeliefert, dort durch ein besonderes Verfahren versandt und als offenes Einzelstück im Orte selbst oder auswärts durch regelmäßige Postbestellung auf die Postbezieher verteilt. Die Post erhält dafür eine durch Nummerngewicht und Nummernzahl bestimmte *Gebühr*. Bei der ständigen Bewegung und Wandlung des Bezieherkreises bedarf es zu dieser Betriebsform einer sehr durchdachten und genau ineinandergreifenden Verteilungsarbeit, deren Leistungfähigkeit aus folgenden Angaben erhellt:

Neben der „Einweisung“ ist es noch möglich, geschlossene Zeitungssendungen (bis zu 20 kg) als *„Postzeitungsgut“* einzuliefern. Es dient der paketmäßigen Beförderung von Zeitungen außerhalb des Erscheinungsortes. Die Pakete müssen dann von den Empfängern (Filialen, Botenfrauen, Händler usw.) unmittelbar nach der Ankunft der Post am Bahnhof in Empfang genommen werden. Die Weiterverbreitung übernimmt der Verlag.

1964 beförderte die Deutsche Bundespost insgesamt 914,4 Mill. Zeitungsnummernstücke. Zusätzlich wurden im gleichen Jahr 211,8 Mill. kg Postzeitungsgut befördert. Die Aufwendung der Post für diese Leistung betrug 150 Millionen DM. 10 % des Personals der Bundespost waren für den Postzeitungsdienst tätig[1]). Die Post versucht den dadurch entstehenden erheblichen Fehlbetrag durch eine Erhöhung der Gebühren (am 1. 1. 1967) und Vereinfachung der Zustellung herabzumindern. Da die Erhöhung den politisch wichtigen aber wirtschaftlich oft schwachen Teil der Presse besonders trifft, wird die Bundesregierung aufgefordert, die Kostenunterdeckung als „politische Last" anzuerkennen[2]).

Das Anwachsen des Straßenverkaufs ist gegenüber dem *Abonnement* fortgesetzt gestiegen. Von einer Druckauflage von 21,9 Mill. und einer verkauften Auflage von 19,7 Mill. wurden im *Abonnement* 11,37 (= 55 %), im *Einzelhandel* 8,34 (= 44 %) Mill. vertrieben[3]). Gegenüber 1952 ist der Einzelhandelsvertrieb um 367,3 %, der durch Abonnement nur um 16,5 % gestiegen. (Zur Frage der Auflage vgl. S. 130.)

d) Die Kosten der Redaktion

Erfüllt die Zeitung ihren öffentlichen Auftrag, so wird sie die Ergebnisse ihrer wirtschaftlichen Arbeit in erster Linie der Entwicklung ihrer publizistischen Aufgaben zuführen. Jedenfalls muß sie der Redaktion aus dem wirtschaftlichen Ertrage der Zeitung nach Möglichkeit zuleiten, was die geistig-politische Zielgebung der Zeitung fordert. Die Ausgaben für diese geistigen Leistungen erscheinen im Aufwand für die Redaktion.

Während die Ausgaben für Papier und Vertrieb beweglich mit der Auflage steigen und fallen, scheinen die Kosten für die Redaktion zunächst gleich zu bleiben. Es ist unmöglich, die Höhe der Redaktionskosten zur Höhe der Auflage in ein Verhältnis zu bringen, das auch nur mit der

---

[1]) Gutachten der Sachverständigenkommission vom 26. 1. 1966. Bundestagsdrucksache V 203 samt Beilage vom 10. 3. 1966.

[2]) vgl. Die Neuregelung des Postzeitungsdienstes. In: ZVuZV, 31/1966, S. 1338—40.

[3]) Engelmann, Hans, und Johann Krumm: Umsatz und Kostenanalyse deutscher Tageszeitungen 19/62/64. In: ZVuZV, 51—52/1965, S. 2558—2562.

Gültigkeit einer Regel festgesetzt werden könnte. Es gibt und gab immer Zeitungen, die trotz üppigster, in Massenauflage und Anzeigenplantage blühender Wirtschaftslage der Redaktion nur dürftigste Nahrung zugestehen. Hier galt und gilt Karl Büchers grimmiges Wort: „Eine Zeitung ist ein kapitalistisches Erwerbsunternehmen, das Anzeigenraum als Ware produziert, den es durch Beigabe eines redaktionellen Teiles absetzbar macht." Der redaktionelle Teil wird lästige Beigabe. Er muß so billig wie möglich geliefert werden.

Neben diesen Zeitungen stehen aber auch politische Blätter, große Blätter mit vornehmlich regionaler Bedeutung, Blätter mit stark kulturellem Wollen, Blätter kämpfender Haltung, die ihren Redaktionen oft mehr zukommen lassen als kaufmännisch möglich erscheint. Absicht ist auch hier, durch Wertsteigerung die Auflagesteigerung herbeizuführen, die dann auch dem gesamten Unternehmen zugute kommt. Ziel der rechten Verlagsführung ist eine *gesunde*, der Aufgabe der Zeitung dienstbare Wirtschaftsführung, wobei noch ein Drittes mitspricht: der *Leser*, das *Publikum*. Seinen Forderungen wird auch in der Ausstattung des redaktionellen Teils — zumal wenn mehrere Zeitungen im Wettbewerb stehen — die Zeitung entgegenkommen müssen, und so werden sich in Wechselwirkung zwischen dem Willen, dem Bildungsstand sowie der geistigen Grundrichtung des Leserkreises und der publizistischen Absicht der Redaktion gewisse Typen der Zeitung entwickeln, deren Charakter auch an den Ausgaben für den redaktionellen Teil abzulesen ist. Im *Gesamtaufwand* für die Herstellung der Zeitungen im Jahre 1964 liegen die Kosten für die Redaktion bei 15,7 %, die Kosten für die technische Herstellung und das Papier z. B. bei 45,2 %[1]).

In grober Unterteilung unterscheiden wir die *sachlichen und persönlichen Kosten der Redaktion*. Je nach dem Wertstreben der Zeitung, ihrem Willen zur Eigenart sowie nach der Vielfältigkeit ihrer Aufgaben, werden diese persön-

[1]) Engelmann/Krumm, a. a. O., S. 2560.

lichen Ausgaben steigen oder fallen. So schwankt die Personalbesetzung einer deutschen Redaktion gegenwärtig zwischen 1 und 140 festangestellten Redakteuren, wozu die auswärtigen Vertretungen hinzukommen. Gelegentlich ist der Verleger selbst zugleich Redakteur. Diese Fälle sind nach dem Kriege nicht nur bei sehr kleinen Blättern, wo sie oftmals auftraten, gegeben, sondern durch das System der Lizenzierungen häufiger geworden.

Unter den sachlichen Unkosten sind die für sogenanntes *„Redaktionsmaterial"* aufgewandten Summen zuerst zu nennen. Je nachdem eine Zeitung von und nur für sie beschafften Materials oder der Lieferung durch Korrespondenzen bedient, wird sie ihre Redaktion teuer oder billig bestreiten können, und das Maß ihrer Aufwendungen wird durch das Maß des Ertrages bestimmt sein, den sie in ihrem publizistischen Felde herausholt. Alle Ausgabensummen bleiben hier beweglich. Äußerlich kann leider an der Redaktion am ehesten gespart werden. An ihr wird aber auch immer am ehesten *falsch* gespart. Großzügige Ausstattung der Redaktion zum rechten Ausbau ihrer Aufgabe ist auf die Dauer beste Werbung für das Blatt. Geht wegen der Dürftigkeit des redaktionellen Teiles der Leser verloren, so versagt auch bald das Anzeigengeschäft.

In die gänzlich verschiedenartige Höhe der Kosten für die Redaktion ist nur dadurch eine Gliederung zu bringen, daß man unterscheidet zwischen Blättern mit überwiegend *eigener* Arbeit und Blättern mit überwiegend fremder oder typisierter Stoffbeschaffung. Die vor dem Kriege übliche klischierte Stofflieferung ganzer Zeitungen in Matern findet heute keinen Markt mehr. Jedoch haben sich in Gestalt von *Zeitungsringen* mittlere und kleinere Zeitungen zusammengeschlossen, die entweder gemeinsame Redaktion oder gemeinsame Anzeigenwerbung oder beides (vgl. S. 30) unterhalten. Auch der gemeinsame Betrieb von Bonner Vertretungen oder Auslandsvertretungen führt zu einer Verbilligung, häufig auch zu einer Wertsteigerung des gemeinsam finanzierten Redaktionsmaterials. Trägt man noch Sorge, daß kein anderes Blatt innerhalb des eigenen Absatzkreises diese gemeinsamen Dienste bezieht, so ist das Blatt in der Lage, trotz Senkung der redaktionellen Kosten für sein Gebiet einmalig zu sein. Im Nachrichtendienst ist der Bezug der *gleichen* Nachricht auch für die im Wettbewerb stehenden Blätter notwendig. Es sind, wie oben (I, S. 70) gezeigt wurde, nur wenige Nachrichtenbüros in der Lage, einen allgemeinen großen Weltdienst zu unterhalten. Auf diese wenigen Büros bleiben zur Grundunterrichtung die meisten Blätter angewiesen, auch soweit sie durch eigenen Dienst sich selbständig ergänzen.

Als Ergebnis ist festzustellen:

Die Kosten der Redaktion sind nach Größe und Typ des Blattes und nach den Möglichkeiten der Stoffbeschaffung unterschieden, sie sind aber die wichtigsten Ausgaben, denn sie bedingen die publizistische Wirkung des Blattes, dessen wirtschaftlicher Gewinn ihnen also bevorzugt zur weiteren Wert- und Wirkungssteigerung zufließen sollte.

Das *Verhältnis der Ausgaben untereinander* bleibt beweglich je nach Typ, Verbreitung, Auflage und geistig-publizistischer Art der einzelnen Blätter. Aus dieser Tatsache folgert das *Kostengesetz* der Zeitung, das nach kurzer Darstellung der Einnahmenseiten besonders zu entwickeln ist (S. 145).

3. Die Einnahmen

a) Verkauf

Die ihr wesentlichen Einnahmen der Zeitung sind die Einnahmen aus Verkauf und aus Anzeigen. Der Verkauf erfolgt *im festen Bezug* (Abonnement) oder *im Nummernabsatz* (Straßenhandel).

Der feste Bezug, das Abonnement, ist „ein Vertragsverhältnis, bei dem eine Reihe von zeitlich aufeinanderfolgenden Leistungen durch eine Bauschsumme („Pauschal-") vergütet wird, die niedriger ist, als der Gesamtbetrag der Einzelpreise für diese Leistungen sein würde" (Bücher). Das Abonnement stellt also eine zeitliche Bindung dar, ein gewisses Vertrauensverhältnis auf Zeit, einen Vertrag zwischen dem Leser und der Zeitung. Die *Dauer* dieses Vertrages hat sich im Laufe der Geschichte der Tageszeitung ständig verkürzt. Wurde der Einblattdruck seiner Natur entsprechend im Einzelverkauf abgegeben, so war in dem Augenblick, wo die Periodizität, die Regelmäßigkeit des Erscheinens, die einzelnen Zeitungsnummern unter sich verband, auch die Bindung an den Leser notwendig gegeben, damit der Drucker sicher rechnen konnte. Die erste feste Bezugszeit war ein Jahr. Erst zu Beginn des 19. Jahrhunderts setzte sich der halbjährliche und später der vierteljährliche Bezug durch. Mit Aufkommen der Generalanzeigerpresse wurde der Monatsbezug häufig, und Ende des Jahrhunderts — mit der Begründung der „Berliner Morgenpost" — kommt 1898 der *Wochenbezug* auf. Neuerdings setzt, aus Mangel an Personal, zum Einholen des Abonnementsgeldes (auch die Post möchte vom Inkasso wegkommen) eine umgekehrte Entwicklung ein. In einer Reihe europäischer Länder ist man auf das Viertel- oder Halbjahresabonnement zurückgegangen. In Deutschland plant man ähnliches.

Bestrebungen bestehen, selbst die regionale Presse auf *Nummernverkauf* umzustellen. Der Absatz würde sich dann im Straßenverkauf oder durch Kioske und Läden vollziehen. In den anglo-amerikanischen Ländern und in Frankreich ist diese Vertriebsform stets bevorzugt gewesen. In *Deutschland* wurde sie Anfang dieses Jahrhunderts zum erstenmal für die damalige „B.Z. am Mittag" in Berlin durchgeführt (1904). Diese Verkaufsform wurde die Vertriebsform der Straßenverkaufspresse (Boulevardpresse) als eines besonderen Zeitungstyps. Seine Eigenart ist eine heftig leseanreizende typographische Aufmachung durch plakatartigen Umbruch der ersten Seite und eine Ausrichtung des Inhalts besonders auf den Großstadtleser. Stofflich sucht das Straßenverkaufsblatt durch besonders packende, leichte und spannende Form den Leser auch da zu fassen, wo er im Lärm der Straße und der Verkehrsmittel tote Stunden auszufüllen bemüht ist. Die *Auflage* der Boulevardblätter ist, im Gegensatz zu dem auf feste Kundschaft bauenden Absatz, von der Ausstattung der ersten Seite, dem allgemeinen Augenblicksinteresse an sensationellen Dingen und dem Wetter abhängig. Wirtschaftlich ist sie daher schwerer zu berechnen, und die Herausgabe von Boulevardblättern war im allgemeinen Großverlagen vorbehalten, die darin eine weitere Ausnutzung der in ihren Maschinen angelegten Kapitalien sahen. Nach dem 2. Weltkrieg und in Ausnutzung der stark auf erregende Sensation, krasse Außerordentlichkeiten, Verbrechen, Natur- und Lebenskatastrophen und Sex in Wort und

Bild gerichteten Interessen breiter Massen trat in Deutschland die eigene Bilderzeitung nach angelsächsischen Vorbildern auf. Sie ist heute in fortschreitender Entwicklung (Aufl. usw. siehe S. 29).

Der *Preis* der Tageszeitung, d. h. zunächst des festen Bezugs, wurde, weil man mit dem „Zeitungsschreiber" ursprünglich einen Leistungsvertrag geschlossen hatte, lange Zeit hindurch *nach* der Lieferung bezahlt, obgleich der Abonnementsvertrag längst ein Lieferungsvertrag geworden war. Bis ins 19. Jahrhundert hinein sind die Blätter voller Klagen ob der unregelmäßigen Zahlung dieser Abonnementsbeträge. Zu Anfang des 19. Jahrhunderts gehen dann einige Blätter entschlossen zur Vorauszahlung über, die übrigen folgen bald. Der Preis der Zeitung war im allgemeinen anfangs so hoch, daß sie ein Gegenstand des Massenverbrauchs zunächst nicht werden konnte. Auch der Bildungsstand der Masse machte das damals unmöglich. Bis in die Mitte des 19. Jahrhunderts und in Deutschland bis in die 70er Jahre war der regelmäßige Zeitungsbezug nur den begüterten Schichten vorbehalten. Daher waren auch die geistigen Anforderungen der Zeitung, seit sie als Mittel des Meinungskampfes eingesetzt wurde, zunächst nur den gebildeten Schichten angepaßt. Die Masse las Zeitungen nur selten. In erregten Zeiten wurden die Blätter öffentlich vorgelesen. Weniger begüterte geistige Arbeiter (Lehrer, Beamte, Schriftsteller, Studenten) erlaubten sich gleichfalls keine Abonnements, sondern lasen die Zeitungen in Caféhäusern und „Zeitungs(lese)hallen". Sie wurden (in Deutschland und Frankreich namentlich im Vormärz) zu Sammelpunkten politisch Interessierter (Caféhaus-Journalismus) und zu Keimzellen der Parteien.

Nach dem ersten Drittel des 19. Jahrhunderts setzt dann in allen Zeitungsländern, zuerst in Amerika, zuletzt in Deutschland, ein starker und ständiger Rückgang der Zeitungspreise ein. Damit fällt auch die Aufhebung der Zeitungssondersteuer (Stempel!) und der Anzeigenmonopole (staatliche „Intelligenzkontore" in Preußen 1851 aufgehoben) zusammen. *Die Zeitung wird volkstümlich.*

Zuerst gelang es in den *Vereinigten Staaten* mit Erfolg dem New Yorker Verleger *James Gordon Bennett,* im Jahre 1835 ein Blatt, den „New York Herald", zu gründen, dessen Preis er auf 1 Cent herabsetzte, während die übrige Presse noch 6 bis 8 Cent forderte. Das Blatt ließ jeden politischen Kampf beiseite und sammelte durch Appell an das Menschliche und Alltägliche, an Humor, Witz und Sentimentalität sowie durch praktische Beratung und Unterrichtung des Lesers (Redaktionsgrundsätze der Massenpresse) bis dahin nie erreichte Lesermassen um sich[1]).

In *Frankreich* verbilligte fast zur gleichen Zeit *Emile de Girardin* am 1. Juli 1836 den Preis seines Blattes „La Presse" von 80 auf 40 Franken. Er förderte diesen Massenabsatz, indem er besonders das Feuilleton pflegte und den Zeitungsroman einführte. Die Zahl der verbrauchten Zeitungsbogen stieg in Paris in 10 Jahren von 42 Millionen auf 80 Millionen Stück, die Zahl der festen Bezieher von 70 000 auf 200 000[2]).

In *England* vollzog *Colonel Sleight* die gleiche Entwicklung, indem er nach dem Fall der Stempelsteuer mit dem Preis des „Daily Telegraph" auf 1 Pence (gegen 3—5 bei der übrigen Presse) herunterging. Der Grundsatz der Massenzeitung ist dann später in England durch Alfred Harmsworth (Lord Northcliffe) in der „Daily Mail" zu außerordentlichen Erfolgen gesteigert worden (1896)[3]).

In *Deutschland* ist *August Scherl* der erste erfolgreiche Begründer der Massenzeitung großen Stils. Mit dem *„Berliner Lokalanzeiger"* setzte er 1883 ein Blatt in die Welt, das eigentlich gar nichts kostete, da die monatlich bei völlig freier Zustellung gegen Quittung erhobene Summe von 10 Pfennigen mehr zur Kontrolle der Trägerinnen denn als Bezahlung galt. Scherl entwickelte auch den Inhalt seines Blattes durchaus im Massenstil. Er hielt es zunächst ganz unpolitisch und pflegte den lokalen Teil besonders. Er legte Sorgfalt auf volkstümliche Darstellung. Er brachte Bilder, Lebens- und Rechtsberatung und einen spannenden Roman. So gelang es ihm, den Lokalanzeiger schon nach wenigen Wochen auf die — notariell belegte — Auflagenhöhe von 152 000 zu bringen, eine Ziffer, die damals noch von keiner Tageszeitung erreicht worden war. Ende des Jahrhunderts folgte

---

[1]) Dovifat, E.: Der amerikanische Journalismus, a. a. O.
[2]) Schauseil, A.: Emile de Girardin, a. a. O.
[3]) Grünbeck, M.: Die Presse Großbritanniens, 2 Bde., Leipzig 1936, Bd. I, S. 25 ff.

im Generalanzeigerstil die *„Berliner Morgenpost“*, die es in den Nachkriegsjahren auf eine Auflage von 700000 Stück brachte[1]). Diese Massenblätter haben mit ihren kräftigen finanziellen Erträgen oft gediegenen Qualitätszeitungen zu einem wohlversorgten und publizistisch bedeutsamen Dasein verholfen. Diese im Interesse des Ansehens des deutschen Journalismus erfreuliche Symbiose, dieses zweckmäßige publizistische Zusammenwirken von zwei verschiedenen Zeitungstypen ist nach dem 2. Weltkrieg bisher nur im Gebiet der Zeitschrift zu beobachten. Es haben sich aber volkstümliche Massenblätter mit deutlich gesinnungsmäßiger Grundrichtung entwickelt (vgl. S. 29). Eine Verbindung also zwischen der breiten Linie der Generalanzeiger und den gesinnungsmäßigen Blättern älteren Stils. So ist ein neuer gehobener Typ entstanden: die große *Regionalpresse.* Dieser Typ vereinigt da, wo er gut gemacht ist, die Zugkraft der alten Generalanzeigerpresse mit einer, z. B. in Beilagen gepflegten Qualität und einer, zwar nicht mehr bekennenden aber in der Gesamthaltung deutlichen politischen Linie (vgl. S. 42). Gleichzeitig nahm die „Zeitung im Direktverkauf“, die *Boulevardpresse,* einen großen Aufschwung. In der Bundesrepublik und Westberlin erreicht sie heute mehr als 32 % der Gesamtauflage. Einschließlich der z. T. auch im Straßenverkauf vertriebenen Regionalpresse steigt der Einzelverkauf auf 8,5 Millionen von einer Gesamtauflage von 20 Millionen[2]).

Im allgemeinen Wettbewerb mit den seit 1880 in Deutschland aufkommenden volkstümlichen Massenblättern senkten auch die alten politischen Blätter ihre Preise und entwickeln ihre Anzeigenteile. Die manchmal zu weitgehende Verbilligung im Wettbewerb zwang dazu, für die Gestehungskosten sich immer mehr auf die Anzeigenerträge zu stützen, was der Unabhängigkeit mancher Zeitungen oft zum Verhängnis wurde. Näheres darüber ist im Vergleich der Einnahmen und Ausgaben gesagt (vgl. S. 146). Die heutigen Preise der Tagespresse in Deutschland liegen je nach

[1]) vgl. Dovifat, E.: Die Anfänge der Generalanzeigerpresse. In: Archiv f. Buchgewerbe u. Gebrauchsgrafik, Mai 1928. Dovifat, E.: Die Zeitungen, Gotha 1925. — Mendelssohn, Peter de: Zeitungsstadt Berlin. Menschen und Mächte in der Geschichte der deutschen Presse, Berlin 1959.

[2]) Auflagen 4. Vierteljahr 1965. In: ZVuZV, 13/1966, S. 455 — Die Analyse Zeitungsleser 1966, a. a. O., S. XII, gliedert in 3 Gattungen a) Nationale Abonnementszeitungen (bisher „überregionale Presse“) b) „regionale und lokale Abonnementszeitungen“ (bisher Regionalpresse) und „Kaufzeitungen“ (bisher Zeitung im Direktverkauf, Boulevardpresse).

Erscheinen und Umfang etwa zwischen 4,— DM und 7,— DM monatlich, die Straßenverkaufsblätter zwischen 15 und 20 Pfennigen. Die Bezugspreise der Zeitungen sind, gemessen am Anwachsen ihrer Gestehungskosten, geringer geblieben.

Über *Auflagenhöhe* in ihren Grenzen nach oben und unten unterrichten nachfolgende Angaben aus dem Jahre 1966. Höchste Druckauflagen in Deutschland:

Bild-Zeitung	4,8 Millionen
Westdeutsche Allgemeine, Essen	0,492 Millionen
Hamburger Abendblatt	0,350 Millionen

Als ausländische Beispiele seien nachfolgende Spitzenauflagen genannt:

Asahi Shimbun, Tokio	8,5 Millionen
Prawda, Moskau	6,3 Millionen
Daily Mirror, London	5,0 Millionen
Daily Express, London	4,3 Millionen
Daily News. New York	2,3 Millionen
France Soir, Paris	1,5 Millionen

Als kleinste Auflage in Deutschland wurde ein Blatt mit einer Auflage von 200 Stück ermittelt. Höher als die der Tageszeitung liegen die Auflagen der Zeitschriften. Eine deutsche Rundfunkillustrierte erreicht 4,25 Millionen. Höchste Zeitschriftenauflage der Welt erreicht *Readers Digest,* das in 14 Sprachen erscheint und 26 Millionen druckt. Höchste Zeitschriftenauflage einsprachig: News of the World, London, mit 6,5 Millionen. (Über den Begriff der Zeitschrift vgl. I, S. 14).

b) Anzeigen

Gleich der Nachricht ist auch die *Anzeige* eine Mitteilung (Bd. I, S. 59), doch ist sie nicht immer eine Nachricht, denn nicht das Interesse des die Mitteilung Empfangenden ist hier das Wichtigste und erst recht nicht ihre allgemeine und öffentliche Bedeutung. Anzeigen sind Bekanntmachungen, bei denen meist das Interesse des Bekanntmachenden bestimmend ist. Zum überwiegenden Teil sind sie im privaten Interesse *werbende* Bekanntmachungen. Wert und Berechtigung dieser Werbung entscheiden ihre öffentliche Bedeutung. Zunächst bleiben die Mitteilungen meist privater Natur. Sie werden in die Zeitung gegeben und ihr in den meisten Fällen bezahlt, weil sie die öffentliche Verbreitung der Zeitung und das damit verbundene öffentliche Vertrauen in wirksamer, wirtschaftlich und auch rechtlich durchaus berechtigter Form, aber doch zu *privaten* Zwecken nutzen.

Anzeigen sind Bekanntmachungen, die sichtbar dem Interesse des Bekanntmachenden dienen und daher meist bezahlt werden.

Weil aber die Anzeige sichtbar dem Interesse dessen, der sie gegeben hat, dient, ist sie vom redaktionellen Teil, der nur öffentlichen Interessen zu dienen hat, deutlich zu scheiden.

Der Anzeigende nutzt also die Verbreitung, die Publizität (franz.: publicité, engl.: publicity) der Zeitung für seine privaten Zwecke. Zu seinem Nutzen macht er seine Mitteilung (engl.: „advertisement“, ältere deutsche Formen „Advertissement“, „Notification“). Daß dabei diese privaten Zwecke gelegentlich von öffentlichem Interesse sein können (wie z. B. bei der amtlichen Anzeige), ändert nichts an der Tatsache, daß damit zunächst den Aufgaben der Ämter gedient ist, in deren Dienstbereich die Verwaltung dieser Interessen fällt.

Die Anzeige ist so alt wie die Zeitung. Schon in Einblattdrucken fanden sich gelegentlich Anzeigen. Durch das sogenannte *Intelligenzwesen* wurde im 17. und 18. Jahrhundert die Anzeige zum Gegenstand geschäftlicher Ausbeute und vielfach zum Staatsmonopol gemacht (so in Preußen bis 1850). Die Freigabe erfolgte in der ersten Hälfte des 19. Jahrhunderts, in einem Zeitabschnitt also, wo volkswirtschaftlich für die einzigartige Entwicklung der Anzeige alle Vorbedingungen gegeben waren. Es begann das Industriezeitalter. Endgültig wurde mit der *Kunden*produktion (Bestellung beim Handwerker) gebrochen. Man ging zur Produktion für den *Markt* über, die planmäßige Anregung des Absatzes der auf den Markt gebrachten Ware verlangte. Reklame wurde notwendig. Jetzt erst beginnt die für die Zeitung so wichtige, bisher nur in Anfängen sichtbare Entwicklung der *Geschäftsanzeige.*

Schon mit dem zweiten Drittel des 19. Jahrhunderts werden in den *Anzeigenexpeditionen* selbständige Hilfsgewerbe der Zeitungen groß, die den Geschäftsverkehr zwischen Zeitung und Anzeigenkunden vermitteln, beraten, anregen und vereinfachen (1855 Gründung der Anzeigenexpedition *Haasenstein u. Vogler* in Hamburg). Heute sind sie zu „Anzeigenmittlern", zu „Werbeagenturen" entwickelt. Maßgebenden Einfluß gewinnt dann die Anzeige auf das Zeitungswesen des 19. Jahrhunderts in seiner Entwicklung zur Massenpresse (s. I, S. 128).

Es ist falsch, die *Anzeige als solche* mit den Fehlwirkungen zu belasten, die sie hervorbrachte, wo sie falsch genutzt wurde. Sie erfüllt eine wichtige volkswirtschaftliche Aufgabe. Ihr verdankt auch die Zeitung ein gut, heute sogar meist den größeren Teil wirtschaftlicher Mittel, die sie braucht, um im Preise billig zu sein (s. S. 146) und auch ihren publizistischen Aufgaben gerecht zu werden. Die Anzeigeneinnahmen ermöglichen die Erweiterung des Textteiles, die Verbesserung der typographischen Ausstattung, einen großzügigen Ausbau des Nachrichtendienstes, stärkere Personalbesetzung der Redaktion und die wachsende Schnelligkeit der Verbreitung. Nur aus der wirtschaftlichen Stütze des Anzeigenteiles zog die Zeitung die Mittel, dem öffentlichen Leben in all seiner Vielfältigkeit zu folgen. Die daraus entstehenden Werte kommen dem Leser zugute, die daraus erwachsenden Kosten trägt zu einem guten Teil der Anzeigenkunde (vgl. S. 147), der wiederum die öffentliche Verbreitung in seinem Interesse nutzt. Somit gilt zusammengefaßt:

Die wirtschaftliche Ausnutzung der Anzeige ermöglicht der Zeitung den Ausbau ihrer geistigen Aufgabe, kann ihr aber ebenso die Gefahr einseitigen Erwerbsstrebens und geistiger Abhängigkeit bringen. Die Anzeigeneinnahmen senken den Bezugspreis und ermöglichen damit erst den Massenabsatz.

Nach diesem wirtschaftlichen Vorgang erst war es möglich, daß wirklich die breite Masse zum Zeitunglesen kam und völlig neue Leserschichten erschlossen wurden.

1. Die Anzeigenarten

Nicht jede Anzeige dient der *Werbung*. Sie ist zunächst nur eine bekanntgegebene Mitteilung, die oft rein amtlicher oder auch nur persönlicher Art sein kann. Andere Anzeigen gelten schon in der Ankündigung als „Bekanntmachungen". Sie können dann amtlich sein (Amtliche Anzeigen) oder persönlich (Familienanzeigen). Wo Anzeigen werbend sind, können sie *einen* Umworbenen suchen und also einmalig sein („Kleine Anzeige") oder sich an *viele* wenden und mit Wiederholung arbeiten (Geschäftsankündigungen, Reklamen).

„Amtliche Anzeigen" sind in der Zeitung nicht nur als Einnahmen willkommen. Sie bringen ihr auch viele Leser. Eine Zeitung, die sich als „Amtliches Bekanntmachungsblatt" behördlicher oder politischer Stellen bezeichnen darf, tut das gern und mit Nutzen.

Die *Familienanzeigen* verkünden Geburt, Verlobung, Hochzeit, Tod dem Kreise der Freunde und Bekannten. Wird ein Blatt für die Bekanntgabe der Familienanzeigen bestimmter Kreise und Gruppen bevorzugt, so erhält es dadurch eine Charakterisierung, die oft, wenn auch nicht immer, geschäftlich günstig ist.

„Kleine Anzeigen" sind alle Anzeigen, „bei denen es sich weder um Bekanntgabe von Tatsachen (Familien- und amtliche Inserate) noch um die Veröffentlichung von Vorgängen handelt, die sich aus dem geschäftlichen Charakter des Inserenten herleiten lassen" (Huck). Am deutlichsten sind sie wohl dadurch gekennzeichnet, daß sie es *nirgends auf Massenwirkung abgesehen haben*. Sie suchen, im Gegensatz zur Geschäftsanzeige, gleichsam nur *einen* Partner zur Miete, zum Kauf, zum Verkauf, zur Ehe, zum Sport. Man sucht den Finder, den Verlierer, den Lehrer, den Schüler, den Darlehensgeber oder -nehmer, den Arbeitgeber oder -nehmer, den Wanderer, den Reisegenossen und den Skatbruder. Die Kleinen Anzeigen sind ein Markt, auf dem aber nicht geschäftlich eine Masse gleichwertiger Ware abgesetzt wird, sondern wo Tausende von Einzelangeboten eine einmalige Nachfrage vollziehen. Dem trägt auch die typographische und geschäftliche Form der Kleinen Anzeige Rechnung. Sie ist möglichst billig (Bezahlung nach Worten), jedem zugänglich, in Gruppen zusammengestellt und erlaubt den anonymen Auftrag *(Zifferanzeige)*. Das zeigt ihren einmaligen und persönlichen Charakter. Die Kleine Anzeige ist der Anzeigentyp, der dem privaten

Anzeigenbedarf des Massenlesers entspricht. In ihrer heutigen Form, als große Tausch- und Vermittlungbörse gerade der Minderbemittelten, taucht sie aber erst mit dem Emporkommen der modernen Massenpresse in diesem Umfange auf. Ihre finanzielle Bedeutung für den Verlag ist hoch einzuschätzen. Sie ist bar bezahlt und erfordert keine Provisionen. Dafür kann sie im Preise niedriger stehen als etwa Geschäftsanzeigen. In den letzten Jahren werden die „Kleinen Anzeigen“ auch zu Reklamemitteilungen von Geschäftsunternehmen genutzt, was ihrer ursprünglichen Natur entgegensteht, aber eine Fortentwicklung darstellt, die wohl nicht zu vermeiden ist.

Geschäftsanzeigen sind die eigentlichen Werbeanzeigen und Mittel der Wirtschaftswerbung. Die Bezeichnung bestimmter Anzeigen, die über oder neben dem Text in der Spaltenbreite des Textteiles stehen und meist besser bezahlt sind als sogenannte „Reklamen“, ist insofern irreführend, als *jede* Geschäftsanzeige der Reklame dient. Alle werden also von Geschäftsleuten aufgegeben, denen die Verbreitung der Zeitung Gelegenheit bietet, ihre Ware, ihr Hotel, ihre Veranstaltung, ihr Theater bekanntzugeben. Zeitungswirtschaftlich sind sie, wie oben gezeigt wurde und noch zu belegen ist, für das Blatt von großer Bedeutung, allgemein-volkswirtschaftlich haben sie als Werbemittel gleichfalls ihre feste Aufgabe.

2. *Zeitungsanzeigen als Werbemittel*

Werbung, ganz allgemein, ist planmäßige Beeinflussung eines anderen zu bestimmten Willensäußerungen und Handlungen. Jeder menschliche Zweck kann Inhalt einer Werbung sein. Im öffentlichen Leben tritt sie uns entgegen als *Propaganda*, dann ist sie planmäßig geordneter Einsatz persönlicher, geistiger und technischer Führungsmittel zur Eroberung der breitesten Öffentlichkeit für ein publizistisches Ziel. Weiter tritt die Werbung auf als Agitation, dann ist sie eine rücksichtslos kämpfende und überwältigende Form der Propaganda, die einen Gegner in schneller, mit allen Mitteln geführter Aktion überwindet, oder Werbung ist schließlich *„Wirtschaftswerbung"*, früher Reklame genannt[1]).

Schon das Wort „Reklame" schreit (von lateinisch „reclamare" = immer wieder rufen). Daher der Versuch, das Wort zu meiden, es durch *„Wirtschaftswerbung"* zu ersetzen oder zur „Public Relations" zu entwickeln (vgl. I, S. 113). „Reklame ist Werbung für Privatinteressen, die mit dem Anspruch öffentlicher Wertung auftritt." „Ein behaupteter Wertanspruch mündet schließlich in eine private Aktion" (Schultze-Pfälzer). Daher das Widerspruchsvolle in der Reklame, dann z. B., wenn sie im Gewande der Nächstenliebe auftritt, oder wenn sie suggestiv behauptet, die ganze Öffentlichkeit beglücken zu können. („Große Preisherabsetzung, unsere Ware: fast verschenkt.") Diese Zwiespältigkeit ihrer Natur führt dazu, daß sie sich oft selber nicht ganz ernst nimmt. Sie wird dann besonders wirksam (lustige Wirtschaftswerbung, Humor in der Werbung).

Der *Anzeigenteil* der Zeitung ist eine wesentliche Kraft innerhalb der *Wirtschaftswerbung*. Man hat die Reklame als eine Auswirkung der „inneren Unruhe unseres Zeitalters" bezeichnet. Das ist einseitig. Sie ist in der freien Welt und ihrer freien Wirtschaft eine unentbehrliche wirtschaftliche Notwendigkeit. Ferdinand Tönnies nannte vor noch nicht 60 Jahren die Reklame eine „unproduktive Vergeudung von Arbeit und Arbeitsmitteln" und verallgemeinerte damit nur einen möglichen Mißbrauch.

Mit dem Übergang der Wirtschaft von der Kunden- zur Marktproduktion wird, wie schon gezeigt wurde, die Wirtschaftswerbung ein natürliches Mittel, die Nachfrage über das Angebot zu unterrichten; sie führt die Ware in den Massenabsatz, verbreitet die Ware in ihrer durch die Werbung bekannten und fixierten Qualität („Markenartikel"), nachdem sie durch den sicheren Kundenzulauf die ver-

[1]) Zum Gesamtgebiet der Werbung vgl.: Seyffert, R.: Werbelehre. Theorie und Praxis der Werbung, 2 Bde., Stuttgart 1966; Hundhausen, C.: Grundriß der Werbung, Düsseldorf 1960; Holzschuher, L. v.: Grundlagen der Werbung, Essen 1956.

billigte („marktgerechte") Massenherstellung ermöglicht. Kein Massenverbrauchsartikel, angefangen von der Nähmaschine über das Fahrrad bis zum Fernsehgerät, würde ohne eine zielbewußte Werbung auf erreichbare Preise und gesicherte Qualität gebracht worden sein. Dieser volkswirtschaftlich wertvolle Vorgang ist natürlich nicht vorhanden, wenn eine schlechte Ware durch eine reißerische Werbung in den Konsum gepreßt oder wenn wirtschaftliche Werte durch eine unwirksame Reklame vergeudet werden. Jede *gute* Werbung erfolgt daher auch sprachlich und graphisch in wirksamer Form guten Geschmackes. Über die unmittelbare Absatzförderung hinaus will die Werbung heute mehr. Sie will den Verbraucher unter ständigen Einfluß nehmen und damit auf die Entwicklung der Nachfrage einwirken, der Wirtschafts- und Rohstofflage angepaßt, wenn die Lage das erfordert. Kühne Theoretiker glauben sogar, durch eine berechnete Werbeführung in einer Krise die rückgängige Konjunktur aufhalten, neuen Bedarf wecken und für „neue Lebensbedürfnisse neue Käuferschichten" gewinnen zu können, was zur Überwindung der Krise führen soll[1]). Die Werbung ist in jedem Falle ein Element der wirtschaftlichen Konjunktur und in ihr und für sie sehr wesentlich. Sie ist daher psychologisch, graphisch und ästhetisch als selbständige Disziplin wissenschaftlich und praktisch durchgebildet. Die für das Anzeigenwesen bestehenden Anzeigenagenturen leisten heute u. a. auch allgemeine Werbeaufgaben. Werbeagenturen übernehmen die Beratung und das Studium des Produktes, des Marktes, des Verbraucherverhaltens und der Wettbewerbsverhältnisse[2]). Der gesättigte Verbrauch in einer Konjunkturwirtschaft wird durch

---

[1]) Mautner-Markhof, M.: Wirtschaftspolitische Aspekte der Werbung. In: Die Anzeige, 5/1959, S. 314—322, spricht geradezu von einer „antizyklischen Werbepolitik", die eine Krise ebenso überwindet, wie es Sache wirtschaftspolitischer Stellen ist, eine antizyklische Konjunkturpolitik zu entfalten. Wenn das funktioniert, wäre Karl Marx durch die Werbung überwunden.

[2]) vgl. Strauf, Hubert: Die moderne Werbeagentur in Deutschland, Essen 1959. Die in der „Gesellschaft Werbeagenturen" (GWA) zusammengeschlossenen 27 Agenturen, darunter die meisten „Full Service"-Agenturen, die für große Firmen der Markenartikelindustrie den gesamten Werbedienst leisten, be-

dieses Werbeaufgebot naturgemäß in immer andere Anregung, in eine Vielfalt neuer, oft luxuriöser und in einem schnellen Wechsel begriffenen Bedürfnisse getrieben, in eine „Variationsbreite“ des Verbrauches, die den Lebensstandard nicht nur steigert, sondern auch innerlich vermannigfaltigt und mit der Mode und dem Typenwechsel immer in Bewegung hält.

Die Werbetechnik selbst geht bis ins Unbewußte mit tiefenpsychologisch berechneten Mitteln[1]). Sie hat auch breite Verbrauchermassen an Waren herangeführt, die früher zwar erstrebt aber nicht erreicht wurden, und hat damit auch die Lebenshaltung im Ganzen, nicht nur zum Luxus hin, sondern zu einer besseren und bequemeren Lebensart entwickelt (Seifenverbrauch, Nahrungsdifferenzierung, Haushaltsmaschinen). Die damit ebenso verbundenen massenpsychologischen Gefahren, wirtschaftliche Rückschläge und andere Auswirkungen, liegen auf der Hand, ebenso die Möglichkeit schweren Mißbrauchs[2]). Aber als Ganzes ist die moderne Werbung — und in ihr der Anzeigenteil der Zeitung — in der Volkswirtschaft und im gesellschaftlichen Leben unentbehrlich geworden.

Das erhellen die nachfolgenden Angaben. Nach internationalen Berechnungen beträgt die Aufwendung für Wirtschaftswerbung in den der modernen Großwirtschaft aufgeschlossenen Ländern der Welt rund 2% des jeweiligen Volkseinkommens, je nach der Zahl des einbezogenen Werbeträgers. Das Volkseinkommen in der Bundesrepublik belief sich im Jahre 1965 auf 341,5 Milliarden[3]), die Werbeumsätze (Zeitung, Zeitschrift, Rundfunk, Fernsehen, Anschlagwerbung) erreichen für 1965 jedoch nur 4,1 Milliarden, bleiben also vor den Werbeumsätzen anderer moder-

---

treuen mit rund 6000 Mitarbeitern ein Werbevolumen von rund 1,2 Mrd. DM (Jahresbericht 1965. Beilage in ZVuZV, 6/1966). — Über den Beruf des Werbeleiters: Troost, Hubert: Berufe in einer Werbeagentur, Düsseldorf 1961.

[1]) vgl. Packard, Vance: Die geheimen Verführer, Berlin 1963. — Der Anzeigenmarkt von morgen. In: ZVuZV, 17/1960.

[2]) vgl. Packard, Vance: Die große Verschwendung, Düsseldorf 1960, und Dichter, Ernest: Strategie im Reich der Wünsche, Düsseldorf 1961.

[3]) vgl. Wirtschaft u. Statistik, 1/1966.

ner Großwirtschaften noch zurück. Eine andere Berechnung legt für die Werbeumsätze 2,5 % des privaten Güterverbrauchs um. Der private deutsche Güterverbrauch belief sich 1965 auf 255,6 Milliarden. Auch dann bleiben die deutschen Werbeausgaben hinter dem internationalen Satz zurück. In den USA betragen die gesamten Werbeaufwendungen 1965 14,9 Milliarden Dollar, in Großbritannien 1,6 Milliarden Dollar. Dänemark gab 1964 nur 1,4 %, Italien sogar nur 0,3 % seines Volkseinkommens für Werbung aus.

Der *Gesamtwerbeaufwand* ist für 1964 auf rund 10 Milliarden geschätzt[1]). Für Zeitung und Zeitschrift ist er besonders berechnet. Es wurden für Anzeigen im Jahre 1965 ausgegeben insgesamt 3,43 Milliarden, davon für:

Zeitungen	1932 Millionen
Zeitschriften	1507 Millionen
	3439 Millionen[2])

Der Vorsprung der Zeitungsanzeige vor der Zeitschriftenanzeige ist langsam im Abfallen. Es ist in der Natur der Zeitung begründet, daß sie ein bevorzugter Anzeigenträger ist. Das ist auch in den großen Zeitungsländern der Welt einschließlich Amerika nicht anders. Täglich und täglich zur gewohnten Stunde dient sie dem immer neu zu erfüllenden Verlangen, über das Zeitgeschehen unterrichtet zu sein. Das ist ein unaufschiebbarer Bedarf aus Neigung und Neugier. Die Zeitung wird immer mit Spannung aufgeblättert, in einer regelmäßigen *geistigen Aufnahmebreitschaft*, die dann auch der Anzeige zugute kommt. Indem also das Zeitungsblatt in kürzester regelmäßiger Folge erscheint und zu bestimmten Stunden fest erwartet wird, knüpft es an eine starke Macht im Menschenleben an, an die *Gewohnheit*. Indem sich die Zeitung er-

[1]) Erhebungen der „Deutschen Werbewissenschaftlichen Gesellschaft". In: ZVuZV, 1965, S. 1218. In der Summe von 10 Mrd. sind eingeschlossen die Gesamtausgaben für Messen und Märkte, Ausstellungen, Schaufenster, Außenreklamen (Plakate), Warenproben, Prospekte u. a. mehr.

[2]) Jahresbericht Zentralausschuß der Werbewirtschaft 1965, Bad Godesberg 1966.

neut und regelmäßig immer wieder einstellt, genügt sie auch der ersten Voraussetzung aller Werbung: der Wiederholung. Schließlich liegt die dritte Ursache der Werbewirkung der Zeitungsanzeige in der breitesten Öffentlichkeit, die sie erreicht. Schon in diesem Streben wurzelt ein gut Teil ihrer psychologischen Wirkung. Somit gilt der Satz:

Der Werbewert der Zeitungsanzeige beruht in der sich täglich wiederholenden geistigen Aufnahmebereitschaft, die die Zeitung im Leser schafft und die gesteigert wird durch die regelmäßige Folge des Erscheinens und das Streben der Zeitung, aus der Mannigfaltigkeit ihrer redaktionellen Darbietung und der Wirksamkeit ihres Vertriebs in eine immer größere Öffentlichkeit vorzustoßen.

3. Auflage und Anzeige

Die werbewirtschaftlichen Grundlagen

Nicht allein die Höhe der Auflage bestimmt den Werbewert der Anzeige. Diese Werbewirkung, die Publikationskraft, wächst aus einer Verbindung mehrerer Tatsachen. Die vielberufene „Auflage" ist ja an sich schon zweidimensional. Sie hat rein ziffernmäßig eine Höhe, sie hat aber auch eine Tiefe, einen inneren Wert. Nicht nur die Zahl, auch die Art, die soziale Schichtung und vor allem die Kaufkraft der Leser ist entscheidend. Weiter trägt dazu bei das Verbreitungsgebiet des Blattes, seine Erscheinungshäufigkeit und schließlich sein Ansehen, seine publizistische Leistung, also die gesunden und natürlichen Voraussetzungen, aus denen das Vertrauen der Leserschaft sich bildet. Aus dem Ansehen des Blattes ergeben sich auch rein ziffernmäßig starke Einflüsse auf die Zahl der Leserschaft. Zur Zahl der festen Bezieher treten die Leser, die in Lesehallen, Gaststätten usw. das Blatt um seines politischen, sportlichen oder unterhaltenden Wertes und seiner Anzeigen wegen suchen. Der Ruf des geistigen Teiles also sammelt diese Leser, die nicht Käufer sind, und ihr Interesse kommt der Anzeige zugute. Schließlich entscheidet der angebotene Artikel und die Art, in der er empfohlen wird, die Werbewirkung. In den Vereinigten Staaten wird für die Beurteilung des Werbewertes einer Zeitung und der Höhe ihrer Anzeigentarife nicht die Auflagenhöhe als einzig ausschlaggebend angesehen. Unter dem Begriff „*Marktwert*" werden auch die übrigen, die Werbekraft beeinflussenden Tatsachen, so der Leserkreis und dessen Kaufkraft, einbezogen in das Gesamturteil[1]). Danach gilt der Satz:

Nicht die Höhe der Auflage allein bestimmt den Werbewert einer Zeitung. Auch das Ansehen des Blattes, die Kaufkraft seiner Leser, sein Verbreitungsbezirk und die Art und der Inhalt des Angebotes bestimmen diesen Werbewert.

Es gibt nun sehr verschiedene Begriffe, die mit dem Wort „*Auflage*" bezeichnet werden, und diese Vielfältigkeit wird gelegentlich irreführend verwandt. Auflage kann zunächst die *Druckauflage* sein. Dann stellt sie die Gesamtzahl der hergestellten Stücke einer Zeitungsnummer dar. Als *Leseauflage* ist sie überschlägig meist so berechnet, daß man auf jedes abgesetzte Stück drei Leser rechnet. Nach jüngeren Erhebungen ist diese Zahl etwas zu hoch[2]), wenn natürlich auch nach Zeitungstypen unterschieden. Die *Vertriebsauflage* enthält alle vertriebenen Stücke einschließlich der Frei- und Belegexemplare und der später als nicht verkauft zurückkehrenden Absatzreste des Straßenhandels (sogenannte *Remittenden).* Schließlich ist die *bezahlte Auflage* gleich der Zahl der wirklich verkauften Stücke.

Bei der großen Bedeutung der Anzeigeneinnahmen in der modernen Tageszeitung sind, um finanziellen Mißbrauch im Anzeigengeschäft zu verhüten, in vielen großen Zeitungs-

---

[1]) Kropff, H. F. J.: Die Werbemittel und ihre psychologische, künstlerische und technische Gestaltung, Essen 1953; Seyffert, a. a. O., 3. Teil, Kapitel 14: Die Werbemittel.

[2]) vgl. Kolwe, Armin: Die Leseranalyse der Deutschen Tageszeitung, Berlin 1957. Allensbach ermittelte (1957) 2,5 Leser pro Nummer für die regionalen Tageszeitungen im Durchschnitt. Zeitungen mit einer Auflage unter 20 000 erreichen mehr Leser pro Nummer als auflagenstärkere Blätter. Auf dem Lande geht ein Zeitungsexemplar durchschnittlich durch mehr Hände als in der Stadt (IfD-Bericht, Nr. 599).

ländern, meist durch freie Vereinbarung, Maßnahmen getroffen, eine einseitige Ausnutzung des Anzeigenkunden zu verhüten. In Deutschland wurden unter dem Hitlerregime in einem besonderen Gesetz Bindungen festgelegt[1]). Die damals *zwangsweise* und eng politisch betriebene Zusammenfassung aller an der Werbung und dem Anzeigenteil Interessierten hat sich heute auf freiwilliger Grundlage in der Bundesrepublik und in Westberlin neu gebildet.

Im Januar 1949 gründete sich aus den Vertretern aller am Werbewesen Beteiligten und ihren Verbänden (Arbeitsgemeinschaft deutscher Werbungsmittler, Bundesverband der Deutschen Industrie, Hauptgemeinschaft des deutschen Einzelhandels, Markenverband e. V. sowie den Bundesverbänden der Zeitungs- und Zeitschriftenverleger) der „*Zentralausschuß der Werbewirtschaft*". Hier wurde versucht, Maßnahmen zu finden, durch die die Werbekraft der Zeitungs- und Zeitschriftenunternehmen klar und zuverlässig ermittelt und für die werbende Wirtschaft jederzeit bereitgehalten werden konnte.

So kam es im Dezember 1949 durch die Verbände des Zentralausschusses der Werbewirtschaft zur Gründung der „*Informationsstelle zur Feststellung der Verbreitung von Werbeträgern*" (IVW). Die Stelle ist errichtet „in der Erkenntnis, daß Käufer und Verkäufer von Werberaum ein gemeinsames Interesse an vergleichbaren und objektiv ermittelten Unterlagen über die Verbreitung eines Werbemittels haben". Die der Informationsstelle angeschlossenen Zeitungen werden vor der Aufnahme durch einen amtlichen Prüfer in ihren Betrieben überprüft. Angegeben werden der IVW jeweils die Druckauflage sowie die in einem Vierteljahre im Durchschnitt tatsächlich verbreitete Auflage in der nachfolgenden Aufgliederung: a) Zahl der festabgesetzten Einzelbezieher, b) Zahl der für den Einzelverkauf vertriebenen Stücke, c) Zahl der ständigen Freistücke, d) Zahl der ständigen Werbestücke. Die geprüften und regelmäßig

[1]) Gesetz über Wirtschaftswerbung vom 12. 9. 1933, vgl. Braunmühl, Karol v., und Zweck, Klaus: Wirtschaftswerbung, Berlin 1934, S. 19 ff.

berichtenden Unternehmen führen das IVW-Zeichen, nach dem „das Verlagsobjekt in die Auflagenrolle eingetragen und die erste vollständige Auflagenmeldung erstattet ist". Gesteuert wird das Unternehmen durch einen Verwaltungsrat. In ihm sind tätig: 7 Vertreter der Werbungtreibenden, 5 Vertreter der Zeitungsverleger, 4 Vertreter der Zeischriftenverleger, 2 Vertreter der Werbungsmittler. An die IVW sind 502 Zeitungen mit einer Gesamtdruckauflage von 20 045 454 im 4. Vierteljahr 1965 angeschlossen (davon werden 11 478 348 im Abonnement und 8 567 106 im Einzelhandel vertrieben).

4. Textliche Fassung und graphische Form der Anzeige

In fünf Stufen entwickelt sich psychologisch die Wirkung der Wirtschaftswerbung durch die Anzeige. Sie übt 1. Sinnenwirkung und weckt 2. dadurch Aufmerksamkeit. Daraus läßt sie 3. Vorstellungen erwachsen, die 4. zur Kauflust, also zu einer Gefühlswirkung leiten. Da die Anzeige nicht immer sofort zum Kauf führt, muß 5. jedem Werbeakt schließlich eine Gedächtniswirkung innewohnen. Sie stellt meist durch Wiederholung und Einprägung ein gewisses Bekanntsein mit der Ware her. Angewandt auf die Geschäftsanzeige der Zeitung ergibt sich im einzelnen folgendes: *Sinnenwirkung* und die Weckung der *Aufmerksamkeit* gehören eng zusammen. Mit den Schwarz-Weiß-Mitteln der Zeitung treten die Anzeigen in Schrift (Schriftanzeige) und Bild (Bildanzeige) auf, nutzen aber auch Größe, Typenform, Umrahmung des Platzes, an dem sie stehen, und den Gegensatz zu ihrer Umgebung als Blickfang aus. Z. B. tun Anzeigen an den Ecken durch den weißen Papierrand Wirkung, oder sie sind breit durch Text hindurchgelegt oder springen die Aufmerksamkeit des Lesers dadurch an, daß sie außergewöhnliche Stellen suchen und z. B. gar im Zeitungskopf ihren Standort nehmen. Auch die Nachbarschaft der Anzeige ist für die Aufmerksamkeitsweckung wichtig, desgleichen die inhaltliche Formung des Schlagwortes und der Schlagzeile. Letzte Steigerungsgrade werden in der modernen Werbepraxis abgelehnt. Übertreibungen machen mißtrauisch. Um die *Vorstellungswirkung* vom Wesen, der Güte, Schönheit und Zweckmäßigkeit der Ware wachzurufen, wird auch in der Zeitungsanzeige mit Vorliebe das Bild gewählt. Es soll den Leser gleichsam in die *Atmosphäre der Ware* versetzen. Um das zu erreichen, wendet die moderne Werbung nicht nur wirksame, sondern auch kunstgewerblich schöne Leistungen auf.

Aus der so geweckten Vorstellung der Ware soll die *Lust erwachsen, sie zu besitzen.* Wo Text und Bild nicht helfen oder unzweckmäßig erscheinen, wird das Beispiel der anderen oder das Ansehen volkstümlicher Personen aufgerufen (Autoritätsinserate Dankschreiben)[1]).

Aus werbewissenschaftlichen Erhebungen ergibt sich, daß die Wiederholung der Anzeige auf kleineren Raum werbewirksamer ist als eine einmalige entsprechend größere Anzeige[2]).

Freilich gilt das nicht für die sogenannte „Kleinanzeige". Sie wird fast nur noch von einem für den Werbeerfolg weitgehend uninteressanten Stammpublikum bemerkt und gelesen, das *jede* Kleinanzeige betrachtet. Wenn die Anzeige wenigstens die Größe einer halben Seite hat, besteht die Möglichkeit, die Leserschaft fast vollzählig zu erreichen.

Gegenüber einer mehr plakatmäßigen Wirkung des Anzeigentextes, die seit der jüngeren Entwicklung der Werbegraphik oft geübt und in kunstgewerblicher Hinsicht namentlich bei bestimmten Markenartikeln durchgebildet wurde, entstand seit drei Jahrzehnten auch in Deutschland eine andere Form der Anzeige. Sie rückt die typographische Balkenwirkung und das laute Schlagwort zurück. Dafür entwickelt sie einen erzählenden Text, der knapp, amüsant und oft witzig zu lesen ist. Man redet von der plaudernden Anzeige, die den anzupreisenden Gegenstand gleichsam in immer neuen Gesprächsstoffen behandelt und darstellt. Die Anzeige hat journalistische Formen angenommen. Sie ist nicht nur Plakat, sie wird Artikel und ist damit in der Lage, den Leser persönlich anzusprechen und ihre Empfehlungen in intimem Plauderton vorzutragen. Als Grundregel gilt allerdings, daß Anzeigen am wirksamsten sind, wenn sie sowohl mit Bild als auch mit Text werben. Die Gestaltung der Anzeige und des Anzeigentextes ist graphisch und redaktionell eine geistig-technische Aufgabe geworden, die fachlich heute durch die Werbebüros und besondere Berufsgruppen geübt wird und hoch entwickelt ist.

Neuerdings sind zur höheren Werbewirkung farbige Anzeigen eingeführt. Die Erfahrungen auf diesem Gebiete lassen noch keine einheitliche Kalkulation zu, doch ist der Mehrfarbendruck bereits allgemein eingeführt.

---

[1]) vgl. zur Problematik der *Anzeige:* Seyffert, a. a. O., 3. Teil, Kap. 12—16.
[2]) IfD-Bericht, Nr. 96.

c) Einnahmen aus Nebenbetrieben
Zeitungsfremde Zuschüsse

Der sogenannte „echte Zeitungsbetrieb", gegründet und aufgebaut zum Druck und Vertrieb von Zeitungen im eigenen Unternehmen, verlangt ein hohes Anlagekapital[1]). Das liegt begründet in der Notwendigkeit, die technische Herstellung der Zeitung auf kürzeste Zeit zusammenzudrängen, damit der Inhalt so neu wie irgend möglich ist. Wirtschaftlich wird also ein großer Maschinenpark nur zu gewissen Tagesstunden ganz beansprucht. In der übrigen Zeit ruht er oder er ist nur teilweise beschäftigt.

Um eine volle Beschäftigung herbeizuführen, geht also der „echte Zeitungsbetrieb" darauf aus, Druckaufträge zu erhalten, die zum Druck der Zeitung hinzutreten und daher „Akzidenzen" heißen. Ihre Herstellung wird dann betrieben, wenn die Zeitungsherstellung die Maschinen nicht beansprucht. Sie führen also zu einer besseren Ausnutzung der Maschinen und zu höherer Verzinsung der Kapitalanlage. Oft wurden solche Aufträge ein gutes Geschäft und damit eine Stütze für die Zeitung. Sie gaben dem Verlag als Ganzes Festigkeit und schützten ihn bei Konjunkturschwankungen.

Unorganische und an sich *zeitungsfremde* Einnahmen sind Unterstützungen und *Zuschüsse*, die nicht aus dem Zeitungsbetrieb selbst unter Ausnutzung der ihm eigenen Erwerbsmöglichkeiten gewonnen werden. Dahin zu rechnen waren Gewährung einmaliger oder dauernder Unterstützungen aus anderen Wirtschaftsbetrieben, aus den Kassen großer Wirtschaftsvebrände, Banken, Industriebetriebe, aber auch Unterstützung mit Mitteln, die von weltanschaulich, politisch oder religiös gebundenen Gemeinschaften aufgebracht wurden. Im Interesse der „Firmenwahrheit" wurde in einer Reihe von Landespressegesetzen die Offenlegung der Besitzverhältnisse bindend gemacht[2]). Wo heute

[1]) vgl. Nußberger, Ulrich: Der Kapitalbedarf einer neuen Zeitung. In: Publizistik, 6/1960, Festschrift für Dovifat, S. 224 f. sowie Nußberger, Ulrich: Dynamik der Zeitung, Stuttgart 1961.

[2]) vgl. Bd. I, S. 24.

noch Hilfen gegeben werden, geschieht es in mittelbarer Form, so z. B. durch Abnehmen und Bauschbezahlung von Massenbezug durch Interessenten oder durch ständige, werbewirtschaftlich kaum wirksame, bei der Zeitung aber zu Buch schlagende Anzeigenaufträge. Solche Mittel sind immer nur vorübergehend wirksam und, wenn sie länger dauern, leicht erkennbar. Auch im Anzeigengeschäft muß die Zeitung auf freien, selbst erarbeiteten und nicht künstlichen Grundlagen sich entwickeln.

Als eigentliche Zeitungseinnahmen haben die zu gelten, die aus der natürlichen Zeitungswirtschaft, also aus Bezugs- und Anzeigengeldern erwachsen. Beteiligungen an sich zeitungsfremder Interessenten sollten — im Interesse des demokratischen Ansehens und der Unabhängigkeit der Publizistik — öffentlich bekannt sein. Zuschüsse zeitungsfremder Interessenten sind nach einigen deutschen Pressegesetzen der Länder durch regelmäßig vorgesehene Mitteilungen der Verlage der Öffentlichkeit zur Kenntnis zu geben (s. Bd. I, S. 24).

4. Das Kostengesetz der Zeitung

Einnahmen und Ausgaben

Die Zeitung, hier einmal als Wirtschaftsunternehmen betrachtet, ist das einzige Unternehmen, das Einnahmen aus zwei sich gelegentlich entgegenstehenden Einnahmequellen zieht, aus Bezugsgeld und aus Anzeigengeld. Dafür hat die Zeitung zwei Aufgaben zu dienen, sie muß eine publizistische Leistung erbringen, in Nachricht und Meinung, und sie arbeitet als Werbeträger. Beide Einnahmequellen sind betriebswirtschaftlich voneinander unabhängig. Sie steigern sich aber nicht nur gegenseitig, sie können auch, und zwar in grotesker Weise, gegeneinander stehen. Wichtig ist das Verhältnis, in dem die beiden Einnahmequellen zueinander stehen. Es gibt Unternehmen, die reine Anzeigenverdiener sind, d. h. Blätter, die in erster Linie Anzeigenraum verkaufen und ihn durch Beigabe eines redaktionellen

Teiles absetzbar machen[1]). In solchen Unternehmen stehen die Einnahmen aus Anzeigen zu den Einnahmen aus Bezugsgeldern z. B. wie 90 : 10. Man senkte den Preis der Zeitung immer mehr, um höhere Bezieherziffern zu erhalten. Dem Bezieher aber wurde, indem $^4/_5$ der Gestehungskosten aus Anzeigeneinnahmen herkamen, mit der Ware gleichsam ein Geschenk gemacht, dessen Kosten der Anzeigenkunde bezahlte, der dafür auf die Aufmerksamkeit des Leserkunden rechnete (sogenannte „Geschenkquote"). Wirtschaftlich ist dieses Verfahren gewinnbringend, je nach der Grundhaltung des Blattes, ob es auch materiell bevorzugt Anzeigenunternehmen ist oder ob die Zielsetzung der publizistischen Leistung den Anzeigenteil nur zu besonderer Sicherung der geistigen Unabhängigkeit nutzen kann und deren Wirkung dann auch erheblich steigert[2]), das bestimmt dann den Charakter des Blattes. Dieses Verfahren birgt natürlich auch Gefahren in sich.

Allgemeine Durchschnittsergebnisse über die deutsche Entwicklung gibt es nicht. Nach dem ersten Weltkrieg und dem Wirtschaftszusammenbruch, der damals folgte, ist der Ertrag des *Anzeigenteils* weit zurückgegangen und unter die Einnahmen aus dem Verkauf gesunken, und in der Zeit nach dem zweiten Weltkrieg ist er wieder angewachsen. Für ein *mittleres* Provinzblatt stellt Dierichs 1928 nachfolgende Entwicklung fest, die wir nach jüngeren Erhebungen von Hans Engelmann und Johann Krumm ergänzen[3]).

Einnahmen aus:	*1913/14*	*1924*	*1927*	*1952*	*1953*	*1960*	*1965*
Verkauf	45	60	52	57	53	41	38
Anzeigen	55	40	48	43	47	59	62

Engelmann gibt eine lehrreiche Aufstellung über die Entwicklung des Berufsaufwandes bei einer Gruppe von Zeitungen,

[1]) Karl Bücher: Gesammelte Aufsätze zur Zeitungskunde, Tübingen 1926, S. 377.

[2]) Bei der „New York Times" lieferten die Anzeigen im Jahre 1959 rund 80 % der Gesamterträge.

[3]) Dierichs, P.: Der Zeitungsmark in Deutschland, Diss., München 1928; Engelmann, H., und Joh. Krumm: Umsatz und Kostenanalyse deutscher Tageszeitungen 1962/64, a. a. O. und persönliche Mitteilung.

deren abgestaffelte Gesamtauflage[1]) bei den Berechnungen zugrunde liegt.

Die Höhe der einzelnen Ausgaben im gesamten Betriebsaufwand der Zeitungsherstellung ergibt sich von 1954 bis heute aus der nachfolgenden Durchschnittsberechnung[2]):

% Anteile am Gesamtaufwand der Zeitungsherstellung

	1954	1958	1960	1963	1965
Papier	20,9	18,9	18,0	16,0	14,6
Technische Herstellung	24,2	27,8	28,4	29,7	30,7
Redaktion	16,7	15,8	15,8	15,2	15,8
Vertriebswerbung	21,1	20,0	19,2	19,6	19,2
Anzeigenwerbung	9,8	10,3	11,4	11,6	11,9
Verlagsverwaltung	7,3	7,2	7,2	7,9	7,8
	100	100	100	100	100
Kostendeckung aus Vertriebseinnahmen	56,6	51,1	46,1	42,5	38,4

Daraus erhellt, daß die Herstellungskosten der Zeitung heute (1965) zu 61,6 % aus den *Anzeigeneinnahmen* gedeckt werden. Nur 38,4 % finden aus den Vertriebs-(Abonnements-)einnahmen ihre Deckung. Für den Fall eines Rückschlages der Konjunktur kann die Form der Finanzierung gefährlich werden. 1954 kostete (lt. Engelmann/Krumm) die Herstellung eines bezahlten Monatsstückes einer Tageszeitung noch 6,16 DM, nach heutigen Berechnungen bereits 12,07 DM[3]).

Gesund ist das ausgewogene Verhältnis der Anzeigen- zu Verkaufseinnahmen, das eine stete Wirtschaftsführung ermöglicht. Gefährlich ist immer eine zu weitgehende Senkung der Bezugspreise und eine Finanzierung allzu überwiegend aus den Anzeigeneinnahmen. Theoretisch ist zwar anzunehmen, daß bei steigender Bezieherziffer die damit steigenden Kosten der Herstellung des Einzelstücks, die

---

[1]) Ergebnisse 1952 und 1953, Querschnitt einer abgestaffelten Auflage von 15 000 bis 100 000.
[2]) Engelmann, H., und Joh. Krumm, a. a. O.
[3]) Engelmann/Krumm, a. a. O., S. 2560.

durch den Verkauf ja nur zum Teil gedeckt werden, durch steigende Anzeigenpreise ausgeglichen werden können. Theoretisch wäre das auch berechtigt, denn mit wachsender Bezieherzahl steigt auch die Verbreitung der Zeitung und damit ihr Anzeigenwert.

Wie aber die Erfahrung seit Aufkommen der Massenpresse zeigt, liegen die Dinge praktisch in besonderen Fällen anders. Während nämlich die Auflage plötzlich stark steigen kann, ist es, z. B. in Wirtschaftskrisen, die oft gesteigerten Nachrichtenbedarf und damit Auflagensteigerung hervorrufen, oder auch aus Gründen des Wettbewerbs, nicht immer möglich, entsprechend auch die Anzeigenpreise zu erhöhen. Da das Papier aber einen sehr bedeutenden Kostensatz ausmacht, der immer mehr ansteigt und nicht mehr gedeckt werden kann, wenn die Haupteinnahme und bevorzugte Unkostendeckung, die Einnahme aus Anzeigen, nicht mit erhöht wird, so steigt mit jedem neuen Bezieher die Unkostenquote. Aus weiter wachsender Bezieherziffer kann dann das Unternehmen Verluste erleiden. Das ist der Zustand, den der Begründer der Wiener Massenpresse, August *Zang*, mit dem Worte bezeichnete: „Jeder neue Abonnent ist mein Feind." Man wird lange suchen müssen, bis man ein Unternehmen findet, wo der Ansturm der Käufer den Betrieb ruiniert. *Nichts kennzeichnet die Eigengesetzlichkeit der Zeitungswirtschaft mehr als diese Tatsache.* Die geistig-wirtschaftliche Natur der Zeitung kommt darin ganz besonders zur Geltung.

Theoretische Betrachtungen verlegen gelegentlich diese Nutzgrenze, die auch als Papiergrenze (*„Papierpunkt"*) bezeichnet wird, in größte Auslagenhöhe. Als *Gefahr* ist sie schon häufiger dagewesen. Die Gefahren der Papiergrenze drohen dem Blatt am meisten, das seinen Bezugspreis in Erwartung der Anzeigeneinnahmen besonders weitgehend gesenkt hat. Je größer die Einnahme aus dem Absatz, je geringer also das „Geschenk" ist, das dem Leser gemacht wird, um so geringer ist auch die Gefahr, daß die Papiergrenze erreicht wird. Freilich macht der Wettbewerb der Zeitungen unter dem gesteigerten Anzeigenzustrom den von Groth schon ausgesprochenen Ratschlag: *„Die Abonnenten müssen dazu erzogen werden, ihren Anteil an der Zeitung zu tragen"* kaum befolgenswert. Schon der Wettbewerb der Zeitungen untereinander verhütet eine vernünftige Geltung dieser Forderung.

In dem dargestellten Kostengesetz tritt uns also die geistig-wirtschaftliche Doppelnatur der Zeitung deutlich entgegen. Hat die Zeitung eine öffentliche Aufgabe, so kann sie niemals „Nurverdiener", so kann auch ihr Verleger niemals „Nurgeschäftsmann" sein (vgl. I, S. 53). Ziel der guten Leitung des Zeitungsgeschäftes sind die Steigerung der geistigen Zeitungsleistung und die Erhöhung des Ansehens, des Wertes und damit der publizistischen Wirkung der Zeitung im öffentlichen Leben. Um in den oft heiklen Beziehungen zwischen redaktionellem Teil und Anzeigenteil klare Richtlinien zu geben und damit auch die öffentliche Aufgabe der Zeitung vor gefährdende Pressionen durch Anzeigenkunden zu bewahren, sind zwischen dem Zentralwerbeausschuß und den Verlegerverbänden sogenannte *„Richtlinien für redaktionelle Hinweise in Zeitungen und Zeitschriften"* vereinbart.

In der Einführung dieser Richtlinien heißt es: „Um die im Interesse der Öffentlichkeit, der Werbungtreibenden, aber auch der Zeitungen und Zeitschriften selbst notwendige klare Abgrenzung der Textteile und der Anzeigenteile der periodischen Druckwerke voneinander zu erreichen, sind die ... Verbände übereingekommen, ihren Mitgliedern dringend nahezulegen, die folgenden Richtlinien anzuwenden. Die Verleger werden sie in die Geschäftsanweisung aufnehmen, die sie ihren Redaktionen erteilen. Die Redakteure sollen sich bei der Anwendung der Richtlinien von dem Grundsatz leiten lassen, daß der Textteil unter keinen Umständen die Gegenleistung der Zeitung oder Zeitschrift für gleichzeitig oder vorher oder nachher veröffentlichte Anzeigen sein darf ... Verleger und Redakteure wirken bei der Gestaltung der öffentlichen Meinung mit. Um ihre publizistische Aufgbe erfüllen zu können, brauchen sie das Vertrauen ihrer Leser. Dieses Vertrauen kann insbesondere dann nicht entstehen oder erhalten bleiben, wenn die Leser in dem Textteil der Zeitungen und Zeitschriften redaktionelle Hinweise finden, die, ohne äußerlich als bezahlte Wirtschaftswerbung in Erscheinung zu treten, privatwirtschaftlichen Belangen dienen.

Als Teil der Textgestaltung gehören die redaktionellen Hinweise zum Verantwortungsbereich der Schiftleitung. Aufgabe des Redakteurs ist es daher, aus der Berichterstattung über ein Unternehmen und seine Leistung alles auszusondern, was über den Rahmen einer sachlichen Unterrichtung hinausgeht.

Zugeständnisse, die in Verbindung mit Anzeigenaufträgen in Form günstiger Beurteilung privatwirtschaftlicher Unternehmen, ihrer Erzeugnisse, Leistungen oder Veranstaltungen im Textteil des Druckwerkes eine zusätzliche Leistung des Verlages darstellen, sind geeignet, die Grundsätze der Sauberkeit in der Werbung, der Unabhängigkeit der Presse und der Freiheit der Meinungsäußerung zu gefährden und sollten deshalb weder von Werbungtreibenden erwartet noch von Verlagen gewährt werden, zumal sie darüber hinaus gegen die Preistreue verstoßen."

Die Bestimmungen im einzelnen verbieten die Aufnahme ausgesprochener Reklameartikel, eingesandter Firmenartikel usw. Zugelassen sind jedoch Darstellungen und Berichterstattung (z. B. über Kurorte, Reisewege, Theater- und Filmveranstaltungen, Textil- und Modegewerbe, Jubiläen und Geburtstage, Neubauten), wenn ein allgemeines Interesse vorliegt und die Unterrichtung der Leserschaft schon aus diesem Grunde geboten ist. Auch allgemeine Berichte über Fortentwicklung von Maschinenkonstruktionen, Kraftfahrzeugen und jegliche hier erbrachte Sonderleistung können gebracht werden, wenn sie der allgemeinen Öffentlichkeit dienen, nicht aber Firmenberichte in Wort und Bild, die eine einseitige private Werbung erkennen lassen. Vor allem darf die Aufnahme solcher Artikel niemals als Voraussetzung für einen Anzeigenauftrag gefordert werden. Kurze „redaktionelle Hinweise" sind gestattet außerhalb der Verantwortung der Redaktion und zweckmäßig vom redaktionellen Teil deutlich abgeteilt[1]).

Auch die in den Beziehungen zwischen redaktionellem und Anzeigenteil gegebenen natürlichen Spannungen, die durch die eben geschilderten Abmachungen zwischen den beteiligten Berufsverbänden gelöst werden sollen, verweisen erneut auf die Notwendigkeit berufsständischer Abwehr

---

[1]) Auch der *Deutsche Presserat* hat sich zum Problem redaktioneller Teil/Anzeigenteil geäußert und in einer Erklärung vom 27. 10. 1960 (Tätigkeitsbericht 1960, S. 52) die Verlegerorganisationen und den Zentralausschuß der Werbewirtschaft eindringlich aufgefordert, festgestellten Mißständen mit allen Mitteln entgegenzutreten.

aller aus der Natur des Zeitungswesens in der freien Demokratie auftretenden Gefahren für die Unabhängigkeit einer ungehinderten öffentlichen Meinungs- und Willensbildung. Auch hier werden, diese Freiheit zu sichern und sie fortzuentwickeln, gesamtberufsständische Selbstverwaltungsmaßnahmen getroffen werden müssen (vgl. S. 157).

5. Der Leser

„Keep readers in mind", dieser Grundsatz amerikanischer Redaktionsführung, ist für jedes Blatt eine Selbstverständlichkeit. Ob das Blatt nun eine Rekordauflage erreichen möchte, um seinen geschäftlichen Gewinn zu steigern, oder ob ihm daran liegt, einer Partei, einer publizistischen Aufgabe zu dienen: um eine möglichst hohe Leserschaft geht es in jedem Falle.

Die Kritik an der Leserschaft ist unter den Zeitungsleuten wie bei den Schriftstellern allgemein. Schopenhauer in seiner groben Art hat die Leser minderwertige und bösartige Geschöpfe genannt[1]). Der milde Novalis möchte den Leser zur Mitarbeit gewinnen als einen „erweiterten Autor". Er glaubt, daß es eine „logische Pflichtenlehre des Lesers" geben müßte[2]), eine Hoffnung, die nicht ganz so romantisch ist, wie sie klingt, und auch eine Voraussetzung wäre für die gedeihliche Fortentwicklung des Zeitungswesens.

Nun mögen sich Literatur und Philosophie über die Unzulänglichkeit ihrer Leser erregen, die Publizisten und die Zeitungsleute haben dazu kein Recht. Ihnen ist die *Aufgabe* gesetzt, den Leser zu gewinnen, ihn anzusprechen und festzuhalten, denn das ist die Voraussetzung des publizistischen Erfolgs. Ob und wohin sie dann den Leser führen, das wieder ist jeweils bestimmt durch das publizistische Ziel, aber ihn ansprechen, aufmerken lassen, zum lesen bringen,

---

1) „Über Lesen und Bücher".

2) Novalis' Werke, hrsg. v. H. Friedemann, Leipzig o. J., III. Teil, S. 219. Zitiert von Karl d'Ester in: Zeitung und Leser, Mainz: Verlag der Gutenberg-Gesellschaft, 1941, S. 8.

das muß gelingen, oder die publizistische Wirkung bleibt aus.

Näheres über die Leser und einzelne Leserkeise zu ermitteln ist immer das Anliegen der Zeitungspraktiker gewesen. Man war jedoch auf Vermutungen angewiesen. Zuverlässige Daten gibt heute, mindestens als Annäherungswerte, die Meinungsforschung. Man kann die Leserkreise nach Geschlecht, Alter, Beruf, Einkommen und sozialer Schicht aufschlüsseln. Leseinteressen, Lesegewohnheiten, Leseintensität lassen sich feststellen. Schließlich sind weitere Aufschlüsse über die Leser aus der Analyse ihres Tageslaufs, aus ihrer Freizeitgestaltung usw. zu gewinnen[1]).

Die Angaben über die eigentliche Zahl der Zeitungsleser schwanken. Jüngste Berechnungen[2]) (1965) ergaben, daß die gesamte Tagespresse mit einer Auflage von 20,8 Millionen (IVW-Meldungen, 4. Quartal 1965) täglich 86,9 %[3]) der erwachsenen Bevölkerung in der Bundesrepublik einschließlich Westberlin erreicht. Allein die regionalen Tageszeitungen (verkaufte Auflage 13,85 Millionen) wurden 1965 täglich von 70,9 % der erwachsenen Bevölkerung gelesen. Die Boulevardzeitungen erreichten mit einer Auflage von 5,46 Millionen täglich 37,3 % und die national verbreiteten Zeitungen (FAZ mit einer verkauften Auflage von 238 000 und Die Welt mit einer verkauften Auflage von 239 000) 6,1 % der erwachsenen Bevölkerung. Von 1964 auf 1965 wuchs die Auflage der regionalen Zeitungen um 3,4 Prozent. Zum erstenmal seit Jahren war der Auflagenzuwachs, prozentual gesehen, höher als der Bevölkerungszuwachs (0,7 %). Die Boulevardpresse konnte in dem selben Zeitraum einen Auflagenanstieg von 11,4 % ver-

---

[1]) Kieslich, Günter: Freizeitgestaltung in einer Industriestadt, Institut für Publizistik, Münster 1956; zum Problem der Freizeit vgl. Institut für Demoskopie, Allensbach, Ber. Nr. 643 (1958), 8 Bde.

[2]) Allensbacher Werbeträger-Analyse 1965, 2. Teil, S. 133, S. 148.

[3]) ADW-Zeitungskatalog 1965.

zeichnen. Die Auflage der überregional verbreiteten Zeitungen erhöhte sich um 1,2 %[1]).

Die eifrigsten Zeitungsleser sind die selbständigen Geschäftsleute und freien Berufe (93,4 % täglich). Es folgen die leitenden Beamten und Angestellten (89,4 %), die Facharbeiter (86,2 %), die nicht leitenden Beamten und Angestellten (84,4 %), die angelernten und Hilfsarbeiter (80,0 %) und schließlich die Landwirte (79,1 %).

In der breiten regionalen Presse liegen nach einer überschlägigen Erhebung die bevorzugten Interessen der Leser[2]) bei den *„menschlichen Schicksalen" (86 %)* und dann bei den *lokalen Nachrichten (85 %)*, Berichten aus Stadt und Land und Familienanzeigen (71 %). Mit 59 % (40 % Frauen und 78 % Männer) folgen die politischen Nachrichten und Artikel, während der Leitartikel noch mit 40 % gut bestehen kann vor dem Sport, der nur 3 % höher kommt. Der Roman begnügt sich mit 34 %. Auf die Frage, was zuerst gelesen wird, antworteten in der Erhebung einer großen Zeitung des Rheinlandes 70,1 % der Männer und 34,4 % der Frauen: Politische Nachrichten.

Eine jüngere Aufgliederung der Interessen[3]) in %-Sätzen der Gesamtleserschaft ergab:

Politische Nachrichten	85 %
Wirtschaftsteil	56 %
Lokaler Teil	95 %
Unfälle und Verbrechen	95 %
Sport	58 %
Feuilleton	45 %
Roman	34 %
Leserbriefe	59 %

[1]) Nach der jüngsten Erhebung (Die Zeitungsleser 1966, a. a. O., S. 3) erreicht die Zeitung in der Bundesrepublik u. Westberlin pro Woche 90,4 % der Bevölkerung zwischen 14 u. 70 Jahren. Davon die Regionale Presse 79,6 %, die Boulevardpresse 37,8 %, die überregionale 7,8 %. Die Ergebnisse dieser Erhebung konnten hier und im nachfolgenden nur mehr sehr kurz verwendet werden.

[2]) Erhebung 1957/58.

[3]) Die Zeitungsleser 1966, a. a. O., S. 147 f.

Einen Leserzulauf besonderer Art hat die Boulevardpresse gewonnen. Sie wird meist als Reizkost, als Anregung und Zerstreuung, als Entspannung, in den Arbeitspausen und auf der Arbeit, zu und von der Arbeitsstelle gelesen[1]). Im Gegensatz dazu wird die regionale Presse zu 96 % zu Hause gelesen (überwiegend abends). Die langsam wachsende Politisierung auch des Boulevardtyps mag das ändern. Mit ihrer steigenden Auflage und Reichweite können die Boulevardzeitungen — z. B. in Krisenzeiten — einen starken, gegebenenfalls schockartigen Einfluß üben.

Eine Erhebung hatte den Zweck, durch eine Reihe von Probefragen das Maß der politischen Bildung bei der Leserschaft festzustellen. Die Ergebnisse führten zu einer Aufgliederung der Befragten in 4 Gruppen: Uninformierte, mangelhaft Informierte, leidlich Informierte und gut Informierte. Die Zeitung vermag, wie die staatsbürgerliche Untersuchung ergab, die politische Aufgabe, die Öffentlichkeit zu unterrichten, besser zu erfüllen als der Rundfunk. Die leidlich und gut Informierten schöpften ihr Wissen bevorzugt aus der Zeitung oder aus Zeitung und Rundfunk[2]).

Auch die für das Zeitunglesen durchschnittlich aufgewendete Zeit läßt sich durch verfeinerte Umfragetechniken bestimmen. Nach der Erhebung über die „Badische Zeitung"[3]) lesen 5 % der Leser die Zeitung kürzer als 10 Minuten; 24 % bis 20 Minuten; 29 % bis 40 Minuten und 15 % bis 70 Minuten. Natürlich ist die Lesedauer auch durch den Zeitungstyp bestimmt. Die „Badische Zeitung" gehört zu der großen und meinungspolitisch wichtigen Gruppe der Regionalzeitungen. Eine generelle Ziffer über die Lesedauer

---

[1]) Das auflagestärkste Boulevardblatt (Bild-Zeitung) hat in einer Werbeschrift (Verbreitung 1966) die Zahl der zu Hause Lesenden mit 65 % aller Leser angegeben, was der oben gegebenen Mitteilung entgegensteht.

[2]) Die Frage der Bevorzugung oder Verläßlichkeit der verschiedenen publizistischen Mittel ist umstritten. Vgl. Rundfunk und Fernsehen verläßlicher als die Presse? In: ZVuZV, 11/1964, S. 332 f. Die Ergebnisse sind nach den Bildungsschichten sehr unterschiedlich. Vgl. Maletzke, G.: Psychologie der Massenkommunikation, Hamburg 1963, S. 219. Ebendort ist auf die sehr umfangreiche aber auch gespaltene amerikanische Literatur verwiesen, vgl. auch Bd. I, S. 5.

[3]) S. IfD-Bericht, Nr. 1146. Laut Leseranalyse 1966, a. a. O., wird im Gesamtdurchschnitt der Bevölkerung 29 Minuten gelesen.

ist natürlich nicht zu ermitteln. Der gewandte Leser wird in kurzer Zeit viel, der weniger gewandte in langer Zeit weniger aufnehmen.

Wichtiger als die allgemein-statistischen Festellungen ist die Art des Zeitungslesens. Sie sind zwar sehr allgemein, aber amüsant und anregend.

Traub[1]) analysiert nach der Lesetechnik. Er unterscheidet nach Gründlichkeit oder Flüchtigkeit folgendermaßen: Zeilenleser, Spaltenleser und Einblick- oder Überblickleser. Nach den Beziehungen zum Verlag unterscheidet er: Abonnementsleser, Einzelkaufleser, Mitabnehmer, Zirkelleser, Zweitleser, Zeitungsschnorrer.

D'Ester gliedert nach folgenden Gruppen: der „getreue Abonnent", der kritische Leser, der empörte, d. h. der immer gereizte Leser. Anschaulich, aber verallgemeinert, wird unterschieden: der Sandleser, durch den der Stoff durchläuft wie durch eine Sanduhr, ohne daß etwas zurückbleibt, der Schwammleser, der alles gierig aufnimmt, um es, ein wenig verschmutzt, wieder von sich zu geben, der Siebleser, der nur einen, nach seiner Neigung wichtigen, Bodensatz festhält, und der Diamantleser, der nur das Wertvolle sucht, einfaßt und behält. Erich Ponto meinte: „Die meisten Menschen lesen Zeitungen, als wären sie Staubsauger. Sie nehmen nur den Schmutz auf."

Grundsätzlich ist festzustellen: Alle Leser sieben das Gelesene in irgendeiner Form, aber selbst diejenigen, die das Blatt von oben bis unten lesen, behalten nur bestimmte Nachrichten und Meinungen. Neben der Auswahl und Deutung durch den Redakteur steht immer die Auswahl und Interpretation durch den Leser. Nicht selten legt er eine Nachricht ganz anders aus, als der Redakteur es beabsichtigt hat, ja der Leser macht gelegentlich aus schwarz weiß (und umgekehrt), indem er Nachrichten falsch aufnimmt und Meinungen uminterpretiert[2]). Als Grundregel gilt, daß der Leser sich von der Zeitung schon vorhandene

[1]) Traub, Hans: Grundbegriffe des Zeitungswesens, Stuttgart 1933, S. 127 ff.

[2]) Hymann, Herbert H., und Paul B. Sheatsley: Some Reasons Why Information Campaigns Fail. In: Public Opinion Quarterly, 1947, pp. 412—423.

Meinungen und Neigungen festigen läßt[1]). Er liest also vornehmlich, was *seinen* Ansichten entgegenkommt, und neigt dazu, auch Widersprechendes diesen Ansichten gemäß auszulegen.

Bei der Darstellung der Problematik der öffentlichen Meinung wurde hervorgehoben, daß die Zeitung die tagesgebundene Meinung in die zeitgebundene Meinung herüberzuführen habe (vgl. Bd. I, S. 123). Die Psychologie des Lesers kommt dieser Aufgabe klar entgegen. Der Leser will sich von der Zeitung in seinem Urteil bestärken lassen; er sucht nach Argumenten, die ihn absichern und seine Meinung festigen. Das journalistische Können besteht darin, diese Sicherung überzeugend gelingen zu lassen, ohne sich der Meinung des Lesers sklavisch anzupassen, vor allem dann, wenn es z. B. um die Verteidigung neuer Aufgaben, oft gegen sture Vorurteile, geht.

In der ernsthaften Wertung der gesamten Zeitungsarbeit kommt es darauf an, den *kritischen* Leser heranzubilden, der mit Vorbehalt, aber in persönlicher Beteiligung und in dieser Weise auch mit Treue zu seiner Zeitung steht. Die Zeitung erfüllt ihren öffentlichen Auftrag, aber sie tut es als ein wirtschaftliches Unternehmen, als ein Erwerbsunternehmen, für das auch der Grundsatz von Angebot und Nachfrage gilt, wobei die Nachfrage das Angebot organisch *mit*bestimmt. Der amerikanische Satz: „Readers are Leaders" sollte jedoch keine Bedeutung haben.

Natürlich kann eine Nachfrage geweckt werden, so wie in der freien Wirtschaft etwa die Nachfrage durch zugkräftige Warenangebote geweckt oder auch mißleitet werden kann. Ebenso wird die Übermittlung bestimmter Stoffgebiete in Zeitungen und Zeitschriften (vor allem Bilderzeitschriften) eine Nachfrage wecken, die ohne dieses Angebot wahrscheinlich nicht entstanden wäre. Ist diese Nachfrage aber einmal geweckt, so kann ein scharfer Wettbewerb zwischen den Blättern ausbrechen, die im Angebot zugkräftiger Stoffe einander überbieten. Sie drücken dann das

---

[1]) Klapper, Joseph T.: The Effects of Mass Communication, Glencoe, Illinois, 1965.

Niveau des Ganzen herauf oder herunter, — bei geschmacklich minderwertigen, aber zugkräftigen oder zugkräftig aufgemachten Stoffen leider meist *herunter*. Hier entsteht eine Problematik, die nicht nur aus dem Zeitungswesen von Bedeutung ist, mehr noch aus der Zeitschrift, besonders der Massenzeitschrift[1]). Seien wir uns klar, daß das ganze öffentliche Leben in seiner Ausrichtung und in der praktischen Stellungnahme zur großen Politik von der Haltung der Massen wesentlich mitbestimmt wird. Hier wird, wie bereits einmal, 1933, die Publizistik politisches Schicksal.

VI. TEIL

Die Sicherung der öffentlichen Aufgabe

In den vorliegenden Bänden wurde in knapper Zusammenfassung versucht, die der Tagespresse immer wieder gesetzte *öffentliche Aufgabe* herauszuarbeiten. Diese Aufgabe zu erhalten und zu entwickeln ist eine für die Demokratie wichtige Verpflichtung. Sie kann sich nur in der Freiheit der öffentlichen Meinungs- und Willensbildung vollziehen, die wiederum Voraussetzung ist auch für die Freiheit des persönlichen und des privaten Lebens. Nach den politischen Erfahrungen Deutschlands in den letzten 40 Jahren und den Vorgängen in der totalitären Welt bedarf das keines besonderen Beweises.

Wie aber steht es um die *Sicherung* dieser öffentlichen Aufgabe? Die Freiheit der Presse ist verankert im Grundgesetz der Bundesrepublik (Artikel 5) und den Verfassungen der Länder.

Gleichwohl kann die Gesetzgebung unmöglich mit festen Paragraphen der oft überstürzten Vorwärtsbewegung der Publizistik im allgemeinen und der Presse im besonderen

[1]) Der Wettbewerb um die Auflage als Grundlage des Anzeigengeschäfts kann hier zu einem gefährlichen Absinken der Gesamthaltung von Millionenauflagen führen. Vgl. Dovifat, E.: Deutsche Zeitschrift. Markierungen 1945/1965. In: ZVuZV, 46—47/1965, S. 2248 ff.

folgen. Auch in der Tagesarbeit können, zumal in der inneren Freiheit, „drohende Gefahren" aufkommen, die „kein Gesetzgeber jemals in den Griff bekommen kann"[1]).

Das natürliche Leben der Zeitung, die freie Fortentwicklung ihres öffentlichen Auftrags, sollte daher zweckmäßig denen anvertraut werden, die als *die Träger der Presse verpflichtet und berufen sind, das publizistische Instrument unabhängig und frei zu erhalten.*

Die demokratischen Freiheiten werden heute auf mancherlei Gebieten des öffentlichen Lebens von denen betreut, für die sie Grundlage ihres Schaffens sind. In den Formen der Selbstverwaltung und der Selbstdisziplin der publizistischen Mittel liegt eine Gewähr gesunder Fortentwicklung der geistigen und politischen Freiheiten, der Verteidigung gegen jeden Angriff sowie der Abwehr von freiheitsgefährdenden Mißbräuchen innerhalb der eigenen Sache.

Schon die letzten, vor dem Hitlerregime 1932 geplanten noch ganz demokratischen Pressegesetzentwürfe gingen in diese Richtung. Sie legten organisatorische Mittel, die der Presse die Wahrung ihrer öffentlichen Aufgabe ermöglichen sollten, in die Hände der Presse selbst[2]). Verleger und Redakteure sollten in freier Wahl Träger einer Art beruflicher Ordnung und Selbstverwaltung werden. Alle die Presse als Gesamtheit angehenden Fragen, ihre Vertretung im öffentlichen Leben und ihre Mitarbeit an allen Beziehungen zwischen Staat und Presse, die gesamte Beratung, sei es in der pressepolitischen Alltagsarbeit, der pressegesetzlichen Planung oder der die Presse angehenden Rechtsprechung, sollten der gesamtberuflichen Vertretung der Presse überantwortet sein. Sie sollte, so weit ging man damals, in Fällen beruflicher Vergehen auf gesetzlicher Grundlage eine eigene Berufsgerichtsbarkeit üben. Auch die Errichtung von Berufskammern, wie sie heute für andere in ihren öffentlichen Diensten wichtige Berufe selbstverständlich sind (Ärzte und Rechtsanwälte), wurde erwogen.

---

[1]) *Ridder,* H. K. J.: Probleme der inneren Pressefreiheit, Köln 1962, S. 10.
[2]) vgl. Bringmann, K.: Die Presse und ihr Recht. Reformentwürfe als Dokument und Selbstzeugnis. Festschrift für Betz, Düsseldorf 1963.

Dann aber mißbrauchte das nationalsozialistische Schriftleitergesetz (1933) diese Ideen einer freien beruflichen Ordnung. Es nahm sie zwar auf, kehrte aber ihren Sinn in das Gegenteil. Alle Entscheidungen der beruflichen Vertretungen fällte letztlich das Propagandaministerium. Ihm stand auch der Eingriff in jedes berufsständische Verfahren zu, das wiederum durch eine staatlich gelenkte und durch die Partei besetzte Pressekammer durchgeführt wurde. Sie war Organ in der Hand des Staates und der nationalsozialistischen Partei.

Dieser unter dem Anschein eines demokratischen Verfahrens geübte Mißbrauch, der das freie Recht auf Selbstdisziplin eines Standes sowie die Besetzung der Berufskammern einer diktatorischen Macht zuschob, kehrte die Selbstdisziplin in ihr Gegenteil um, nahm aber noch das Ansehen in Anspruch, das aus der demokratischen Zeit dem Begriff der freien Selbstverwaltung innewohnte.

Die Folge war, daß nach 1945 — sogar in einigen Pressegesetzen — das Verbot[1]) jeder Art von beruflicher Selbstverwaltung, auch der freien und demokratischen, erfolgte. Sie wurde als „nazistisch" abgelehnt. Daher versagten anfangs alle Bemühungen einer ständischen Selbstdisziplin. Es bedurfte einiger Jahre, ehe die Tatsache erkannt war, daß das Hitlerregime die äußere Form der Selbstverwaltung nur genutzt hat, die Presse in ihre Hand zu zwingen. Inzwischen waren aber eine Reihe von Einrichtungen der Selbstverwaltung und der Selbstdisziplin in erfolgreiches Arbeiten gekommen, z. B. die „Freiwillige Selbstkontrolle der Deutschen Filmwirtschaft".

Eine neue Entwicklung setzte in England an. Aus den Kreisen der Parlamentarier, vor allem der Labour Party,

---

[1]) vgl. Gesetz zum Schutz der Freiheit vom 20. 12. 1948, Bremen, § 6, ebenso den Entwurf des Deutschen Journalistenverbandes von 1950 mit der neuen Fassung vom 8. April 1954, wo sämtliche Selbstverwaltungsmaßnahmen weggefallen sind. Vgl. weiter die materialreiche Arbeit von Heinrichsbauer, Jürgen: Die Presseselbstkontrolle, Bd. 8 der Reihe: Presse und Welt, hrsg. v. Karl d'Ester, München 1954.

wurden durch eine „Royal Commission“ Erhebungen über die Lage der britischen Presse veranlaßt. Sie sollte vor allem prüfen, ob die Konzentration des englischen Zeitungswesens die Freiheit der Meinungs- und Willensbildung beeinträchtige. Der erste Bericht verneinte diese Frage noch[1]), schlug aber die Gründung eines Presserates *(„General Press Council“)* aus 20 Vertretern der Verleger und der Redakteure vor. Nach den Satzungen — er konstituierte sich 1953 — war es seine Aufgabe:

1. jeder Entwicklung entgegenzuarbeiten, die die Freiheit der journalistischen Arbeit hemmt oder einschränkt,
2. Kritik zu üben an unerwünschtem journalistischen Verhalten („on undesirable typs of journalistic conduct“),
3. journalistische Grundsätze festzulegen, die den höchsten beruflichen Ansprüchen genügen („... to build up a code in accordance with the highest professional standards“).

Da die Maßnahmen des ersten „Press Council“ gegen die wachsende Konzernierung wirkungslos blieben, veranlaßte eine neue Royal Commission[2]) die Ergänzung des Press Council durch Aufnahme von 5 Laienmitgliedern. Eine richterliche Körperschaft (Press Amalgamation Court) wurde geschaffen, rechtskräftig bestimmte Konzernierungen zu verhüten[3]).

Von der Verfassungsform des ersten Press Council (1953) angeregt, ihm aber nicht nachgebildet und bisher auch der jüngeren englischen Entwicklung nicht gefolgt, ist der *„Deutsche Presserat“*. Er wurde am 20. 11. 1956 von den beiden Verbänden „Bundesverband der deutschen Zeitungsverleger“ und dem „Deutschen Journalisten-Verband“ gegründet. 1957 trat auch der „Verband Deutscher Zeitschriftenverleger“ hinzu. Damit war die Presse in ihrer Gesamtheit vertreten. Von jeder Seite, der Verleger, der

[1]) Royal Commission on the Press, 1947/49, London 1949. Vgl. Susanto-Sunario, Astrid: Die politischen Kräfte hinter der Entstehung des britischen Presserates, Diss., Berlin 1965.

[2]) Report: Royal Commission on the Press, 1961/62.

[3]) Susanto-Sunario, a. a. O., S. 191. — Die Arbeit des Press Council ist seit der Neuordnung sehr viel aktiver geworden; vgl. The Press and the People, 11th annual Report of the Press Council, 1964, S. 27.

Redakteure, wurden je 10 Vertreter benannt. Man einigte sich auf folgende Aufgaben:

1. Schutz der Pressefreiheit; Sicherung des unbehinderten Zugangs zu den Nachrichtenquellen.
2. Feststellen und Beseitigen von Mißständen im Pressewesen.
3. Beobachtung der strukturellen Entwicklung der deutschen Presse und Abwehr von freiheitsgefährdenden Konzern- und Monopolbildungen.
4. Vertretung der deutschen Presse gegenüber Regierung, Parlament und Öffentlichkeit sowie bei Gesetzesvorlagen, die Leben und Aufgabe der deutschen Presse angehen.

Der „Deutsche Presserat“ verfügt „über keinerlei Exekutive, er hat keine Vollmachten und keinerlei staatliche Hilfe. Er will sie auch nicht haben. Er ist ein Organ der „Eigenverantwortung der Presse“ oder, wie der damalige Bundespräsident, Theodor Heuss, feststellte, „ein erfreuliches Zeichen für die Selbstachtung der Presse“[1]). Seine Autorität besteht allein in der Sachlichkeit und Unabhängigkeit seines Urteils.

Es dauerte einige Zeit, bis der „Deutsche Presserat“ sich in der Öffentlichkeit und auch in den eigenen Berufskreisen durchgesetzt hatte. Sogar vor Gericht mußte er die Berechtigung seines Wirkens verteidigen. Der Chefredakteur und Geschäftsführer einer der größten „Illustrierten“ behauptete, das Wirken des Presserates verstoße gegen die Pressefreiheit, er maße sich „verfassungswidrige Vollmachten“ an. Der Prozeß ging über zwei Instanzen und wurde in beiden Instanzen für den Presserat gewonnen, zuletzt vor dem Hanseatischen Oberlandesgericht (Urteil vom 17. 12. 1959). Dem Presserat war damit auch gerichtlich das Recht bestätigt, nach seiner Aufgabe und Satzung in Selbstachtung (Th. Heuss) und Selbstdisziplin tätig zu sein[2]).

---

[1]) vgl. Deutscher Presserat, Tätigkeitsbericht 1956/59, S. 9. — Ausführliche weitere Dokumentation der Arbeit in den jährlichen Tätigkeitsberichten, z. Z. bis 1965, Bad Godesberg, Verlag ZVuZV.

[2]) vgl.: Deutscher Presserat, Tätigkeitsbericht 1956/59, S. 21.

Aktiv und mit Erfolg hat der „Deutsche Presserat" an der Gestaltung aller die Presse angehenden oder ihr Wirken beeinflussenden Gesetze und Gesetzesvorlagen mitgearbeitet. Er stand in Verteidigung und Fortentwicklung des Artikels 5 des Grundgesetzes, der Pressefreiheit, in der Abwehr aller Gesetze und Verordnungen, die Gefahr liefen, diesem Verfassungsrecht entgegenzustehen oder den öffentlichen Auftrag der Presse zu bedrohen (Notstandsgesetzgebung, Zeugniszwang, Konzentrationsproblem, publ. Geheimnisverrat, Strafrechtsreform, Länderpressegesetze). Er diente aber ebenso mehrfach den Bemühungen, auch den Artikel 1 des Grundgesetzes zu sichern: „Die Würde des Menschen ist unantastbar ...". Das bedeutete, daß der Presserat gegen einseitige, öffentlich nicht bedingte sensationelle Übersteigerung der Berichterstattung Front machte. Die Presse, der die Pflicht der *öffentlichen Aufgabe* in Freiheit anvertraut ist, kann dieses Vertrauen nur rechtfertigen, wenn sie jedem Mißbrauch dieser Freiheit entgegenwirkt.

Aus dieser doppelten Aufgabenrichtung sucht der „Deutsche Presserat" die Presse unabhängig, geachtet und wirksam zu halten. So behandelt er auch umstrittene Probleme (so die umkämpfte Bildberichterstattung, das Berichtigungswesen, den Gerichtsbericht, die Trennung zwischen redaktionellem und Anzeigenteil usw.). Das Ansehen des „Deutschen Presserats" hat sich gegen manche kaum je ernsthaft begründete Widerstände durchgesetzt. Er gehört in die Reihe der demokratischen Institutionen, die frei und autonom aus eigener Sorge sich um die Freiheit und Unabhängigkeit der Presse mühen. Sie tun es in enger Fühlung zur Praxis und zur unmittelbaren Tagesarbeit. Auch andere publizistische Mittel haben für sich ähnliche Einrichtungen geschaffen. Sie sollen in der freiheitlich-demokratischen Grundordnung des pluralistischen Massenstaates vor der geschäftlichen Ausbeute, ebenso auch vor der politisch monomanen Einseitigkeit schützen, die darauf ausgeht, mit propagandistischen Suggestionen die Massen in totalitäre Bindungen zu führen. Wir haben 1930—1933, in den Jahren des zerbrechenden

Weimarer Staates, erlebt, wie ein freier Staat trotz einer blühenden demokratischen Presse überwältigt werden kann, wenn nicht weitgehend auch dem einzelnen die innere Unabhängigkeit des Urteils und die kritische Grundhaltung zu eigen ist, die nur aus der sachlichen Anteilnahme am politischen Geschehen gewonnen werden kann. Gerade *das* aber ist die Aufgabe der Zeitung im demokratischen Staat: *in überzeugender und sachlich fördernder Information und Deutung des politischen Geschehens ein reifes Urteil in der breiten Öffentlichkeit zu entwickeln.*

Je angesehener eine Zeitung ist und je besser sie ihrer öffentlichen Aufgabe genügt, um so glaubwürdiger kann sie die Realitäten des Politischen dem öffentlichen Leben vermitteln, kann sie die Erstarrung politischer Prinzipien ebenso verhüten wie das Laster des Nurverdienens und das Laster der steten Negation.

Soll also die moderne Massengesellschaft nicht der totalitären Gleichschaltung verfallen, und sei es nur in der Hingabe an den Wohlstandskonsum, muß die freie und verantwortliche Mitarbeit, müssen Urteilssicherheit und Verständnis für das öffentliche Leben in einer möglichst großen Zahl der Staatsbürger gefestigt stehen. Dies Ziel zu erreichen, ist in der zweiten Hälfte des 20. Jahrhunderts, zumal in der überstürzenden Schnelligkeit ihrer eigenen Entwicklung und der fruchtbaren Spannung zu den anderen publizistischen Mitteln, die wesentlichste Aufgabe der modernen Zeitung.

So hat sie zu einem großen Teil das deutsche und das europäische Schicksal mitzuentscheiden.

LITERATURVERZEICHNIS

IV. Teil: Die Redaktion

Ackerknecht, Erwin: Der Kitsch als kultureller Übergangswert, Bremen 1950.

Altenberg, Peter: Wie ich es sehe, Berlin 1922.

Auburtin, Victor: Federleichtes, München 1953.

Auburtin, Victor: Schalmei. Aus dem Nachlaß, hrsg. von Wilmont Haacke, Hamburg 1948.

Bab, Ilse: Der Theaterkritiker Julius Bab, Diss., Berlin 1952.

Bamm, P.: Die unsichtbare Flagge, München 1952.

Bäuerlein, Heinz u. *Meyer*, R.: Praktischer Journalismus. Ein Lehr- u. Lesebuch. Hrsg. v. d. Deutschen Journalistenschule, München 1963.

Bömer, Karl: Internationale Bibliographie des Zeitungswesens. Hrsg. i. A. d. Deutschen Instituts für Zeitungskunde, Berlin/Leipzig 1932, S. 78 ff. und S. 94 ff.

Boveri, Margret: Wir lügen alle. Eine Hauptstadtzeitung unter Hitler. Texte u. Dokumente zur Zeitgeschichte, Olten u. Freiburg i. Br. 1965.

Braun, Hanns: Der Leserbrief im Lichte zeitungswissenschaftlicher Theorie. In: Publizistik, 6/1960, Festgabe für Emil Dovifat.

Chargesheimer/Kuby: Des Spiegels Spiegel, Hamburg 1961.

Dietrich, V.: Alfred Hugenberg, ein Manager der Publizistik, Diss., Berlin 1960.

Döring, Heinz: Der 3. Leitartikel der Times, Diss., Berlin 1954.

Dovifat, E.: Pressefreiheit und Schutz der Ehre und Intimsphäre, Veröffentlichung der Universitätstage an der Freien Universität, Berlin 1959.

Dovifat, E.: Kritik der Kritik. In: Publizistik, 5/1963, Festschrift für Braun.

Eckstein, Ernst: Beiträge zur Geschichte des Feuilletons. Bd. 1—2, 3. Aufl., Leipzig 1876.

Ehrenburg, Ilja: Auf den Straßen Europas, Berlin (Ost) 1947.

Eliot, T. S.: Ausgewählte Essays, Berlin 1950.

Frankenfeld, A.: Keine publizistische Einmischung in Gerichtsverhandlungen. In: ZVuZV, 24/1966.

Fröhner, Rolf: Kritik der Aussage. Sprache, Mitteilung, Ausdruck und ihre publizistische Problematik. Heidelberg 1954 (Beiträge zur Publizistik Bd. 6).

Gablentz, Otto H. v. d.: Politische Parteien als Ausdruck gesellschaftlicher Kräfte, Berlin 1952.

Gablentz, Otto H. v. d.: Macht, Gestaltung, Recht — Faktoren der Machtbildung, Berlin 1957.

Gerigk, Alfred: Das politische Geheimnis und die Presse. In: ZVuZV, 17/1961.

Haacke, Wilmont: Handbuch des Feuilletons, 3 Bde., Emsdetten 1951—53.

Haacke, Wilmont: Publizistik, Elemente und Probleme. Essen 1962.

Harden, Maximilian: Kampfgenossen Sudermann, Berlin o. J.

Harpprecht, Klaus: Viele Grüße an die Freiheit, Stuttgart 1964.

Heidelberg, F. C.: Justizreportage, Heidelberg 1932.

Heidemann, Christel: Satirische und polemische Formen in der Publizistik von Karl Kraus, Diss., Berlin 1958.

Henkels, W.: Zeitgenossen, Hamburg 1953.

Henkels, W.: 99 Bonner Köpfe, Düsseldorf 1963.

Hirsch, E.: Maulkorb für die Presse; zum zivilrechtlichen Persönlichkeits- und Ehrenschutz, Berlin 1959.

Holthusen, H. E.: Ja und Nein. Neue kritische Versuche, München 1954.

Holthusen, H. E.: Kritisches Verstehn, München 1962.

Junges Amerika, Preisgekrönte Stories aus den USA, Berlin 1948.

Keilhacker, Martin: Die Entwicklung des heranwachsenden Menschen zur Persönlichkeit. In: Persönlichkeitsschutz und Meinungsfreiheit, München 1959.

Kempe, Fritz: Fetisch des Jahrhunderts. Ein Lesebuch für Photofreunde. Düsseldorf/Wien 1964.

Kerr, Alfred: Gesammelte Schriften in 2 Reihen. Bd. 1—7, Berlin 1917 bis 1920.

Kieslich, G.: Freizeitgestaltung in einer Industriestadt, Institut für Publizistik, Münster 1956.

Klassiker der Kritik, hrsg. v. Emil Staiger. Bisher u. a. erschienen: Ludwig Börne, Otto Brahm, Theodor Fontane, Ludwig Speidel, Zürich/Stuttgart ab 1961.

Kisch, Egon Erwin: Marktplatz der Sensationen, Berlin (Ost) 1947.

Klie, Barbara: Der deutsche Essay als Gattung, Diss., Berlin 1944.

Kliesch, Hans Joachim: Die Film- und Theaterkritik im NS-Staat, Diss., Berlin 1957.

Knapp, R.: Der Wirtschaftsteil der Zeitung. Eine Anleitung für den Leser, 6., neubearb. Aufl., Stuttgart 1963.

Knudsen, Hans: Wesen und Grundlagen der Theaterkritik, Berlin 1935.

Knudsen, Rüdiger R.: Der Theaterkritiker Theodor Fontane, Berlin 1942.

Korn, Karl: Die Kulturfabrik, Wiesbaden 1953.

Krakauer, Siegfried: Die Angestellten. Sozialreportgen. Einführung E. P. Neumann, Allensbach 1959.

Krull, Edith: Herbert Ihering, Berlin (Ost) 1964.

Kürnberger, Ferdinand: Gesammelte Werke, Bd. II, München/Leipzig 1911 („Literarische Herzenssachen").

Die Kurzgeschichte. In: Das Manuskript, Handbuch für Autoren, Formen der Wortkunst, Werkzeug und Handgriffe des Schriftstellers, Wilhelmshaven 1954.

Langenbucher, Wolfgang R.: Der aktuelle Unterhaltungsroman, Beiträge zu Geschichte und Theorie der massenhaft verbreiteten Literatur. Bonner Beiträge zur Bibliotheks- u. Bücherkunde, Band 9, Bonn 1964.

Luft, Friedrich: Berliner Theater 1945—1961, 2. Aufl., Velber 1962.

Mahling, Musikkritik, München 1929.

Martin, L. A. C.: Das Pressephoto ist kein Dokument mehr. In: Publizistik, 3/1959.

Maugham, W. Somerset: Rückblick auf mein Leben, Zürich 1948.

Meding, Hildegard: Die Entwicklung der „Chronique" und ihre bedeutenden Vertreter, Diss., Berlin 1940.

Meunier, Ernst und *Jessen,* Hans: Das deutsche Feuilleton, Berlin 1931.

Miehlnickel, Monika: Die feuilletonistische Sprache bei Sieburg und v. Radecki, Diss., Berlin 1963.

Mirbt, Karl-Wolfg.: Methoden publizistischen Widerstandes im 3. Reich, nachgewiesen an der „Deutschen Rundschau" Rudolf Pechels, Diss., Berlin 1958.

Nafziger, Ralph O.: Die Entwicklung der Comic Strips. In: Publizistik, 3/1956.

Nedila, Kaethe: Henri Rochefort, Diss., Berlin 1959.

Pawek, Karl: Totale Photographie. Die Optik des neuen Realismus, Olten/Freiburg i. Br. 1960.

Pawek, Karl: Panoptikum oder Wirklichkeit. Der Streit um die Photographie, Hamburg 1965.

Pechel, Rudolf: Zwischen den Zeilen. Der Kampf einer Zeitschrift für Freiheit und Recht 1932—1942. Aufsätze. Wiesentheid 1948.

Polgar, Alfred: Standpunkte, Hamburg 1953.

Preisgekrönte journalistische Arbeiten des D. J. V.; abgedruckt in: Der Journalist, Jg. 3, H. 4, April 1953, Beilage.

von Radecki, Sigismund: Das Schwarze sind die Buchstaben, Köln 1957.

Sackarndt, P.: Der Spiegel entzaubert, Essen 1961.

Sackarndt, Paul.: Das unersättliche Auge. Der Mensch und das Bild, Essen 1961.

Schauseil, A.: Emile de Girardin. Studien über die Grundzüge und das Werden eines publizistischen Charakters. Diss., Berlin 1958.

Schlegel, Friedrich: Kritik des „Wilhelm Meister". In: Athenäum, 1798.

Schütz, W. J.: Deutsche Tagespresse in Tatsachen und Zahlen. In: Publizistik, 1/1966.

Schütz, W. J.: Wettbewerbsbedingungen und Konzentrationstendenzen der deutschen Tageszeitungen. In: Publizistik, 4/1963.

Schwalbe, Hermann: Die Grundlagen für die publizistische Bedeutung der Karikatur in Deutschland. Diss., Berlin 1937.

Schwarzlose, Walter: Methoden der deutschen Theaterkritik (von Lessing bis Kerr). Diss., München 1951

Schwedler, P.: Die großen Kriminalprozesse des Jahrhunderts, Hamburg 1961.

Sembdner, Helmut: Die Berliner Abendblätter H. v. Kleists, ihre Quellen und ihre Redaktion, Berlin 1939.

Sieburg, Friedrich: Nur für Leser. Jahre und Bücher, München 1961.

Sling (d. i. Paul Schlesinger): Richter und Gerichtete, Berlin 1929.

Sostschenko, Michail: Schlaf schneller, Genosse. Übertr. von Grete Willinsky, Darmstadt 1954.

Stiewe, Willy: Das Bild in der Presse. In: H. d. Z., Sp. 593—635.

Strelow, Liselotte: Das manipulierte Menschenbild, Essen 1960.

Stuckenschmidt, H. H.: Glanz und Elend der Musikkritik, Berlin 1957.

Urbanus (d. i. Friedrich Luft): Tagesblätter, Berlin 1948.

Walchner, Franz: Der Strukturwandel im deutschen Zeitungswesen, VERBO seit 30 Jahren beispielgebend und richtungweisend. In: ZV, Jg. 50, 1953, Nr. 1.2, S. 105.
Walden, Matthias: Politik im Visier, Stuttgart 1965.
Weber, Max: Politik als Beruf, 2. Aufl., München und Leipzig 1921.
Wendrich, Richard: Das Berufsbild des Pressestenographen, Berlin o. J.
Westecker, Wilhelm: Wandlungen des Feuilletons. In: Zeitwende. Die neue Furche. 32. Jg., Heft 1, Januar 1961.
Wieber, Friedkarl: Der deutsche Zeitungsroman im 20. Jahrhundert, Halle 1933.
Willinsky, Grete: Die Kurzgeschichte in Sowjetrußland. In: Welt und Wort, Okt. 1954, H. 10, S. 337.
Wohlfart, Kurt: Theorie des aktuellen Bildes. Diss., Berlin 1932.
Zahn, Peter von: An den Grenzen der neuen Welt, Hamburg 1955.
Zahn, Peter von: Fremde Freunde, Hamburg 1953.
Zahn, Peter von: Windrose der Zeit, Hamburg o. J.
Zankl, H. L.: Pressebürokratie und lebendige Öffentlichkeit. Vortrag beim 3. zeitungsfachlichen Fortbildungslehrgang 1953.
Die Zeitung 1957/58, Berichtband einer demoskopischen Untersuchung, Allensbach 1958.
Leseranalyse 1960/61. Herausgeber: Bundesverband Deutscher Zeitungsverleger e. V., Bad Godesberg 1961.

V. Teil: Die Technik und Wirtschaft im Zeitungsbetrieb

Arbeitstagung für Verbreitungs- und Leseranalyse deutscher Tageszeitungen am 20. März 1954 in Tübingen.
Bernhard, Ludwig: Der Hugenberg-Konzern. Psychologie und Technik einer Großorganisation der Presse, Berlin 1928.
Bretag, W.: 60 Jahre Setzmaschinentechnik. In: ZVuZV, Sonderausgabe zum 60jährigen Bestehen des Vereins Deutscher Zeitungsverleger, 1954, S. 350.
Dichter, Ernest: Strategie im Reich der Wünsche, Düsseldorf 1961.
Die Zeitungsleser 1966. Leseranalyse der deutschen Tageszeitungen (BdZV), durchgeführt von DIVO, Frankfurt a. M. und INFRATEST, München, August 1966.
Dovifat, Emil: Das geistige Ziel in der typographischen Aufgabe. In: Nachrichtenblatt der Berliner Typographischen Gesellschaft, Januar 1955, S. 17 ff.

Duisburg, H. J.: Die Psychologie der typographischen Aufmachung als zeitungswissenschaftliche Aufgabe, München 1938.

Ernst, Otmar: Forschung nach Maß für den Werbeträger. Vortrag für die Regionale Presse e. V., Frankfurt a. M. 1966.

Engelmann, Hans: Die Kosten- und Ertragsentwicklung im Zeitungsverlagswesen in den Jahren 1952 und 1953. In: ZVuZV, Sonderausgabe zum 60jährigen Bestehen des V. d. Z. V., 1954, S. 336 ff.

Engelmann, H., u. *Krumm,* Joh.: Umsatz u. Kostenanalyse deutscher Tageszeitungen (Auflagen, Kosten u. Bezugspreise) 1962/64. In: ZVuZV, 51—52/1965, S. 2558—2562.

Epple, Ernst: Rechte Seite — rechts oben! Eine experimentelle Untersuchung über die Abhängigkeit des Aufmerksamkeitswertes von der Plazierung einer Anzeige. „Frankfurter Illustrierte" im Verlagshaus Frankfurter Societäts-Druckerei. Auszug in: ZVuZV, 15—16/1961, S. 636—646.

Erhebung der Fédération Internationale des Editeurs des Journeaux, Bulletin d'Information. Juillet 1954. (Betr. Technik der Formate).

Erhebung des Instituts für Publizstik an der Universität Münster 1951. (Betr. Leserinteresse an der Zeitung.)

d'Ester, Karl: Zeitung und Leser, Mainz (Verlag der Gutenberg-Gesellschaft) 1941.

Faber, F.: Die Mehrkosten der farbigen Anzeige. In: ZVuZV, 18—19/1961.

Heuer, Gerd F.: Entwicklung der Annoncen-Expedition in Deutschland, Frankfurt a. M. 1937.

Holzschuher, L. v.: Grundlagen der Werbung, Essen 1956.

Hundhausen, Carl: Grundriß der Werbung, Band III, Wesen und Form der Werbung, Düsseldorf 1960.

Jonas, K. H.: Organisation und Volumen der Werbung in Deutschland. In: ZVuZV, 1/1960.

Kolwe, A.: Die Leseranalyse der Deutschen Tageszeitung, Berlin 1957, Diss., Berlin 1957.

Martinides, Leonidas: Leser und Zeitung. Studien zur Zeitungsbetriebslehre, hrsg. von der Universität Wien, 1954.

Martinides, Leonidas: Der österreichische Zeitungsleser. In: ZVuZV, 1960, S. 145 ff.

Mayer, Martin: Verführung durch Werbung, Köln 1960.

Münsterberg, Hugo: Psychologie im Wirtschaftsleben, angewandte Experimentalpsychologie, Leipzig 1913.

Nußberger, Ulrich: Der Kapitalbedarf einer neuen Zeitung, Festschrift für Emil Dovifat, Bremen 1960.
Nußberger, Ulrich: Sind unsere Bezugspreise zu niedrig? In: ZVuZV, 18—19/1961.
Nußberger, Ulrich: Dynamik der Zeitung, Stuttgart 1961.
Packard, Vance: Die geheimen Verführer, Berlin 1963.
Packard, Vance: Die große Verschwendung, Düsseldorf 1960.
Schanz, Joachim: Die Entwicklung eines deutschen Presse-Großverlages. Diss., Berlin 1932.
Schneider, Carl: Anzeigenwesen. (Artikel in: H. d. Z., Sp. 90 bis 225.)
Schopenhauer, Arthur: Über Lesen und Bücher.
Schröter, Paul: Normung der Formate. In: ZVuZV, 18—19/1961.
Schulte-Pfältzer, Gerhard: Propaganda, Agitation, Reklame, Berlin 1923.
Seyffert, Rudolf: Werbelehre, Theorie und Praxis der Werbung. 2 Bde., Stuttgart 1966.
Strauf, Herbert: Die moderne Werbeagentur in Deutschland, Essen 1959.
Wilsmann: Der Aberglaube der Rechtsplazierung. In: Druckspiegel v. 1. 1. 1958.

VI. Teil: Die Sicherung der öffentlichen Aufgabe — Presserecht

Bringmann, K.: Die Presse und ihr Recht. Reformentwürfe als Dokument u. Selbstzeugnis. Festschrift für Betz, Düsseldorf 1963.
Delp, Ludwig: Das gesamte Recht der Presse, des Buchhandels, des Rundfunks und des Fernsehens. (Lose-Blatt-Sammlung.) Hermann Luchterhand Verlag, Berlin und Neuwied a. Rh. 1953. (Wird laufend ergänzt.)
Deutscher Presserat: Tätigkeitsbericht 1956 u. folg. Bad Godesberg.
Ehmer, Wilhelm: Standesgesetze des Zeitungsverlegers. In: ZVuZV, 9—10/1954., S. 409.
Die Entwürfe der deutschen Verleger- und Journalistenverbände für ein Pressegesetz, Stand 1. Mai 1954. Zsgest. u. bearb. von der Geschäftsstelle des Vereins Deutscher Zeitungs-Verleger e. V. Wiesbaden, Wiesbaden.
Frankenfeld, Alfred: Die Verteidigung der Pressefreiheit gegen wirtschaftliche und politische Gefahren. In: Der Journalist, 12/1954.

Häntzschel, Kurt: Reichspressegesetz — und die übrigen strafrechtlichen Vorschriften des Reichs und der Länder, Berlin 1927. (Kommentar.)

Häntzschel, Kurt: Das deutsche Preßrecht, Berlin 1928.

Hase, K.-G. v.: Informationsrecht des Staatsbürgers, Informationspflicht der Regierung. In: ZVuZV, 28/1963.

Heinrichsbauer, Jürgen: Die Presseselbstkontrolle. In: Presse und Welt, Bd. 8, hrsg. v. Karl d'Ester, München 1954.

Justiz und Öffentlichkeit. Hrsg. v. Heinrich Reynold, Köln 1966.

Löffler, Martin: Presserecht. Kommentar zum Reichsgesetz über die Presse und zum Presserecht der Länder sowie zu den sonstigen die Presse betreffenden Vorschriften, München 1955 und 1959.

Löffler, M.: Der Verfassungsauftrag der Presse, Karlsruhe 1963.

Müller, Gebh., Präsid. des Bundesverfassungsgerichtes: „Verfassungsrecht u. Verfassungswirklichkeit". Vortrag vor dem Presserat. ZVuZV 48/1966, Beilage.

Neumann-Duesberg, Horst: Presseberichterstattung, Presseurheberrecht und Nachrichtenschutz. Juristische Handbücherei der Aschendorff'schen Verlagsbuchhandlung, Bd. 10, Münster 1949.

Posse, Ernst: Über Wesen und Aufgabe der Presse. Ein Beitrag zur Reform der Presse und des Pressegesetzes, Tübingen 1917.

Presserecht, Gesetz von 1874, die Pressegesetze der Länder und pressegesetzlichen Vorschriften im Grundgesetz usw., Rote Textausgabe, 1958.

Pross, Harry (Hrsg.): Deutsche Presse seit 1945. Bern, München, Wien 1965.

Recht der Presse. Hrsg. v. H. Roeber und H. J. Alberding, Köln 1966.

Ridder, H. K. J.: Die öffentliche Aufgabe der Presse im System des modernen Verfassungsrechts, Wien 1962 (Verb. österr. Zeitungsverleger).

Ridder, H. K. J.: Probleme der inneren Pressefreiheit. In: Der Journalist, Beilage Mai 1962.

Royal Commission on the Press 1947—1949. Report. London 1949, ebenso 1961—1962. Report. London 1962.

Schmidt-Osten, H.: Das Arbeitsrecht der Presse. Tarifvertrag für Redakteure. Bonn: Deutscher Journalistenverband 1953.

Schneider, Franz: Presse- und Meinungsfreiheit nach dem Grundgesetz, München 1962.

Zeitung als Aufgabe. 60 Jahre V. d. Z. V., Wiesbaden 1954.

ZEITSCHRIFTENVERZEICHNIS

„*Die Anzeige*", Die Fachzeitschrift für Werbung, Reutlingen.

„*Bulletin*", International Association for Mass Communication Research. Paris.

„*Cahiers de Presse*", Organe offic. de l'institut de science de la presse. Paris.

„*Der Druckspiegel*", Ein Archiv für deutsches und internationales graphisches Schaffen. Stuttgart.

„*Editor and Publisher*", New York. International Yearbook.

„*Etudes des Presse*", Paris.

„*Die Feder*", Monatsblatt der Berufsgruppe der Journalisten in der IG Druck und Papier, Bonn.

„*Gazette*", International Journal of the Science of the Press, Leiden (mit internationaler Bibliographie).

„*Graphische Woche*", Zeitschrift der Arbeitsgemeinschaft der graphischen Verbände, Hannover.

„*Journalism Quarterly*", Iowa City.

„*Der Journalist*", Mitteilungsblatt des Deutschen Journalisten-Verbandes, Bonn.

„*IPI-Rundschau*", Monatsschrift des Internationalen Presse-instituts Zürich.

„*Neue Deutsche Presse*", Organ des „Verbandes der Deutschen Journalisten", Berlin (Ost).

„*Der neue Vertrieb*", Fachorgan für den Buch-, Zeitungs- und Zeitschriftenvertrieb, Flensburg.

„*Das Parlament*", Die Woche im Bundeshaus, Bonn.

„*Der Polygraph*", Allgemeiner Anzeiger für die gesamte Druck-industrie, Frankfurt a. M.

„*Publizistik*", Zeitschrift für die Wissenschaft von Presse, Rundfunk, Film, Rhetorik, Werbung und Meinungsbildung, Bremen.

„*Zeitungs-Verlag und Zeitschriften-Verlag*" (ZVuZV), Das Organ für Presse und Werbung, Bad Godesberg.

REGISTER

Das Register erfaßt beide Bände. Die römischen Ziffern verweisen jeweils auf den Band. Die Literaturhinweise und die Verfassernamen sind im Literaturverzeichnis und in den Anmerkungen genannt.

Abonnement II 119 f., 125 ff.
Abraham a Santa Clara II 87, 91
Actes des Apôtres I 47
Agate, James II 67
Agence d'Information et de Documentation (Agence clandestine) I 89
Agence France Afrique I 89
Agence France Indépendente (AFI) I 89
Agence France Presse (AFP) I 72, I 87 f.
Agence Havas (AH) I 72, I 88
Agence Nationale de Publicité I 89
Agitation I 31, II 134
Aktualität s. Gegenwartsgeschehen, jüngstes
Akzidenzen II 144
Allgemeiner Deutscher Nachrichtendienst (ADN) I 75
Altenberg, Peter II 89 f., 91
Ami du Peuple I 47
Anekdote II 81
Anzeigen I 71, II 130 ff., 139 ff.
Anzeigengemeinschaften II 30, 32
Anzeigenwirkung I 11, 20, II 108, 123, 145 ff.
Anzengruber, Ludwig II 75
Aphorismus II 81 f.
Arbeitsgemeinschaft der Deutschen Presse I 55
Aretino, Pietro I 46
Aristoteles I 128
Asahi Shimbun II 130
Associated Press (AP) I 72, 85 f.
Auburtin, Victor II 91
Aufgabe, öffentliche I 6 f., 15, 18, 22 ff., 53, 57, 123; II 27, 35, 110, 149, 157 ff.
Auflage II 115 ff., 126, 130, 139 ff.
Aufmachung II 103 ff.
Augsburger Allgemeine Zeitung II 91
Augustinus II 87
Ausbildung des Journalisten I 36 ff.
Auslandskorrespondent II 18 ff.
Autotypie II 99

Bab, Julius II 67
Badische Zeitung II 154
Bahr, Hermann II 67
Bamm, Peter II 79, 92
Bauer, J. Martin II 79
Bauer, Walter II 92
Bauer, Wilhelm I 118
Bauernschmid, Karl Eduard II 91
Baum, Vicki II 73
Bebel, August I 48
Becker, Michael II 79
Beheim-Schwarzbach, M. II 79
Beilagen II 27 f., 99, 109
Bennett, James Gordon I 48, II 128
Bergengruen, Werner II 70
Bericht I 28, 138, II 62
Berichterstatter I 28, II 20 ff.
Berliner Abendblätter I 47, II 34
Berliner Lokalanzeiger II 128
Berliner Morgenpost II 48, 126, 129
Berliner Tageblatt I 48
Berliner Volkszeitung I 48
Bernhard, Georg I 48
Bernstein, Arno I 48
Berthold, Bruder II 87
Bertin, L. F. u. M. A. I 47
Besitzverhältnisse II 144 f.
Bezirksausgaben II 28
Bild I 14, 36, II 57, 82 f., 96
Bildbericht II 98 ff.
Bildfeuilleton II 82 f., 102
Bildnachricht I 69, II 100
Bildredakteur II 102
Bildserie II 101 f.
Bildtelegraphie I 79, 107 f., II 116
Bild-Zeitung II 130, 154
Bildung, politische I 5, 17
Bismarck, Otto v. I 34, 109, 119 f., II 38, 87

Bluntschli, Johann Kaspar I 119
Börne, Ludwig II 66, 87, 91
Börsengesetz 1896 I 22
Boulevardpresse I 12, 20 f., 48, 64, 122; II 7, 45, 80, 98, 102, 126, 129, 152, 154
Brahms, J. II 65
Bret, Louis I 89
Brissot, Jean-Pierre I 47
Brockhaus, Friedr. A. I 50
Bücher, Karl I 58, 63, II 123, 125
Buffon, George I 129
Bulletin I 111
Bundesverband Deutscher Zeitungsverleger I 52, II 160
BZ am Mittag II 126

Cardauns, Hermann I 48
Carrel, Armand I 47
Catilina II 87
Cavour I 73
Cetto, Gitta v. II 79
Charakter I 34
Chefredakteur II 9 ff.
Chef vom Dienst II 8 f.
Chopin, Fréderic II 65
Computersatz II 116
Chroniqueur I 33, 143, II 41, 91
Cicero I 128, II 87
Claudius, Matthias II 91
Clémenceau, Georges I 47
Columnists I 33, II 91
Comic Strips II 85 f.
Commercial Telegraph Büro (COMTEL) I 85
communication media I 5
Continental Telegraphen Compagnie I 74
Cotta, Joh. Friedr. v. I 50, 56
Courths-Mahler, Hedwig II 75
Croce, Benedetto II 68
Cromwell, Oliver I 120

Daily Express II 130
Daily Mail I 48, II 128
Daily Mirror I 123, II 130
Daily News I 47, II 130
Daily Telegraph II 128
Daumier, Honoré II 87
Delane, John Thadeus I 47
Dementi I 102 ff.
Demosthenes II 87
Der Spiegel II 94
Desmoulins, Camille I 47
d'Ester, Karl I 50, II 155
Deutsche Allgemeine Nachrichtenagentur (DANA) I 76
Deutsche Journalisten-Union I 44
Deutsche Nachrichtenagentur (DENA) I 76
Deutsche Presseagentur (dpa) I 72, 76 ff.
Deutscher Journalistenverband e. V. I 23, 44, 49, II 159 f.
Deutscher Pressedienst (DPD) I 76
Deutscher Presserat I 24, 57, 109, II 27, 55, 150, 160 ff.
Deutsches Nachrichtenbüro (DNB) I 74
Dickens, Charles I 47
Dienst mittlerer Tageszeitungen (DIMITAG) I 80
Die Presse I 48
Dierichs II 146
Die Welt I 9, II 108, 152
Diurnale I 9
Dostojewski, F. M. II 90
Druck II 113 ff.
Dumas Alexander (d. Ä., d. J.) II 72
Dumont, Markus I 50
Ehrenburg, Ilja II 94
Eidens, Friedel II 79
Eignung, journalistische I 34
Einblattdruck II 99, 119, 126, 131
Einheitspartei I 7
Eliot, T. S. II 67
Emser Depesche I 69
Engelmann, Hans II 146
Ente, Zeitungs- I 102 ff.
Epiktet I 68
Erlebnisbericht II 62, 79 (s. a. Reportage)
Ernst, Paul II 79
Essay II 81
Etats Généraux I 47
Evangelischer Pressedienst (epd) I 81
Evening Post I 47
Extrablatt I 9, 11

Faber, Gabriel Gotthilf I 50
Fallada, Hans II 73
Falkenberg, Gina II 73
Faulkner, William II 78
Feature II 79 ff.
Fernschreiber I 63, 105 f.
Fernsehen I 5, 15 ff.
Fernsprecher I 106 f.
Feuilleton I 143, II 36, 54, 57 ff., 128, 153
Feuilletonbild II 82 f.
Feuilletonismus II 86 f.
Film I 5, II 85, 159
Flaubert, Gustave II 78
Flugblatt I 11
Foitzik, Walter II 92
Fontane, Theodor II 65 f., 73, 91
Form I 35, 124, 128 ff., II 9, 88
Format II 104 ff.
France Soir II 130
Frank, Hans II 79

Frankfurter Allgemeine (FAZ) II 152
Frankfurter Zeitung I 48, II 35, 46 f.
Franklin, Benjamin I 47, 145
Freiwillige Selbstkontrolle der Deutschen Filmwirtschaft II 159
Freytag, Gustav I 48, 50
Furtwängler, Wilhelm II 68

Gablentz, O. H. v. d. II 38
Garrison, W. L. I 47
Garvin, J. L. I 47
Gazette of the United States I 47
Gegenwartsgeschehen, jüngstes (Aktualität) I 8 ff., 18, II 74, 114
Geiger, H. Ludwig II 79
Generalanzeigerpresse II 129
General Council of the Press I 57, II 160
Geoffroy, Abbé de II 60, 90
Gerichtsbericht II 55 f.
German News Service (GNS) I 76
Germania I 48
Gerücht I 62 f.
Gesamtverband der Deutschen Zeitungsverleger I 52
Geschäftspresse I 20, 51
Geschichte des Journalismus I 45 f.
Gesinnung I 6 f.
Gesinnungspresse I 20, II 129 ff.
gewerbsmäßige Herstellung (s. a. Wirtschaftsführung) I 15, 18, 49, 53
Giornale I 9
Girardin, Emile de I 48, II 72, 128
Glassbrenner, Adolf II 91
Glosse I 6, 32, 142 f., 148, II 41, 44, 48
Goebbels, Joseph I 51, 110, II 93
Goerdsche, Hermann (Sir John Retcliffe) II 93
Görres, Joseph I 47 f., 120, II 87
Goethe, J. W. v. I 14, 129, II 91
Golos I 92
Goya, Francisco José de II 87
graphischer Ausdruck (s. a. Umbruch) II 9, 98, 103 ff., 142 f.
Greeley, Horace I 47
Greene, Graham II 78
Grenzboten I 48
Groth, O. II 149
Grundhaltung I 121, II 106, 163
Guardini, Romano II 45
Güde, Max II 44
Gutenberg (Joh. Gensfleisch) II 113

Haacke, Wilmont II 86
Haasenstein & Vogler (Annoncenexpedition) II 132
Hamburger Abendblatt II 130
Hammann, Otto I 110
Hamilton, Alexander I 47
Handelsteil II 45 ff., 153
Harden, Maximilian II 66, 93
Harmsworth-Northcliffe, Alfred I 48, II 128
Harpprecht, Klaus II 92
Havas, Charles I 71, 88
Hearst, William Randolph I 48
Hebel, J. P. II 78
Hegel, G. W. F. I 118
Heimatteil s. lokaler Teil
Heimatzeitung I 21
Heine, H. II 66, 68, 87, 88, 91, 93
Heine, Th. Th. II 87
Hell, R. I 106
Hemingway, E. II 78
Henkels, Walter II 92
Herzl, Th. II 91
Heuss, Th. I 57, 58, II 161
Hitler, A. I 20, 69
Hoecker, C. II 79
Hogarth, William II 87
Holander, Walther v. II 73
Hollmann, Wolfgang I 139
Huck, Wolfgang II 133
Hugenberg, Alfred I 74
Hugenberg-Konzern I 51, II 26
Identifikationswert I 61
Illustrationen II 83 f., 106 ff.
Impressum II 8
Information I 11
Informationsdienste I 46, 81, 113
Informationsstelle zur Feststellung der Verbreitung von Werbeträgern (IVW) II 141 f.
Interesse, öffentliches I 23, I 26
Internationale Journalisten-Föderation (FIJ) I 49
International News Service (INS) I 87
Internationales Presse-Institut (IPI) 52
IPI-Rundschau I 52

Interview I 29
Iskra I 20

Jacobsohn, Siegfried II 66
Jänecke, Walter I 50
Janin, Jules II 66
Jefferson, Thomas I 47
Journal I 9
Journal des Débats I 47, II 90
Journalismus I 34 ff.
Journalist I 27 ff.
Journalistengesetz I 23
Journalistenorganisationen I 44, 49
Jouy, Etienne II 89
Jugend II 92
Junius-Briefe I 47

Kant, Immanuel I 116 f.
Karikatur II 44, 83, 84 ff.
Kästner, Erich II 79
Katholische Nachrichtenagentur (KNA) I 81
Keller, Friedrich Gottlob II 117
Keller, Maria v. II 73
Kennedy, J. F. II 44
Kerr, Alfred II 66 f.
Ketteler, W. E. v. I 48
Kirchner, Engelbert II 79
Kisch, Egon Erwin II 94
Klatsch I 62
Kleist, H. v. I 47, II 34, 78
Kölnische Volkszeitung I 48
Kölnische Zeitung I 48
Kolping, A I 48
Kommentar I 138
Kommunalpolitik II 34, 57
König, Friedrich Wilhelm II 114
Konzentration I 24, 48, II 27, 160 ff.
Korn, Johann Gottlieb I 50
Körperschaft öffentlichen Rechts I 16
Korrespondenzen (Informationsdienste) I 51, 71, II 22 ff., 81, 96, 124
Kossak, Ernst II 91
Kostengesetz II 145 ff.
Koszyk, Kurt II 42
Kottbusser Anzeiger II 73
Kraus, Karl II 91
Kreuder, Ernst II 79
Kreuzzeitung I 48, 142, II 93
Kritik I 6, 32, 39, 143, 148, II 40, 63 ff., 93
Krumm, Joh. II 146
Kühn, Gustav II 85
Kürnberger, Ferdinand II 91
kultureller Teil (s. a. Feuilleton) II 57 ff.
Kulturpolitik II 36
Kunstbetrachtung II 70
Kunstkritik II 69
Kurth, Karl I 139
Kurzartikel (entrefilet) I 142
Kurzgeschichte I 144, II 78 f.

Lanterne I 47
La Presse I 48, II 72, 128
Lassalle, Ferdinand I 49, II 87
Le Figaro I 47
Leitartikel I 6, 32, 122, 139 ff., 148, II 49, 54, 153
Le National I 47
Lenin, W. I. I 20, 123
Leser I 12, 37, 61, 139, II 17, 123, 151 ff.
Lesewerbung I 130 f.
Lessing, G. E. I 47, 146 f., II 64 f., 101
Lichtbild II 98 ff.
Lichtenberg, Georg Christoph II 91
Liebermann, Max II 89
Liebknecht, Wilhelm I 48
Linotype II 115 f.
Lippmann, Walter I 47
List, Friedrich II 87
Lokalanzeiger I 48, II 34
lokaler Teil II 51 ff., 95, 153
Löns, Hermann II 90
Loret, Jean II 90
Losowsky, S. A. I 92
Luft, Friedrich (Urbanus) II 69, 89, 92
Luther, Martin I 127, II 87
Lyrik I 144, II 82

Magnus, Uwe I 9
Majunke, Paul I 48
Manchester Guardian I 47
Marat, Jean Paul I 47
mass media I 5
Massenpresse I 12, 21, 48, 50; II 58, 128 ff., 134
Marx, Karl II 136
Mater II 26 ff., 124
Maugham, W. Somerset II 67, 78
Maupassant, Guy de II 78
Meinung, Begriffsbestimmung I 116 ff.
Meinungsbildung I 11, 17, 21, 116 ff.; II 39, 151, 157
Meisenbach, Georg II 99
Menken, H. L. I 47
Mergenthaler, Ottmar II 116
Messagerie Hachette I 89
Mirabeau, Gabriel de Riqueti I 47
Mitarbeiter I 45, II 12, 16 f.

Mittel, publizistische I 5, 18, 122, II 154, 162
Monotype II 116
Montage II 100
Moeser, Justus II 91
Moser, F. K. v. II 38
Mostar, G. H. II 79
Münsterberg, Hugo II 108
Münzer, Thomas II 87
Mussolini, Benito I 20, II 93

Nachricht I 9, 18, 27 ff., 59 ff., 131 ff.; II 98
Nachricht, Begriffsbestimmung I 59
Nachrichtenblatt I 20
Nachrichtenbild II 100
Nachrichtenbüros I 46, 62, 70 ff., II 96
Nachrichtendienst I 10, 46, II 53, 125
Nachrichtenmagazin II 94
Nachrichtenmittel I 19, 63 f., 104 ff.
Nachrichtenpolitik I 68 f., 103, 108 ff.
Nachrichtensammlung I 28, 70 ff.
Nachrichtenschock I 69, 103, II 39
Nachrichtentechnik I 19, 106 f.
Nachrichtenverarbeitung I 32, 70 ff.
Nasche Slovo I 92
National Gazette I 47
Nationalzeitung I 48
News I 9
News of the World II 130
News Week II 94
New York Herald I 48, II 128
New York Tribune I 47
Nietzsche, Friedrich I 124, II 57
Notverordnung zum Schutze von Volk und Staat I 69
Novalis (Friedrich Leopold v. Hardenberg) II 151
Novosti I 92
Nußberger, Ulrich II 43

Observer I 14, 47
O'Connel, Daniel II 87
Öffentlichkeit I 5 f., 117 ff.
Öffentlichkeit, breiteste I 12 ff., 18, II 26, 73, 114, 134, 163
Office Francaise d'Information (OFI) I 89
örtlicher Anzeiger I 21, II 29
Öser, Rudolf I 48
Ossietzky, C. v. II 93

Pamphlétaires I 47, II 41
Papier II 117 ff.
Papierverbrauch II 118 f.
Paris Match I 104
Parlamentsberichterstattung II 44
Parteipresse I 48, 113
Patriote Français I 47
Paul, Jean I 129
Pawek, Karl II 83
Pechel, Rudolf II 70
Peel, Sir Robert I 120
Penzoldt, Ernst II 92
Periodizität I 10 ff., 18, II 126
Petersburger Telegraphen-Agentur I 91
Pezzl, Johann P. II 91
Plakat I 11
Plato I 128
Pluralismus I 16
Poe, Edgar Allan II 78
Polgar, Alfred II 91
Politik II 37 ff., 153
Ponto, Erich II 155
Popolo d'Italia I 20, II 93
Posse, Ernst I 48, II 110
Postvertrieb I 11, 19, 64, 121 f.
Prawda I 20, 92, II 130
Predigt II 61, 87
Presseagenturen I 74
Presseämter I 108 ff., II 53
Pressefreiheit I 23, 31, 47, II 40, 118, 157 ff.
Pressegesetzgebung I 21 ff., II 8, 145, 157 ff.
Pressekonferenz I 110 f.
Presserat s. Deutscher Presserat
Presserecht I 31, II 157 ff.
Pressestenograph II 7
presse d'opinion I 47
Presse- und Informationsamt der Bundesregierung I 111 f.
Prodikos II 94
Propaganda I 31, 46, 51, 110, 119, 123, II 94, 134
Proust, Marcel II 78
Public Advertiser I 47
Public Relations I 113 ff., II 95 (s. a. Werbung)
Publikum I 11
Publizistik I 5
Pulitzer, Joseph I 48

Quintilian I 128

Radecki, Sigismund v. II 92
Ranke, Leopold v. I 119, 121
Readers Digest II 130
Redakteur I 27 f., 30, 45, 50, II 5
Redaktion I 31, II 5 ff., 122 ff.

Redaktionsgemeinschaften I 33, II 30 ff.
Redaktionskonferenz II 11 f.
Redaktionssysteme II 13
Rede I 5, 128, II 61, 87
Redigieren I 30
Reflextheorie I 122
Regionale Presse II 32 f., 51, 129, 152, 154
Reichsministerium für Volksaufklärung und Propaganda I 110
Reichsverband der Deutschen Presse I 49
Reichsverband der Deutschen Zeitungsverleger I 51 f.
Reid, W. I 47
Renier, Léon I 88
Reportage I 28, 138, II 8, 79 (s. a. Erlebnisbericht)
Reporter I 28 f., II 98
Reptilienfonds I 109
Ressort s. Sparte
Reuter (Israel Beer Josaphat) I 72, 83
Reuter's Ltd. I 72, 83 f.
Révolution de France I 47
Revolverjournalismus I 25, 46
Revue de Paris II 72
Rheinische Nachrichtenagentur (Rheina) I 76
Rheinischer Merkur I 47
Rhetorik I 128, II 87
Richter, Josef II 91
Rieban, Hanns II 79
Rivarol, Antoine I 47, II 93
Rochefort, H. de I 47
Rollendruckpresse II 115 ff.
Roman I 144, II 22, 59, 71 ff., 128, 153
Romanvertrieb II 76
Rosegger, P. II 75
Rösler, Jo Hanns II 79
Rosta I 91
Rundfunk I 5, 15 ff.

Satelliten I 63 f., 96, 106
Satz II 113 ff.
Schacht, Hjalmar II 110
Schäfer, Wilhelm II 79
Scherl, August I 48, II 128
Schlegel, Friedrich II 68
Schlesinger, Paul (Sling) II 91
Schopenhauer, Arthur I 11, 124, 129, II 151
Schubar II 73
Schubart, Christian Friedrich I 47
Schultze-Pfälzer, Gerhard II 135
Schumann, Robert II 65
Schurz, Karl I 47
Schütz, Walter J. II 29
Schweitzer I 48
Scott, C. P. I 47
Scripp-Howard-Konzern I 87
Selbstkontrolle II 159 ff.
Serie II 79 ff.
Shaw, G. B. II 67
Sieburg, Friedrich II 68, 88, 92
Siemenshellschreiber I 106
Simplicissimus II 92
Skasa-Weiss, Eugen II 79
Sleight, Colonel II 128
Sonnenschein, Carl II 91
Sostschenko, Michail II 78
Sowjetisches Nachrichten-Büro (SNB) I 74 f.
Sparten (Ressorts) I 38, II 7, 33 ff.
Speidel, Ludwig II 91
Spender, J. A. I 47
Spitzer, Daniel II 91
Sport II 95 ff., 153
Sprache I 124 ff., II 92, 96
Springer-Konzern II 27
Stalin, J. W. I 20
Stampfer I 30
Starch II 108
Stefani, Guglielmo I 73
Stein, Adolf (Rumpelstilzchen) II 93
Steinbeck, John II 78
Stereotypie II 115, 117
Stieler, Caspar v. I 124
Stifter, Adalbert II 91
Stil, Bild- II 102
Stil, Sprach- I 128 ff.
Stoffbearbeitung II 7 f., 33
Stoffbeschaffung II 6 f., 14 ff.
Stolper, Gustav I 58
Straßenverkauf I 12, II 120, 125 ff.
Studium I 41 f.
Süddeutsche Nachrichtenagentur (SUEDENA) I 76
Sue, Eugène II 72
Sunday Times I 14
Symbol II 83 f., 88, 90

Tages-Anzeiger II 108
TASS I 75, 91 ff.
Technik I 19 f., II 5 f., 97 f., 110 ff.
Telegraph (Fernschreiber) I 105
Telegraphen-Union (TU) I 74
Teletypsetter II 116
Thoma, Ludwig II 92
Thomas von Aquin I 117
Time II 94
Times I 47, 83, II 20, 36, 91, 110, 114
Tönnies, Ferd. I 120 f., II 135

20, 31, 53, 68, 123, 134,
Totalitäre Systeme I 6 f., II 13
Traub, Hans II 155
Treitschke, Heinrich v. II 91
Tribune I 47
Troll, Thaddäus II 79
Tschechow, Anton II 78
Tucholsky, Kurt II 93
Typograph II 55, 103 ff., 110, 114 f., 143

Umbruch II 9, 103 ff. (s. a. graphischer Ausdruck)
United Press Association (UP) I 87
United Press International (UPI) I 87
United States Press Service I 76
Universalität I 13, 18
Unterhaltung I 14, 143 f., II 36, 59, 71 ff., 98
Urheberschutz II 102

Verantwortung I 31 f., II 6, 8, 40
Verband Deutscher Zeitschriftenverleger II 160
Verbreitung I 19
Verein Deutscher Zeitungsverleger I 51, 52
Vereinigte Wirtschaftsdienste GmbH. (VWD) I 82
Vereinte Nationen (UN) I 68, 93 f., II 38
Verkauf II 125 ff.
Verleger I 27, 31, 49 ff., II 5
Verlegerberuf, Voraussetzungen I 52 ff.
Vers II 82
Vertrieb I 64, II 119 ff.
Vervielfältigung I 19
Villemessant I 47
Völkischer Beobachter I 20
Volkslied I 8
Volontär I 45
Voraussetzungen für die journ. Arbeit I 33 ff.
Vossische Zeitung I 47, 48, II 65

Wagener, Hermann I 48, 142
Walden, Matthias II 92
Walther von der Vogelweide I 46
Warren, Carl N. I 134
Weber, Max II 38
Weckherlin, W. L. I 47
Welt am Sonntag I 14
Werbung I 11, 113 ff. II 134 ff.
Westdeutsche Allgemeine II 130
Wichern, J. H. I 48
Wickenburg, Erik v. II 92
Wiederholung, Gesetz der hämmernden I 11
Wieland I 119 f.
Willen I 34
Willensbildung I 17 f., 116 ff., II 39, 98, 151, 157
Wirtschaftsdienste I 81
Wirtschaftsführung (s. a. gewerbsmäßige Herstellung) I 15, 19 f., 24, II 5 f., 110 ff., 123
Wirtschaftspolitik II 34 ff.
Wirtschaftsteil s. Handelsteil
Wirtschaftswerbung (Reklame) II 135 ff. (s. a. PR)
Wochenblätter, politische I 13 f.
Wolfe, Thomas II 78
Wolff, Bernhard I 72
Wolff, Theodor I 48, II 88
Wolffsche Telegraphenbüro (WTB) I 72
Wolfgang, Hans (Hans Habe) II 73
World I 48

Zabel, Friedrich I 48
Zahn, Peter v. II 92
Zang, August I 48, II 148
Zeichnung II 82 f.
Zeitschrift I 10, 13 f., II 41, 130, 157
Zeitschrift, Begriffsbestimmung I 14
Zeitung, Begriffsbestimmung I 8, 57
Zeitungsdeutsch s. Sprache
Zeitungsgemeinschaften II 30
Zeitungsringe II 124
Zeitungstypen I 19 ff., 48, II 41, 95
Zeitungsverlag und Zeitschriftenverlag (ZVuZV) I 52
Zentralausschuß der Werbewirtschaft II 141, 150
Zivier, Georg II 79
Zola, Emile I 47
Zwischenzeit I 70, II 100 f.

SAMMLUNG GÖSCHEN

GESAMTVERZEICHNIS

Jeder Band DM 3,60 · Doppelband DM 5,80
Dreifachband DM 7,80

Herbst 1966

WALTER DE GRUYTER & CO · BERLIN 30

Inhaltsübersicht

Biologie 16
Botanik 17
Chemie 15
Deutsche Sprache u. Literatur 7
Elektrotechnik 20
Englisch 8
Erd- u. Länderkunde 10
Geologie 18
Germanisch 8
Geschichte 5
Griechisch 9
Hoch- u. Tiefbau 23
Indogermanisch 8
Kartographie 10
Kristallographie 18
Kunst 5
Land- u. Forstwirtschaft . . 18
Lateinisch 9
Maschinenbau 20
Mathematik 12
Mineralogie 18
Musik 5
Orientalistik 9
Pädagogik 3
Philosophie 3
Physik 14
Psychologie 3
Publizistik 10
Religion 4
Romanisch 8
Slavische Sprachen 9
Soziologie 3
Statistik 10
Technik 20
Technologie 16
Volkswirtschaft 10
Vermessungswesen 22
Wasserbau 23
Zoologie 17

Autorenregister 31
Bandnummernfolge 24

Überreicht durch:

Geisteswissenschaften

Philosophie

Einführung in die Philosophie von *H. Leisegang †*. 6. Auflage. 146 Seiten. 1966. (281)

Hauptprobleme der Philosophie von *G. Simmel †*. 8., unveränderte Auflage. 177 Seiten. 1964. (500)

Geschichte der Philosophie

I: Die griechische Philosophie von *W. Capelle*. 1. Teil. Von Thales bis Leukippos. 3., erweiterte Auflage. Etwa 135 Seiten. 1966. (857)

II: Die griechische Philosophie von *W. Capelle*. 2. Teil. Von der Sophistik bis zum Tode Platons. 3., stark erweiterte Auflage. Etwa 144 Seiten. 1966. In Vorbereitung (858)

III: Die griechische Philosophie von *W. Capelle*. 3. Teil. Vom Tode Platons bis zur Alten Stoa. 2., stark erweiterte Auflage. 132 Seiten. 1954. (859)

IV: Die griechische Philosophie von *W. Capelle*. 4. Teil. Von der Alten Stoa bis zum Eklektizismus im 1. Jh. v. Chr. 2., stark erweiterte Auflage. 132 Seiten. 1954. (863)

V: Die Philosophie des Mittelalters von *J. Koch*. In Vorbereitung. (826)

VI: Von der Renaissance bis Kant von *K. Schilling*. 234 Seiten. 1954. (394/394a)

VII: Immanuel Kant von *G. Lehmann*. In Vorbereitung. (536)

VIII: Die Philosophie des 19. Jahrhunderts von *G. Lehmann*. 1. Teil. 151 Seiten. 1953. (571)

IX: Die Philosophie des 19. Jahrhunderts von *G. Lehmann*. 2. Teil. 168 Seiten. 1953. (709)

X: Die Philosophie im ersten Drittel des 20. Jahrhunderts 1. Teil von *G. Lehmann*. 128 Seiten. 1957. (845)

XI: Die Philosophie im ersten Drittel des 20. Jahrhunderts 2. Teil von *G. Lehmann*. 114 Seiten. 1960. (850)

Die geistige Situation der Zeit (1931) von *K. Jaspers*. 6. Abdruck der im Sommer 1932 bearbeiteten 5. Auflage. 211 Seiten. 1965. (1000)

Erkenntnistheorie von *G. Kropp*.
1. Teil: Allgemeine Grundlegung. 143 Seiten. 1950. (807)

Formale Logik von *P. Lorenzen*. 3., durchgesehene und erweiterte Auflage. 184 Seiten. 1966. (1176/1176a)

Philosophisches Wörterbuch von *M. Apel †*. 5., völlig neu bearbeitete Auflage von *P. Ludz*. 315 Seiten. 1958. (1031/1031a)

Philosophische Anthropologie. Menschliche Selbstdeutung in Geschichte und Gegenwart von *M. Landmann*. 2., durchgesehene Auflage. 223 Seiten. 1964. (156/156a)

Pädagogik, Psychologie, Soziologie

Geschichte der Pädagogik von *Herm. Weimer* 17. Auflage von *Heinz Weimer*. 184 Seiten. 1967. (145/145a)

Therapeutische Psychologie. Ihr Weg durch die Psychoanalyse von *W. M. Kranefeldt*. Mit einer Einführung von *C. G. Jung*. 3. Auflage. 152 Seiten. 1956. (1034)

Allgemeine Psychologie von *Th. Erismann* †. 4 Bände.
I: Grundprobleme. 3. Auflage. 146 Seiten. 1965. (831)
II: Grundarten des psychischen Geschehens. 2., neubearbeitete Auflage. 248 Seiten. 1959. (832/832a)
III: Experimentelle Psychologie und ihre Grundlagen. 1. Teil. 2., neubearbeitete Auflage. 112 Seiten, 7 Abbildungen. 1962. (833)
IV: Experimentelle Psychologie und ihre Grundlagen. 2. Teil. 2., neubearbeitete Auflage. 199 Seiten, 20 Abbildungen. 1962. (834/834a)

Soziologie. Geschichte und Hauptprobleme von *L. von Wiese*. 7. Auflage. 176 Seiten. 1964. (101)
Ideengeschichte der sozialen Bewegung des 19. und 20. Jh. von *W. Hofmann*. 243 Seiten. 1962. (1205/1205a)
Sozialpsychologie von *P. R. Hofstätter*. 2. Auflage. 191 Seiten, 18 Abbildungen. 1964. (104/104a)
Psychologie des Berufs- und Wirtschaftslebens von *W. Moede* †. 190 Seiten, 48 Abbildungen. 1958. (851/851a)
Industrie- und Betriebssoziologie von *R. Dahrendorf*. 3. Auflage. 142 Seiten. 3 Figuren. 1965. (103)
Wirtschaftssoziologie von *F. Fürstenberg*. 122 Seiten. 1961. (1193)
Einführung in die Sozialethik von *H.-D. Wendland*. 144 S. 1963. (1203)

Religion

Jesus von *M. Dibelius* †. 4. Auflage, mit einem Nachtrag von *W. G. Kümmel*. 140 Seiten. 1966. (1130)
Paulus von *M. Dibelius* †. Nach dem Tode des Verfassers herausgegeben und zu Ende geführt von *W. G. Kümmel*. 3., durchgesehene Auflage. 156 Seiten. 1964. (1160)
Luther von *F. Lau*. 2., verbesserte Auflage. 153 Seiten. 1966 (1187)
Melanchthon von *R. Stupperich*. 139 Seiten. 1960. (1190)
Zwingli von *F. Schmidt-Clausing*. 119 Seiten. 1965. (1219)
Sören Kierkegaard. Leben u. Werk von *H. Gerdes*. 134 Seiten. 1966. (1221)
Einführung in die Konfessionskunde der orthodoxen Kirchen von *K. Onasch*. 291 Seiten. 1962. (1197/1197a)
Geschichte des christlichen Gottesdienstes von *W. Nagel*. 215 Seiten. 1962. (1202/1202a)
Geschichte Israels. Von den Anfängen bis zur Zerstörung des Tempels (70 n.Chr.) von *E. L. Ehrlich*. 2. Aufl. 1966. In Vorbereitung. (231/231a)
Römische Religionsgeschichte von *F. Altheim*. 2 Bände. 2., umgearbeitete Auflage.
I: Grundlagen und Grundbegriffe. 116 Seiten. 1956. (1035)
II: Der geschichtliche Ablauf. 164 Seiten. 1956. (1052)
Die Religion des Buddhismus von *D. Schlingloff*. 2 Bände.
I: Der Heilsweg des Mönchstums. 122 Seiten, 11 Abbildungen, 1 Karte. 1962. (174)
II: Der Heilsweg für die Welt. 129 Seiten, 9 Abbildungen, 1 Karte. 1963. (770)

Musik

Musikästhetik von *H. J. Moser.* 180 Seiten. Mit zahlreichen Notenbeispielen. 1953. (344)

Systematische Modulation von *R. Hernried.* 2. Auflage. 136 Seiten. Mit zahlreichen Notenbeispielen. 1950. (1094)

Der polyphone Satz von *E. Pepping.* 2 Bände.
- I: Der cantus-firmus-Satz. 2. Auflage. 233 Seiten. Mit zahlreichen Notenbeispielen. 1950. (1148)
- II: Übungen im doppelten Kontrapunkt und im Kanon. 137 Seiten. Mit zahlreichen Notenbeispielen. 1957. (1164/1164a)

Allgemeine Musiklehre von *H. J. Moser.* 2., durchgesehene Auflage. 155 Seiten. Mit zahlreichen Notenbeispielen. 1955. (220/220a)

Harmonielehre von *H. J. Moser.* 2 Bände.
- I: 109 Seiten. Mit 120 Notenbeispielen. 1954. (809)
- II: In Vorbereitung. (810)

Die Musik des 19. Jahrhunderts von *W. Oehlmann.* 180 Seiten. 1953. (170)

Die Musik des 20. Jahrhunderts von *W. Oehlmann.* 312 Seiten. 1961. (171/171a)

Technik der deutschen Gesangskunst von *H. J. Moser.* 3., durchgesehene und verbesserte Auflage. 144 Seiten, 5 Figuren sowie Tabellen und Notenbeispiele. 1954. (576/576a)

Die Kunst des Dirigierens von *H. W. von Waltershausen †.* 2., vermehrte Auflage. 138 Seiten. Mit 19 Notenbeispielen. 1954. (1147)

Die Technik des Klavierspiels aus dem Geiste des musikalischen Kunstwerkes von *K. Schubert †.* 3. Auflage. 110 Seiten. Mit Notenbeispielen. 1954. (1045)

Kunst

Stilkunde von *H. Weigert.* 2 Bände. 3., durchgesehene und ergänzte Auflage.
- I: Vorzeit, Antike, Mittelalter. 136 Seiten, 94 Abbildungen. 1958. (80)
- II: Spätmittelalter und Neuzeit. 150 Seiten, 88 Abbildungen. 1958. (781)

Archäologie von *A. Rumpf.* 3 Bände.
- I: Einleitung, historischer Überblick. 143 Seiten, 6 Abbildungen, 12 Tafeln. 1953. (538)
- II: Die Archäologensprache. Die antiken Reproduktionen. 136 Seiten. 7 Abbildungen, 12 Tafeln. 1956. (539)
- III: In Vorbereitung. (540)

Geschichte

Einführung in die Geschichtswissenschaft von *P. Kirn.* 4., durchgesehene Auflage. 127 Seiten. 1963. (270)

Einführung in die Zeitgeschichte von *B. Scheurig.* 101 Seiten. 1962. (1204)

GEISTESWISSENSCHAFTEN

Zeitrechnung der römischen Kaiserzeit, des Mittelalters und der Neuzeit für die Jahre 1—2000 n. Chr. von *H. Lietzmann †*. 3. Auflage, durchgesehen von *K. Aland*. 130 Seiten. 1956. (1085)

Kultur der Urzeit von *F. Behn*. 3 Bände. 4. Auflage der Kultur der Urzeit Bd. 1—3 von *M. Hoernes*.

I: Die vormetallischen Kulturen. (Die Steinzeiten Europas. Gleichartige Kulturen in anderen Erdteilen.) 172 Seiten, 48 Abbildungen. 1950. (564)

II: Die älteren Metallkulturen. (Der Beginn der Metallbenutzung, Kupfer- und Bronzezeit in Europa, im Orient und in Amerika.) 160 Seiten, 67 Abbildungen. 1950. (565)

III: Die jüngeren Metallkulturen. (Das Eisen als Kulturmetall, Hallstatt-Latène-Kultur in Europa. Das erste Auftreten des Eisens in den anderen Weltteilen.) 149 Seiten, 60 Abbildungen. 1950. (566)

Vorgeschichte Europas von *F. Behn*. Völlig neue Bearbeitung der 7. Auflage der „Urgeschichte der Menschheit" von *M. Hoernes*. 125 Seiten, 47 Abbildungen. 1949. (42)

Der Eintritt der Germanen in die Geschichte von *J. Haller †*. 3. Auflage, durchgesehen von *H. Dannenbauer*. 120 Seiten, 6 Kartenskizzen. 1957. (1117)

Von den Karolingern zu den Staufern. Die altdeutsche Kaiserzeit (900—1250) von *J. Haller †*. 4., durchgesehene Auflage von *H. Dannenbauer*. 142 Seiten, 4 Karten. 1958. (1065)

Von den Staufern zu den Habsburgern. Auflösung des Reichs und Emporkommen der Landesstaaten (1250 —1519) von *J. Haller †*. 2., durchgesehene Auflage von *H. Dannenbauer*. 118 Seiten, 6 Kartenskizzen. 1960. (1077)

Deutsche Geschichte im Zeitalter der Reformation, der Gegenreformation und des dreißigjährigen Krieges von *F. Hartung*. 2., durchgesehene Auflage. 128 Seiten. 1963. (1105)

Deutsche Geschichte von 1648—1740. Politischer und geistiger Wiederaufbau von *W. Treue*. 120 Seiten. 1956. (35)

Deutsche Geschichte von 1713—1806. Von der Schaffung des europäischen Gleichgewichts bis zu Napoleons Herrschaft von *W. Treue*. 168 Seiten. 1957. (39)

Deutsche Geschichte von 1806—1890. Vom Ende des alten bis zur Höhe des neuen Reiches von *W. Treue*. 128 Seiten. 1961. (893)

Deutsche Geschichte von 1890 bis zur Gegenwart von *W. Treue*. In Vorbereitung. (894)

Quellenkunde der Deutschen Geschichte im Mittelalter (bis zur Mitte des 15. Jahrhunderts) von *K. Jacob †*. 3 Bände.

I: Einleitung. Allgemeiner Teil. Die Zeit der Karolinger. 6. Auflage, bearbeitet von *H. Hohenleutner*. 127 Seiten. 1959. (279)

II: Die Kaiserzeit (911-1250). 5. Auflage, neubearbeitet von *H. Hohenleutner*. 141 Seiten. 1961. (280)

III: Das Spätmittelalter (vom Interregnum bis 1500). Herausgegeben von *F. Weden*. 152 Seiten. 1952. (284)

Geschichte Englands von *H. Preller*. 2 Bände.
I: bis 1815. 4., stark umgearbeitete Auflage. Etwa 135 Seiten, 7 Stammtafeln, 2 Karten. 1966. Im Druck. (375)
II: Von 1815 bis 1910. 2., völlig umgearbeitete Auflage. 118 Seiten, 1 Stammtafel, 7 Karten. 1954. (1088)

Römische Geschichte von *F. Altheim*. 4 Bände. 2., verbesserte Auflage.
I: Bis zur Schlacht bei Pydna (168 v. Chr.). 124 Seiten. 1956. (19)
II: Bis zur Schlacht bei Actium (31 v. Chr.). 129 Seiten, 1956. (677)
III: Bis zur Schlacht an der Milvischen Brücke (312 n. Chr.). 148 Seiten. 1958. (679)
IV: Bis zur Schlacht am Yarmuk (636 n. Chr.). In Vorbereitung. (684)

Geschichte der Vereinigten Staaten von Amerika von *O. Graf zu Stolberg-Wernigerode*. 192 Seiten, 10 Karten. 1956. (1051/1051 a)

Deutsche Sprache und Literatur

Geschichte der Deutschen Sprache von *H. Sperber*. 5., neubearbeitete Auflage von *P. von Polenz*. 136 Seiten. 1966. (915)

Deutsches Rechtschreibungswörterbuch von *M. Gottschald †*. 2., verbesserte Auflage. 269 Seiten. 1953. (200/200a)

Deutsche Wortkunde. Kulturgeschichte des deutschen Wortschatzes von *A. Schirmer*. 5. Auflage von *W. Mitzka*. 125 Seiten. 1965. (929)

Deutsche Sprachlehre von *W. Hofstaetter*. 10. Auflage. Völlige Umarbeitung der 8. Auflage. 150 Seiten. 1960. (20)

Stimmkunde für Beruf, Kunst und Heilzwecke von *H. Biehle*. 111 Seiten. 1955. (60)

Redetechnik. Einführung in die Rhetorik von *H. Biehle*. 2., erweiterte Auflage. 151 Seiten. 1961. (61)

Grundlagen der Sprecherziehung von *J. Jesch* 1966. In Vorbereitung (1122/1122a)

Deutsches Dichten und Denken von der germanischen bis zur staufischen Zeit von *H. Naumann †*. (Deutsche Literaturgeschichte vom 5.—13. Jahrhundert.) 3., verbesserte Auflage. 1966. (1121)

Deutsches Dichten und Denken vom Mittelalter zur Neuzeit von *G. Müller* (1270 bis 1700). 3., durchgesehene Auflage. 159 Seiten. In Vorbereitung. (1086)

Deutsches Dichten und Denken von der Aufklärung bis zum Realismus (Deutsche Literaturgeschichte von 1700—1890) von *K. Viëtor †*. 3., durchgesehene Auflage. 159 Seiten. 1958. (1096)

Deutsche Heldensage von *H. Schneider*. 2. Auflage, bearbeitet von *R. Wisniewski*. 148 Seiten. 1964. (32)

Der Nibelunge Nôt i. Auswahl. Mit kurzem Wörterbuch herausgegeben von *K. Langosch*. 11., durchgesehene Auflage. 166 Seiten. 1966. (1)

Kudrun und Dietrich-Epen in Auswahl mit Wörterbuch von *O. L. Jiriczek*. 6. Auflage, bearbeitet von *R. Wisniewski*. 173 Seiten. 1957. (10)

Wolfram von Eschenbach. Parzifal. Eine Auswahl mit Anmerkungen und Wörterbuch von *H. Jantzen*. 3. Auflage, bearbeitet von *H. Kolb*. 128 Seiten. 1966. (921)

Hartmann von Aue. Der arme Heinrich nebst einer Auswahl aus der „Klage" dem „Gregorius" und den Liedern (mit einem Wörterverzeichnis) herausgegeben von *F. Maurer*. 96 Seiten. 1958. (18)
Gottfried von Straßburg. Tristan und Isolde in Auswahl herausgegeben von *F. Maurer*. 2. Auflage. 142 Seiten. 1965. (22)
Die deutschen Personennamen von *M. Gottschald †*. 2., verbesserte Auflage. 151 Seiten. 1955. (422)
Althochdeutsches Elementarbuch. Grammatik und Texte von *H. Naumann †* und *W. Betz*. 4., verbesserte und vermehrte Auflage. 183 Seiten. 1966. (1111/1111a)
Mittelhochdeutsche Grammatik von *H. de Boor* und *R. Wisniewski*. 4., verbesserte und ergänzte Auflage. 150 Seiten. 1965. (1108)

Indogermanisch, Germanisch

Indogermanische Sprachwissenschaft von *H. Krahe*. 2 Bände.
I: Einleitung und Lautlehre. 5. Auflage. 110 Seiten. 1966. (59)
II: Formenlehre. 4., neubearbeitete Auflage. 100 Seiten. 1963. (64)
Sanskrit-Grammatik mit sprachvergleichenden Erläuterungen von *M. Mayrhofer*. 2., völlig neu bearbeitete Auflage. 110 Seiten. 1965. (1158/1158a)
Altirische Grammatik von *J. Pokorny*. 2. Auflage. In Vorbereitung. (896
Gotisches Elementarbuch. Grammatik. Texte mit Übersetzung und Erläuterungen von *H. Hempel*. 4., neubearbeitete Auflage. 169 Seiten. 1966. (79/79a)
Altnordisches Elementarbuch. Einführung, Grammatik, Texte (zum Teil mit Übersetzung) und Wörterbuch von *F. Ranke*. 3., völlig umgearb. Auflage vo n*D. Hofmann*. Etwa 180 Seiten. 1967. Im Druck. (1115/1115a)
Germanische Sprachwissenschaft von *H. Krahe*. 3 Bände.
I: Einleitung und Lautlehre. 6. Auflage. 147 Seiten. 1966. (238)
II: Formenlehre. 5., verbesserte Auflage. 149 Seiten. 1965. (780)
III: Wortbildungslehre von *W. Meid*. Etwa 240 Seiten. 1966. (1218/1218a/1218b)

Englisch, Romanisch

Altenglisches Elementarbuch. Einführung, Grammatik, Texte mit Übersetzung und Wörterbuch von *M. Lehnert*. 6., verbesserte Auflage. 178 Seiten. 1965. (1125)
Mittelenglisches Elementarbuch von *H. Weinstock*. 1967. In Vorbereitung (1226/1226a)
Historische neuenglische Laut- und Formenlehre von *E. Ekwall*. 4., verbesserte Auflage. 150 Seiten. 1965. (735)
Englische Phonetik von *H. Mutschmann †*. 2. Auflage, bearbeitet von *G. Scherer*. 127 Seiten. 1963. (601)
Englische Literaturgeschichte von *F. Schubel*. 4 Bände.
I: Die alt- und mittelenglische Periode. 163 Seiten. 1954. (1114)
II: Von der Renaissance bis zur Aufklärung. 160 Seiten. 1956. (1116)
III: Romantik und Viktorianismus. 160 Seiten. 1960. (1124)

Beowulf von *M. Lehnert*. Eine Auswahl mit Einführung, teilweiser Übersetzung, Anmerkungen und etymologischem Wörterbuch. 4., verbesserte Auflage. 135 Seiten. 1966. (1135)
Shakespeare von *P. Meißner †*. 2. Auflage, neubearbeitet von *M. Lehnert*. 136 Seiten. 1954. (1142)
Romanische Sprachwissenschaft von *H. Lausberg*. 4 Bände.
I: Einleitung und Vokalismus. 2., durchgesehene Auflage. 211 Seiten. 1963. (128/128a)
II: Konsonantismus. 2. Auflage. 1966. Im Druck. (250)
III: Formenlehre. 1. Teil. 99 Seiten. 1962. (1199)
III: Formenlehre. 2. Teil. S. 99—260. 1962. (1200/1200a)
IV: Wortlehre. In Vorbereitung. (1208)

Griechisch, Lateinisch

Griechische Sprachwissenschaft von *W. Brandenstein*. 3 Bände.
I: Einleitung, Lautsystem, Etymologie. 160 Seiten. 1954. (117)
II: Wortbildung und Formenlehre. 192 Seiten. 1959. (118/118a)
III: Syntax I. Einleitung. Die Flexibilien. 145 Seiten. 1966. (924/924a)
Geschichte der griechischen Sprache. 2 Bände
I: Bis zum Ausgang der klassischen Zeit von *O. Hoffmann †*. 3. Auflage, bearbeitet von *A. Debrunner †*. 156 Seiten. 1953. (111)
II: Grundfragen und Grundzüge des nachklassischen Griechisch von *A. Debrunner †*. 144 Seiten. 1954. (114)
Geschichte der griechischen Literatur von *W. Nestle*. 2 Bände. 3. Auflage, bearbeitet von *W. Liebich*.
I: 144 Seiten. 1961. (70)
II: 149 Seiten. 1963. (557)
Grammatik der neugriechischen Volkssprache von *J. Kalitsunakis*. 3., wesentlich erweiterte und verbesserte Auflage. 196 Seiten. 1963. (756/756a)
Neugriechisch-deutsches Gesprächsbuch von *J. Kalitsunakis*. 2. Auflage, bearbeitet von *A. Steinmetz*. 99 Seiten. 1960. (587)
Geschichte der lateinischen Sprache von *F. Stolz* und *A. Debrunner †*. 4., stark umgearbeitete Auflage von *W. P. Schmid*. 145 Seiten. 1966. (492/492a)
Geschichte der römischen Literatur von *L. Bieler*. 2., verbesserte Auflage. 2 Bände.
I: Die Literatur der Republik. 160 Seiten. 1965. (52)
II: Die Literatur der Kaiserzeit. 133 Seiten. 1965. (866)

Orientalistik, Slavistik

Die Keilschrift von *B. Meissner*. 3. Auflage, neubearbeitet von *K. Oberhuber*. Etwa 150 Seiten. 1966. (708/708a/708b)
Die Hieroglyphen von *A. Erman*. 3. Auflage, neu bearbeitet von *O. Krückmann*. 1966. In Vorbereitung. (608/608a/608b)

Hebräische Grammatik von *R. Meyer.* 3 Bände.
I: Einleitung, Schrift- und Lautlehre. 3., neubearbeitete Auflage. 120 Seiten. 1966. (763/763a/763b)
II: Formenlehre und Flexionstabellen. 3. Auflage. In Vorbereitung. (764/764a/764b)
III: Satzlehre. In Vorbereitung (765/765a/765b)

Hebräisches Textbuch zu *G. Beer-R. Meyer*, Hebräische Grammatik von *R. Meyer.* 170 Seiten. 1960. (769/769a)

Slavische Sprachwissenschaft von *H. Bräuer.* 2 Bände.
I: Einleitung, Lautlehre. 221 Seiten. 1961. (1191/1191a)

Vergleichende Geschichte der slavischen Literaturen von *D. Tschižewskij.* 2 Bände. 1966. In Vorbereitung.
I: Einführung. Anfänge des slavischen Schrifttums bis zum Klassizismus. (1222/1222a)
II: Romantik bis zur Moderne. (1223/1223a)

Russische Grammatik von *E. Berneker †.* 6., verbesserte Auflage von *M. Vasmer †.* 155 Seiten. 1961. (66)

Polnische Grammatik von *N. Damerau.* Etwa 140 Seiten. 1967. (942/942a)

Erd- und Länderkunde, Kartographie

Afrika von *F. Jaeger.* Ein geographischer Überblick. 2 Bände. 3. Auflage.
I: Der Lebensraum. 179 Seiten, 18 Abbildungen. In Vorbereitung. (910)
II: Mensch und Kultur. 155 Seiten, 6 Abbildungen. In Vorbereitung. (911)

Australien und Ozeanien von *H. J. Krug.* 176 Seiten, 46 Skizzen. 1953. (319)

Kartographie von *V. Heissler.* 2. Auflage. 213 Seiten, 125 Abb., 8 Anlagen. 1966. (30/30a)

Volkswirtschaft, Statistik, Publizistik

Allgemeine Betriebswirtschaftslehre von *K. Mellerowicz.* 4 Bände. 11. und 12., durchgesehene Auflage.
I: 224 Seiten. 1964. (1008/1008a)
II: 188 Seiten. 1966. (1153/1153a)
III: 260 Seiten. 1963. (1154/1154a)
IV: 209 Seiten. 1963. (1186/1186a)

Allgemeine Volkswirtschaftslehre von *A. Paulsen.* 4 Bände.
I: Grundlegung, Wirtschaftskreislauf. 7. Auflage. 159 Seiten, 11 Abbildungen. 1966. (1169)
II: Haushalte, Unternehmungen, Marktformen. 7. Auflage. 172 Seiten, 31 Abbildungen. 1966. (1170)
III: Produktionsfaktoren. 5. Auflage. 198 Seiten, 24 Abbildungen. 1966. (1171)
IV: Gesamtbeschäftigung, Konjunkturen, Wachstum. 4., neubearbeitete und ergänzte Auflage. 188 Seiten. 1966. (1172)

Übungsaufgaben mit Lösungen zur Allgemeinen Volkswirtschaftslehre I/II von *A. Paulsen* von *W. Wedig.* Etwa 160 Seiten. 1966. (1227/1227a)

Geschichte der Volkswirtschaftslehre von *S. Wendt.* 182 S. 1961. (1194)

Allgemeine Volkswirtschaftspolitik von *H. Ohm.* 2 Bände.
- I: Systematisch-Theoretische Grundlegung. 2., verbesserte und ergänzte Auflage. 137 Seiten, 6 Abbildungen. 1965. (1195)
- II: Der volkswirtschaftliche Gesamtorganismus als Objekt der Wirtschaftspolitik. In Vorbereitung. (1196)

Finanzwissenschaft von *H. Kolms.* 4 Bände.
- I: Grundlegung, Öffentliche Ausgaben. 3., verbesserte Auflage. 165 Seiten. 1966. (148)
- II: Erwerbseinkünfte, Gebühren und Beiträge, Allgemeine Steuerlehre. 3., verbesserte Auflage. 154 Seiten. 1966. (391)
- III: Besondere Steuerlehre. 2., verbesserte und ergänzte Auflage. 178 Seiten. 1966. (776/776a)
- IV: Öffentlicher Kredit. Öffentlicher Haushalt. Finanzausgleich. 191 Seiten. 1964. (782/782a)

Finanzmathematik von *M. Nicolas.* 192 Seiten, 11 Tafeln, 8 Tabellen und 72 Beispiele. 1959. (1183/1183a)

Programmierung von Datenverarbeitungsanlagen von *H. J. Schneider, D. Jurksch.* Etwa 128 Seiten, 8 Tabellen, 11 Abbildungen. 1967. (1225/1225a)

Lineare Programmierung von *H. Langen.* Etwa 200 Seiten. (1206/1206a)

Buchhaltung und Bilanz von *E. Kosiol.* 170 Seiten. 1964. (1213/1213a)

Industrie- und Betriebssoziologie von *R. Dahrendorf.* 3. Auflage. 142 Seiten, 3 Figuren. 1965. (103)

Wirtschaftssoziologie von *F. Fürstenberg.* 122 Seiten. 1961. (1193)

Psychologie des Berufs- und Wirtschaftslebens von *W. Moede†.* 190 Seiten, 48 Abbildungen. 1958. (851/851a)

Einführung in die Arbeitswissenschaft von *H. H. Hilf.* 169 Seiten, 57 Abbildungen. 1964. (1212/1212a)

Allgemeine Methodenlehre der Statistik von *J. Pfanzagl.* 2 Bände.
- I: Elementare Methoden unter besonderer Berücksichtigung der Anwendungen in den Wirtschafts- und Sozialwissenschaften. 3., neubearbeitete Auflage. 266 Seiten, 50 Abbildungen. 1966. (746/746a)
- II: Höhere Methoden unter besonderer Berücksichtigung der Anwendungen in Naturwissenschaften, Medizin und Technik. 2., verbesserte Auflage. 315 Seiten, 41 Abbildungen. 1966. (747/747a)

Zeitungslehre von *E. Dovifat.* 2 Bände. 5., neubearbeitete Auflage.
- I: Theoretische und rechtliche Grundlagen — Nachricht und Meinung — Sprache und Form. 149 Seiten. 1966. Im Druck. (1039)
- II: Redaktion — Die Sparten: Verlag und Vertrieb, Wirtschaft und Technik — Sicherung der öffentlichen Aufgabe. 168 Seiten. 1966. Im Druck. (1040)

Naturwissenschaften

Mathematik

Geschichte der Mathematik von *J. E. Hofmann*. 4 Bände.
I: Von den Anfängen bis zum Auftreten von Fermat und Descartes. 2., verbesserte und vermehrte Auflage. 251 Seiten. 1963. (226/226a)
II: Von Fermat und Descartes bis zur Erfindung des Calculus und bis zum Ausbau der neuen Methoden. 109 Seiten. 1957. (875)
III: Von den Auseinandersetzungen um den Calculus bis zur französischen Revolution. 107 Seiten. 1957. (882)
IV: Geschichte der Mathematik der neuesten Zeit von *N. Stuloff*. In Vorbereitung. (883)

Mathematische Formelsammlung von *F. O. Ringleb*. 8., verbesserte Auflage. Etwa 320 Seiten, 40 Figuren. 1967. (51/51a)

Vierstellige Tafeln und Gegentafeln für logarithmisches und trigonometrisches Rechnen in zwei Farben zusammengestellt von *H. Schubert* und *R. Haussner*. 3., neubearbeitete Auflage von *J. Erlebach*. 158 Seiten. 1960. (81)

Fünfstellige Logarithmen mit mehreren graphischen Rechentafeln und häufig vorkommenden Zahlenwerten von *A. Adler*. 4. Auflage, überarbeitet von *J. Erlebach*. 127 Seiten, 1 Tafel. 1962. (423)

Arithmetik von *P. B. Fischer†*. 3. Auflage von *H. Rohrbach*. 152 Seiten, 19 Abbildungen. 1958. (47)

Höhere Algebra von *H. Hasse*. 2 Bände. 5., neubearbeitete Auflage.
I: Lineare Gleichungen. 150 Seiten. 1963. (931)
II: Gleichungen höheren Grades. 158 Seiten, 5 Figuren. 1966. (932)

Aufgabensammlung zur höheren Algebra von *H. Hasse* und *W. Klobe*. 3., verbesserte Auflage. 183 Seiten. 1961. (1082)

Elementare und klassische Algebra vom modernen Standpunkt von *W. Krull*. 2 Bände.
I: 3., erweiterte Auflage. 148 Seiten. 1963. (930)
II: 132 Seiten. 1959. (933)

Lineare Programmierung von *H. Langen*. Etwa 200 Seiten. (1206/1206a)

Algebraische Kurven und Flächen von *W. Burau*. 2 Bände.
I: Algebraische Kurven der Ebene. 153 Seiten, 28 Abbildungen. 1962. (435)
II: Algebraische Flächen 3. Grades und Raumkurven 3. und 4. Grades. 162 Seiten, 17 Abbildungen. 1962. (436/436a)

Einführung in die Zahlentheorie von *A. Scholz†*. Überarbeitet und herausgegeben von *B. Schoeneberg*. 4. Auflage. 128 Seiten. 1966. (1131)

Formale Logik von *P. Lorenzen*. 3., durchgesehene und erweiterte Auflage. 184 Seiten. 1966. (1176/1176a)

Topologie von *W. Franz.* 2 Bände.
I: Allgemeine Topologie. 2., verbesserte Auflage. 144 Seiten, 9 Figuren. 1965. (1181)
II: Algebraische Topologie. 153 Seiten. 1965. (1182/1182a)

Elemente der Funktionentheorie von *K. Knopp†.* 7. Auflage. 144 Seiten, 23 Figuren. 1966. (1109)

Funktionentheorie von *K. Knopp†.* 2 Bände. 11. Auflage.
I: Grundlagen der allgemeinen Theorie der analytischen Funktionen. 144 Seiten, 8 Figuren. 1965. (668)
II: Anwendungen und Weiterführung der allgemeinen Theorie. 130 Seiten, 7 Figuren. 1965. (703)

Aufgabensammlung zur Funktionentheorie von *K. Knopp†.* 2 Bände.
I: Aufgaben zur elementaren Funktionentheorie. 7. Auflage. 135 Seiten. 1965. (877)
II: Aufgaben zur höheren Funktionentheorie. 6. Auflage. 151 Seiten. 1964. (878)

Differential- und Integralrechnung von *M. Barner.* (Früher *Witting*). 4 Bände.
I: Grenzwertbegriff, Differentialrechnung. 2., durchgesehene Auflage. 176 Seiten, 39 Figuren. 1963. (86)

Gewöhnliche Differentialgleichungen von *G. Hoheisel.* 7., neubearbeitete und erweiterte Auflage. 142 Seiten. 1965. (920/920a)

Partielle Differentialgleichungen von *G. Hoheisel.* 4., durchgesehene Auflage. 128 Seiten. 1960. (1003)

Aufgabensammlung zu den gewöhnlichen und partiellen Differentialgleichungen von *G. Hoheisel.* 4., neubearbeitete Auflage. 153 Seiten. 1964. (1059/1059a)

Integralgleichungen von *G. Hoheisel.* 2., neubearbeitete und erweiterte Auflage. 112 Seiten. 1963. (1099)

Mengenlehre von *E. Kamke.* 5. Auflage. 194 Seiten, 6 Figuren. 1965. (999/999a)

Gruppentheorie von *L. Baumgartner.* 4., erweiterte Auflage. 190 Seiten, 3 Tafeln. 1964. (837/837a)

Ebene und sphärische Trigonometrie von *G. Hessenberg†.* 5. Auflage, durchgesehen von *H. Kneser.* 172 Seiten, 60 Figuren. 1957. (99)

Darstellende Geometrie von *W. Haack.* 3 Bände.
I: Die wichtigsten Darstellungsmethoden. Grund- und Aufriß ebenflächiger Körper. 5. Auflage. 113 Seiten, 120 Abbildungen. 1965. (142)
II: Körper mit krummen Begrenzungsflächen. Kotierte Projektionen. 4., durchgesehene Auflage. 129 Seiten, 86 Abbildungen. 1965. (143)
III: Axonometrie und Perspektive. 3. Auflage. 129 Seiten, 100 Abbildungen. 1965. (144)

Analytische Geometrie von *K. P. Grotemeyer.* 3., neubearbeitete Auflage. 218 Seiten, 73 Abbildungen. 1964. (65/65a)

Nichteuklidische Geometrie. Hyperbolische Geometrie der Ebene von *R. Baldus†.* 4. Auflage, bearbeitet und ergänzt von *F. Löbell.* 158 Seiten, 75 Figuren. 1964. (970/970a)

Differentialgeometrie von *K. Strubecker*. 3 Bände.
I: Kurventheorie der Ebene und des Raumes. 2., erweiterte Auflage. 253 Seiten, 45 Figuren. 1964. (1113/1113a)
II: Theorie der Flächenmetrik. 195 Seiten, 14 Figuren. 1958. (1179/1179a)
III: Theorie der Flächenkrümmung. 254 Seiten, 38 Figuren. 1959. (1180/1180a)

Variationsrechnung von *L. Koschmieder*. 2 Bände. 2., neubearbeitete Auflage.
I: Das freie und gebundene Extrem einfacher Grundintegrale. 128 Seiten, 23 Figuren. 1962. (1074)
II: Anwendung klassischer Verfahren auf allgemeine Fragen des Extrems. — Neuere unmittelbare Verfahren. In Vorbereitung. (1075)

Einführung in die konforme Abbildung von *L. Bieberbach*. 6. Auflage. Etwa 180 Seiten, 42 Figuren. 1966. In Vorbereitung. (768/768a)

Vektoren und Matrizen von *S. Valentiner*. 4. Auflage. (11., erweiterte Auflage der „Vektoranalysis"). Mit Anhang: Aufgaben zur Vektorrechnung von *H. König*. 206 Seiten, 35 Figuren. 1967. (354/354a)

Wahrscheinlichkeitstheorie und Grundzüge der Maßtheorie von *H. Bauer*. 2 Bände.
I: 154 Seiten. 1964. (1216/1216a)
II: In Vorbereitung. (1217)

Versicherungsmathematik von *F. Böhm*. 2 Bände.
I: Elemente der Versicherungsrechnung. 3., vermehrte und verbesserte Auflage. Durchgesehener Neudruck. 151 Seiten. 1953. (180)
II: Lebensversicherungsmathematik. Einführung in die technischen Grundlagen der Sozialversicherung. 2., verbesserte und vermehrte Auflage. 205 Seiten. 1953. (917/917a)

Finanzmathematik von *M. Nicolas*. 192 Seiten, 11 Tafeln, 8 Tabellen und 72 Beispiele. 1959. (1183/1183a)

Kinematik von *H. R. Müller*. 171 Seiten, 75 Figuren. 1963. (584/584a)

Physik

Einführung in die theoretische Physik von *W. Döring*. 5 Bände.
I: Mechanik. 3., verbesserte Aufl. 125 Seiten, 23 Abb. 1965. (76)
II: Das elektromagnetische Feld. 2., verbesserte Auflage. 132 Seiten, 15 Abbildungen. 1962. (77)
III: Optik. 2., verbesserte Auflage. 117 Seiten, 32 Abbildungen. 1963. (78)
IV: Thermodynamik. 2., verbesserte Auflage. 107 Seiten, 9 Abbildungen. 1964. (374)
V: Statistische Mechanik. 2., umgearbeitete Auflage. 117 Seiten, 10 Abbildungen. 1966. (1017)

Mechanik deformierbarer Körper von *M. Päsler*. 199 Seiten, 48 Abbildungen. 1960. (1189/1189a)

Atomphysik von *K. Bechert, Ch. Gerthsen†* und *A. Flammersfeld.* 7 Bände. 4., durchgesehene Auflage.
I: Allgemeine Grundlagen. 1. Teil von *A. Flammersfeld.* 124 Seiten, 35 Abbildungen. 1959. (1009)
II: Allgemeine Grundlagen. 2. Teil von *A. Flammersfeld.* 112 Seiten, 47 Abbildungen. 1963. (1033)
III: Theorie des Atombaus. 1. Teil von *K. Bechert.* 148 Seiten, 16 Abbildungen. 1963. (1123/1123a)
IV: Theorie des Atombaus. 2. Teil von *K. Bechert.* 170 Seiten, 14 Abbildungen. 1963. (1165/1165a)

Differentialgleichungen der Physik von *F. Sauter.* 4., durchgesehene und ergänzte Auflage. 147 Seiten, 16 Figuren. 1966. (1070)

Physikalische Formelsammlung von *G. Mahler. †.* Fortgeführt von *K. Mahler.* Neubearbeitet von *H. Graewe.* 11. Auflage. 167 Seiten, 69 Figuren. 1963. (136)

Physikalische Aufgabensammlung mit Ergebnissen von *G. Mahler †.* Fortgeführt von *K. Mahler.* Neubearbeitet von *H. Graewe.* 12. Auflage. 141 Seiten. 1964. (243)

Chemie

Geschichte der Chemie in kurzgefaßter Darstellung von *G. Lockemann.* 2 Bände. 2. Auflage.
I: Vom Altertum bis zur Entdeckung des Sauerstoffs. 142 Seiten, 4 Bildnisse. In Vorbereitung. (264)
II: Von der Entdeckung des Sauerstoffs bis zur Gegenwart. 151 Seiten, 16 Bildnisse. In Vorbereitung (265/265a)

Anorganische Chemie von *W. Klemm.* 13. Auflage. 255 Seiten, 34 Abbildungen. 1964. (37/37a)

Organische Chemie von *W. Schlenk jun.* 10., erweiterte Auflage. 273 Seiten, 16 Abbildungen. 1965. (38/38a)

Physikalische Methoden in der Organischen Chemie von *G. Kresze.* 2 Bände.
I: 119 Seiten, 65 Abbildungen. 1962. (44)
II: 164 Seiten. 1962. (45/45a)

Allgemeine und physikalische Chemie von *W. Schulze.* 2 Bände.
I: 6., verbesserte Auflage. 139 Seiten, 10 Figuren. 1964. (71)
II: 6., verbesserte Auflage. 178 Seiten, 37 Figuren. 1966. (698/698a)

Molekülbau. Theoretische Grundlagen und Methoden der Strukturermittlung von *W. Schulze.* 123 Seiten, 43 Figuren. 1958. (786)

Einfache Versuche zur allgemeinen und physikalischen Chemie von *E. Dehn.* 371 Versuche mit 40 Abbildungen. 272 Seiten. 1962. (1201/1201 a)

Physikalisch-chemische Rechenaufgaben von *E. Asmus.* 3., verbesserte Auflage. 96 Seiten. 1958. (445)

Maßanalyse. Theorie und Praxis der klassischen und der elektrochemischen Titrierverfahren von *G. Jander* und *K. F. Jahr.* 11., durchgesehene Auflage, mitbearbeitet von *H. Knoll.* 359 Seiten, 56 Figuren. 1966. (221/221 a)

Qualitative Analyse von *H. Hofmann* u. *G. Jander*. 2., durchgesehene und verbesserte Auflage. 308 Seiten, 5 Abbildungen. 1963. (247/247a)

Stöchiometrische Aufgabensammlung von *W. Bahrdt†* und *R. Scheer*. Mit den Ergebnissen. 8., durchgesehene Auflage. 119 Seiten. 1964. (452)

Elektrochemie von *K. Vetter*. 2 Bände.
I: In Vorbereitung. (252)
II: In Vorbereitung. (253)

Geochemie von *K. H. Wedepohl*. 220 Seiten, 26 Abbildungen, 37 Tabellen. 1966. (1224/1224a/1224b)

Kristallchemie von *J. Zemann*. 144 Seiten, 90 Abbildungen. 1966. (1220/1220a)

Technologie

Die Chemie der Kunststoffe von *K. Hamann*, unter Mitarbeit von *W. Funke* und *H. D. Hermann*. 2. Aufl. 143 Seiten. 1966. In Vorbereitung. (1173/1173a)

Warenkunde von *K. Hassak* und *E. Beutel†*. 2 Bände.
I: Anorganische Waren sowie Kohle und Erdöl. 8. Auflage. Neubearbeitet von *A. Kutzelnigg*. 119 Seiten, 18 Figuren. 1958. (222)
II: Organische Waren. 8. Auflage. Vollständig neu bearbeitet von *A. Kutzelnigg*. 157 Seiten, 32 Figuren. 1959. (223)

Die Fette und Öle von *Th. Klug*. 6., verbesserte Auflage. 143 Seiten. 1961. (335)

Die Seifenfabrikation von *K. Braun†*. 3., neubearbeitete und verbesserte Auflage von *Th. Klug*. 116 Seiten, 18 Abbildungen. 1953. (336)

Thermische Verfahrenstechnik von *H. Bock*. 3 Bände.
I: Eigenschaften und Verhalten der realen Stoffe. 184 Seiten, 28 Abbildungen. 1963. (1209/1209a)
II: Funktion und Berechnung der elementaren Geräte. 195 Seiten, 54 Abbildungen. 1964. (1210/1210a)
III: Fließbilder, ihre Funktion und ihr Zusammenbau aus Geräten. 224 Seiten, 67 Abbildungen. 1965. (1211/1211a)

Textilindustrie von *A. Blümcke*.
I: Spinnerei und Zwirnerei. 111 Seiten, 43 Abbildungen. 1954. (184)

Biologie

Einführung in die allgemeine Biologie und ihre philosophischen Grund- und Grenzfragen von *M. Hartmann*. 2., unveränderte Auflage. 132 Seiten, 2 Abbildungen. 1965. (96)

Hormone von *G. Koller*. 2., neubearbeitete und erweiterte Auflage. 187 Seiten, 60 Abbildungen, 19 Tabellen. 1949. (1141)

Fortpflanzung im Tier- und Pflanzenreich von *J. Hämmerling*. 2., ergänzte Auflage. 135 Seiten, 101 Abbildungen. 1951. (1138)

Geschlecht und Geschlechtsbestimmung im Tier- und Pflanzenreich von *M. Hartmann*. 2., verbesserte Auflage. 116 Seiten, 61 Abbildungen, 7 Tabellen. 1951. (1127)

Symbiose der Tiere mit pflanzlichen Mikroorganismen von *P. Buchner*. 2., verbesserte und vermehrte Auflage. 130 Seiten, 121 Abbildungen. 1949. (1128)

Grundriß der allgemeinen Mikrobiologie von *W.* u. *A. Schwartz*. 2 Bände. 2., verbesserte und ergänzte Auflage.
- I: 147 Seiten, 25 Abbildungen. 1960. (1155)
- II: 142 Seiten, 29 Abbildungen. 1961. (1157)

Botanik

Entwicklungsgeschichte des Pflanzenreiches von *H. Heil*. 2. Auflage. 138 Seiten, 94 Abbildungen, 1 Tabelle. 1950. (1137)

Morphologie der Pflanzen von *L. Geitler*. 3., umgearbeitete Auflage. 126 Seiten, 114 Abbildungen. 1953. (141)

Pflanzengeographie von *L. Diels†*. 5., völlig neu bearbeitete Auflage von *F. Mattick*. 195 Seiten, 2 Karten. 1958. (389/389a)

Die Laubhölzer. Kurzgefaßte Beschreibung der in Mitteleuropa gedeihenden Laubbäume und Sträucher von *F. W. Neger†* und *E. Münch†*. 3., durchgesehene Auflage, herausgegeben von *B. Huber*. 143 Seiten, 63 Figuren, 7 Tabellen. 1950. (718)

Die Nadelhölzer (Koniferen) und übrigen Gymnospermen von *F. W. Neger†* und *E. Münch†*. 4. Auflage, durchgesehen und ergänzt von *B. Huber*. 140 Seiten, 75 Figuren, 4 Tabellen, 3 Karten. 1952. (355)

Pflanzenzüchtung von *H. Kuckuck*. 2 Bände.
- I: Grundzüge der Pflanzenzüchtung. 3., völlig umgearbeitete und erweiterte Auflage. 132 Seiten, 22 Abbildungen. 1952. (1134)
- II: Spezielle gartenbauliche Pflanzenzüchtung (Züchtung von Gemüse, Obst und Blumen). 178 Seiten, 27 Abbildungen. 1957. (1178/1178a)

Zoologie

Entwicklungsphysiologie der Tiere von *F. Seidel*. 2 Bände.
- I: Ei und Furchung. 2. Auflage. Etwa 160 Seiten, 61 Abbildungen. 1966 (1162)
- II: Körpergrundgestalt und Organbildung. 2. Auflage. In Vorbereitung (1163)

Vergleichende Physiologie der Tiere von *K. Herter*. 2 Bände. 4. Auflage der „Tierphysiologie".
- I: Stoff- und Energiewechsel. Neu bearbeitet von *K. Urich*. 158 Seiten, 61 Abbildungen. 1966. (972/972a)
- II: Bewegung und Reizerscheinungen. Neu bearbeitet von *G. Birukow*. In Vorbereitung. (973)

Das Tierreich
- I: Einzeller, Protozoen von *E. Reichenow*. 115 Seiten. 59 Abbildungen. 1956. (444)
- II: Schwämme und Hohltiere von *H. J. Hannemann*. 95 Seiten, 80 Abbildungen. 1956. (442)

III: Würmer. Platt-, Hohl-, Schnurwürmer, Kamptozoen, Ringelwürmer, Protracheaten, Bärtierchen, Zungenwürmer von *S. Jaeckel.* 114 Seiten, 36 Abbildungen. 1955. (439)

IV, 1: Krebse von *H. E. Gruner* und *K. Deckert.* 114 Seiten, 43 Abbildungen. 1956. (443)

IV, 2: Spinnentiere (Trilobitomorphen, Fühlerlose) und Tausendfüßler von *A. Kaestner.* 96 Seiten, 55 Abbildungen. 1955. (1161)

IV, 3: Insekten von *H. von Lengerken.* 2., neubearbeitete Auflage. 140 Seiten, 59 Abbildungen. 1966. (594)

V: Weichtiere. Urmollusken, Schnecken, Muscheln und Kopffüßer von *S. Jaeckel.* 92 Seiten. 34 Figuren. 1954. (440)

VI: Stachelhäuter. Tentakulaten, Binnenatmer und Pfeilwürmer von *S. Jaeckel.* 100 Seiten, 46 Abbildungen. 1955. (441)

VII, 1: Manteltiere, Schädellose, Rundmäuler von *H. Fechter.* In Vorbereitung. (448)

VII, 2: Fische von *D. Lüdemann.* 130 Seiten, 65 Abbildungen. 1955. (356)

VII, 3: Lurche (Chordatiere) von *K. Herter.* 143 Seiten, 129 Abbildungen. 1955. (847)

VII, 4: Kriechtiere (Chordatiere) von *K. Herter.* 200 Seiten, 142 Abbildungen. 1960. (447/447a)

VII, 5: Vögel (Chordatiere) von *H.-A. Freye.* 156 Seiten, 69 Figuren. 1960. (869)

VII, 6: Säugetiere (Chordatiere) von *Th. Haltenorth.* In Vorbereitung. (282)

Land- und Forstwirtschaft

Landwirtschaftliche Tierzucht. Die Züchtung und Haltung der landwirtschaftlichen Nutztiere von *H. Vogel.* 139 Seiten, 11 Abbildungen. 1952. (228)

Kulturtechnische Bodenverbesserungen von *O. Fauser.* 2 Bände. 5., verbesserte und vermehrte Auflage.

I: Allgemeines, Entwässerung. 127 Seiten, 49 Abbildungen. 1959. (691)

II: Bewässerung, Ödlandkultur, Flurbereinigung. 159 Seiten, 71 Abbildungen. 1961. (692)

Agrikulturchemie von *K. Scharrer.* 2 Bände.

I: Pflanzenernährung. 143 Seiten. 1953. (329)

II: Futtermittelkunde. 192 Seiten. 1956. (330/330a)

Geologie, Mineralogie, Kristallographie

Geologie von *F. Lotze.* 3., verbesserte Auflage. 179 Seiten, 80 Abbildungen. 1965. (13/13a)

Mineral- und Erzlagerstättenkunde von *H. Huttenlocher †.* 2 Bände. 2., neubearbeitete Auflage von *P. Ramdohr.*

I: 137 Seiten, 40 Abbildungen, 2 Tabellen. 1965. (1014/1014a)

II: 135 Seiten, 41 Abbildungen. 1965. (1015/1015a)

Allgemeine Mineralogie. 11., erweiterte Auflage der „Mineralogie" von *R. Brauns †*, neubearbeitet von *K. F. Chudoba*. 152 Seiten, 143 Textfiguren, 1 Tafel, 3 Tabellen. 1963. (29/29a)

Spezielle Mineralogie. 11., erweiterte Auflage der „Mineralogie" von *R. Brauns †*, bearbeitet von *K. F. Chudoba*. 193 Seiten, 127 Textfiguren, 6 Tabellen. 1964. (31/31a)

Petrographie (Gesteinskunde) von *W. Bruhns †*. Neubearbeitet von *P. Ramdohr*. 6., erweiterte Auflage. 141 Seiten, 21 Figuren. 1966. (173)

Geochemie von *K. H. Wedepohl*. 220 Seiten, 26 Abbildungen, 37 Tabellen. 1966. (1224/1224a/1224b)

Kristallchemie von *J. Zemann*. 144 Seiten, 90 Abbildungen. 1966. (1220/1220a)

Kristallographie von *W. Bruhns †*. 6. Auflage, neubearbeitet von *P. Ramdohr*. 115 Seiten, 164 Abbildungen. 1965. (210)

Einführung in die Kristalloptik von *E. Buchwald*. 5., verbesserte Auflage. 128 Seiten, 117 Figuren. 1963. (619/619a)

Lötrohrprobierkunde. Mineraldiagnose mit Lötrohr und Tüpfelreaktion von *M. Henglein*. 4., durchgesehene und erweiterte Auflage. 108 Seiten, 12 Figuren. 1962. (483)

Technik

Graphische Darstellung in Wissenschaft und Technik von *M. Pirani.* 3., erweiterte Auflage bearbeitet von *J. Fischer* unter Benutzung der von *I. Runge* besorgten 2. Auflage. 216 Seiten, 104 Abbildungen. 1957. (728/728 a)

Technische Tabellen und Formeln von *W. Müller.* 5., verbesserte und erweiterte Auflage von *E. Schulze.* 165 Seiten, 114 Abbildungen, 99 Tafeln. 1962. (579)

Einführung in die Arbeitswissenschaft von *H. H. Hilf.* 164 Seiten, 57 Abbildungen. 1964. (1212/1212 a)

Grundlagen der Straßenverkehrstechnik. Theorie der Leistungsfähigkeit von *E. Engel.* 101 Seiten, 55 Abbildungen. 1962. (1198)

Elektrotechnik

Grundlagen der allgemeinen Elektrotechnik von *O. Mohr.* 3. Auflage. 260 Seiten, 136 Bilder, 14 Tafeln. 1965. (196/196 a)

Die Gleichstrommaschine von *K. Humburg.* 2 Bände. 2., durchgesehene Auflage.
I: 102 Seiten, 59 Abbildungen. 1956. (257)
II: 101 Seiten, 38 Abbildungen. 1956. (881)

Die Synchronmaschine von *W. Putz.* 92 Seiten, 64 Bilder. 1962. (1146)

Induktionsmaschinen von *F. Unger.* 2., erweiterte Auflage. 142 Seiten, 49 Abbildungen. 1954. (1140)

Die komplexe Berechnung von Wechselstromschaltungen von *H. H. Meinke.* 3., neubearb. Aufl. 185 S., 126 Abb. 1965. (1156/1156 a)

Theoretische Grundlagen zur Berechnung der Schaltgeräte von *F. Kesselring.* 4. Auflage. In Vorbereitung. (711/711 a)

Einführung in die Technik selbsttätiger Regelungen von *W. zur Megede.* 3., durchgesehene Aufl. 180 S., 86 Abb. 1966. In Vorb. (714/714 a)

Elektromotorische Antriebe von *W. Meyer.* In Vorbereitung. (827/827 a)

Überspannungen und Überspannungsschutz von *G. Frühauf.* Durchgesehener Neudruck. 122 Seiten, 98 Abbildungen. 1950. (1132)

Elektrische Höchstspannungs-Schaltanlagen. Für Freiluft und Innenanordnung von *G. Meiners* und *K.-H. Wiesenewsky.* 138 Seiten, 58 Abbildungen. 1964. (796/796 a)

Transformatoren von *W. Schäfer.* 4., überarbeitete und ergänzte Auflage. 130 Seiten, 73 Abbildungen. 1962. (952)

Maschinenbau

Thermische Verfahrenstechnik von *H. Bock.* 3 Bände.
I: Eigenschaften und Verhalten der realen Stoffe. 184 Seiten, 28 Abbildungen. 1963. (1209/1209 a)
II: Funktion und Berechnung der elementaren Geräte. 195 Seiten, 54 Abbildungen. 1964. (1210/1210 a)
III: Fließbilder, ihre Funktion und ihr Zusammenbau aus Geräten. 224 Seiten, 67 Abbildungen. 1965. (1211/1211 a)

Technische Thermodynamik von *U. Grigull.* 171 Seiten, 74 Abbildungen. 1966. (1084/1084 a)

Metallkunde von *H. Borchers.* 3 Bände.
I: Aufbau der Metalle und Legierungen. 6. Auflage. 120 Seiten, 90 Abbildungen, 2 Tabellen. 1964. (432)
II: Eigenschaften, Grundzüge der Form- und Zustandsgebung. 5., ergänzte und durchgesehene Auflage. 182 Seiten, 107 Abbildungen, 10 Tabellen. 1963. (433/433a)
III: Die metallkundlichen Untersuchungsmethoden von *E. Hanke.* In Vorbereitung (434)

Die Werkstoffe des Maschinenbaues von *A. Thum* † und *C. M. v. Meysenbug.* 2 Bände.
I: Einführung in die Werkstoffprüfung. 2., neubearbeitete Auflage. 100 Seiten, 7 Tabellen, 56 Abbildungen. 1956. (476)
II: Die Konstruktionswerkstoffe. 132 Seiten, 40 Abbildungen. 1959. (936)

Dynamik von *W. Müller.* 2 Bände. 2., verbesserte Auflage.
I: Dynamik des Einzelkörpers. 128 Seiten, 48 Figuren. 1952. (902)
II: Systeme von starren Körpern. 102 Seiten, 41 Figuren. 1952. (903)

Technische Schwingungslehre von *L. Zipperer.* 2 Bände. 2., neubearbeitete Auflage.
I: Allgemeine Schwingungsgleichungen, einfache Schwinger. 120 Seiten, 101 Abbildungen. 1953. (953)
II: Torsionsschwingungen in Maschinenanlagen. 102 Seiten, 59 Abbildungen. 1955. (961/961a)

Werkzeugmaschinen für Metallbearbeitung von *K. P. Matthes.* 2 Bände.
I: 100 Seiten, 27 Abbildungen, 11 Zahlentafeln, 1 Tafelanhang. 1954. (561)
II: Fertigungstechnische Grundlagen der neuzeitlichen Metallbearbeitung. 101 Seiten, 30 Abbildungen, 5 Tafeln. 1955. (562)

Das Maschinenzeichnen mit Einführung in das Konstruieren von *W. Tochtermann.* 2 Bände. 4. Auflage.
I: Das Maschinenzeichnen. 156 Seiten, 75 Tafeln. 1950. (589)
II: Ausgeführte Konstruktionsbeispiele. 130 Seiten, 58 Tafeln. 1950. (590)

Die Maschinenelemente von *E. A. vom Ende* †. 4., überarbeitete Auflage. 184 Seiten, 179 Figuren, 11 Tafeln. 1963. (3/3a)

Die Maschinen der Eisenhüttenwerke von *L. Engel.* 156 Seiten, 95 Abbildungen. 1957. (583/583a)

Walzwerke von *H. Sedlaczek* † unter Mitarbeit von *F. Fischer* und *M. Buch.* 232 Seiten, 157 Abbildungen. 1958. (580/580a)

Getriebelehre von *P. Grodzinski* †. 2 Bände. 3., neubearbeitete Auflage von *G. Lechner.*
I: Geometrische Grundlagen. 164 S., 131 Fig. 1960. (1061)
II: Angewandte Getriebelehre. In Vorbereitung. (1062)

Kinematik von *H. R. Müller.* 171 Seiten, 75 Figuren. 1963. (584/584a)

Gießereitechnik von *H. Jungbluth.* 2 Bände.
I: Eisengießerei. 126 Seiten, 44 Abbildungen. 1951. (1159)

Die Dampfkessel einschließlich Feuerungen und Hilfseinrichtungen. Physikalische und chemische Grundlagen, Berechnung und Konstruktion, Vorschriften und Beispiele von *W. Marcard*. 3., neubearbeitete Auflage von *G. Beyer*. 2 Bände.
I: Physikalische und chemische Grundlagen, Wärmelehre, Wärmeübertragung, Verbrennung. 133 Seiten, 35 Bilder, 26 Tabellen. 1964. (9/9a)
II: Berechnung und Konstruktion. Dampfkessel, Hilfseinrichtungen. Feuerungen, Berechnung. 108 Seiten, 45 Bilder. 1966. (521/521a)

Die Dampfturbinen. Ihre Wirkungsweise, Berechnung und Konstruktion von *C. Zietemann*. 3 Bände.
I: Theorie der Dampfturbinen. 4. Auflage. 139 Seiten, 48 Abbildungen. 1966. In Vorbereitung. (274)
II: Die Berechnung der Dampfturbinen und die Konstruktion der Einzelteile. 4., verbesserte Auflage. 132 Seiten, 111 Abbildungen. 1966. In Vorbereitung. (715)
III: Die Regelung der Dampfturbinen, die Bauarten, Turbinen für Sonderzwecke, Kondensationsanlagen. 3., verbesserte Auflage. 126 Seiten, 90 Abbildungen. 1956. (716)

Verbrennungsmotoren von *W. Endres*. 3 Bände.
I: Überblick. Motor-Brennstoffe. Verbrennung im Motor allgemein, im Otto- und Diesel-Motor. 153 Seiten, 57 Abbildungen. 1958. (1076/1076a)
II: Gaswechselvorgang. Aufladen. Leistung, mittl. Druck, Reibung. Wirkungsgrade und Kraftstoffverbrauch. 152 Seiten, 62 Abbildungen. 1966. (1184/1184a)
III: Die Einzelteile des Verbrennungsmotors. In Vorbereitung. (1185/1185a)

Autogenes Schweißen und Schneiden von *H. Niese*. 5. Auflage, neubearbeitet von *A. Küchler*. 136 Seiten, 71 Figuren. 1953. (499)

Die elektrischen Schweißverfahren von *H. Niese*. 2. Auflage, neubearbeitet von *H. Dienst*. 136 Seiten, 58 Abbildungen. 1955. (1020)

Die Hebezeuge. Entwurf von Winden und Kranen von *G. Tafel*. 2., verbesserte Auflage. 176 Seiten, 230 Figuren. 1954. (414/414a)

Vermessungswesen

Vermessungskunde von *W. Großmann*. 3 Bände.
I: Stückvermessung und Nivellieren. 12., verbesserte Auflage. 156 Seiten, 122 Figuren. 1965. (468)
II: Horizontalaufnahmen und ebene Rechnungen. 9., verbesserte Auflage. 136 Seiten, 101 Figuren. 1963. (469)
III: Trigonometrische und barometrische Höhenmessung. Tachymetrie und Absteckungen. 8., verbesserte Auflage. 140 Seiten, 102 Figuren. 1965. (862)

Kartographie von *V. Heissler*. 2. Auflage. 213 Seiten, 125 Abb., 8 Anlagen. 1966. (30/30a)

Photogrammetrie von *G. Lehmann*. 2., neubearbeitete Auflage. 205 Seiten, 136 Abbildungen. 1966. (1188/1188a)

Wasserbau

Wasserkraftanlagen von *A. Ludin* unter Mitarbeit von *W. Borkenstein.* 2 Bände.
I: Planung, Grundlagen und Grundzüge. 124 Seiten, 60 Abbildungen. 1955. (665)
II: Anordnung und Ausbildung der Hauptbauwerke. 184 Seiten, 91 Abbildungen. 1958. (666/666a)

Verkehrswasserbau von *H. Dehnert.* 3 Bände.
I: Entwurfsgrundlagen, Flußregelungen. 103 Seiten, 53 Abbildungen. 1950. (585)
II: Flußkanalisierung und Schiffahrtskanäle. 94 Seiten, 60 Abbildungen. 1950. (597)
III: Schleusen und Hebewerke. 98 Seiten, 70 Abbildungen. 1950. (1152)

Wehr- und Stauanlagen von *H. Dehnert.* 134 Seiten, 90 Abbildungen. 1952. (965)

Talsperren von *F. Tölke.* 122 Seiten, 70 Abbildungen. 1953. (1044)

Hoch- und Tiefbau

Die wichtigsten Baustoffe des Hoch- und Tiefbaus von *O. Graf †.* 4., verbesserte Auflage. 131 Seiten, 63 Abbildungen. 1953. (984)

Baustoffverarbeitung und Baustellenprüfung des Betons von *A. Kleinlogel.* 2., neubearbeitete und erweiterte Auflage. 126 Seiten, 35 Abbildungen. 1951. (978)

Festigkeitslehre. 2 Bände.
I: Elastizität, Plastizität und Festigkeit der Baustoffe und Bauteile von *W. Gehler †* und *W. Herberg.* Durchgesehener und erweiterter Neudruck. 159 Seiten, 118 Abbildungen. 1952. (1144)
II: Formänderung, Platten, Stabilität und Bruchhypothesen von *W. Herberg* und *N. Dimitrov.* 187 Seiten, 94 Abbildungen. 1955. (1145/1145a)

Grundlagen des Stahlbetonbaues von *A. Troche.* 2., neubearbeitete und erweiterte Auflage. 208 Seiten, 75 Abbildungen, 17 Bemessungstafeln, 20 Rechenbeispiele. 1953. (1078)

Statik der Baukonstruktionen von *A. Teichmann.* 3 Bände.
I: Grundlagen. 101 Seiten, 51 Abbildungen, 8 Formeltafeln. 1956. (119)
II: Statisch bestimmte Stabwerke. 107 Seiten, 52 Abbildungen, 7 Tafeln. 1957. (120)
III: Statisch unbestimmte Systeme. 112 Seiten, 34 Abbildungen, 7 Formeltafeln. 1958. (122)

Fenster, Türen, Tore aus Holz und Metall. Eine Anleitung zu ihrer guten Gestaltung, wirtschaftlichen Bemessung und handwerksgerechten Konstruktion von *W. Wickop †.* 5. Auflage geplant. (1092)

Heizung und Lüftung von *W. Körting*. 2 Bände. 9., neubearbeitete Auflage.

I: Das Wesen und die Berechnung der Heizungs- und Lüftungsanlagen. 171 Seiten, 29 Abbildungen, 36 Zahlentafeln. 1962. (342/342a)

II: Die Ausführung der Heizungs- und Lüftungsanlagen. 1966. In Vorbereitung. (343)

Industrielle Kraft- und Wärmewirtschaft von *F. A. F. Schmidt* und *A. Beckers*. 167 Seiten, 73 Abbildungen. 1957. (318/318a)

Sammlung Göschen / Bandnummernfolge

1 Langosch, Der Nibelunge Nôt
3/3a v. Ende, Maschinenelemente
9/9a Marcard-Beyer, Dampfkessel I
10 Jiriczek-Wisniewski, Kudrun und Dietrich-Epen
13/13a Lotze, Geologie
18 Maurer, Hartmann von Aue, Der arme Heinrich
19 Altheim, Römische Geschichte I
20 Hofstaetter, Dt. Sprachlehre
22 Maurer, Gottfried von Strassburg
29/29a Brauns-Chudoba, Allgemeine Mineralogie
30/30a Heissler, Kartographie
31/31a Brauns-Chudoba, Spezielle Mineralogie
32 Schneider-Wisniewski, Deutsche Heldensage
35 Treue, Dt. Geschichte von 1648—1740
37/37a Klemm, Anorganische Chemie
38/38a Schlenk, Organische Chemie
39 Treue, Dt. Geschichte von 1713—1806
42 Behn-Hoernes, Vorgeschichte Europas
44 Kresze, Physikalische Methoden in der Organischen Chemie I
45/45a Kresze, Physikalische Methoden in der Organischen Chemie II
47 Fischer-Rohrbach, Arithmetik
51/51a Ringleb, Mathem. Formelsammlung
52 Bieler, Röm. Literaturgesch. I
59 Krahe, Indog. Sprachwiss. I
60 Biehle, Stimmkunde
61 Biehle, Redetechnik
64 Krahe, Indog. Sprachwiss. II
65/65a Grotemeyer, Analyt. Geometrie
66 Berneker-Vasmer, Russische Grammatik
70 Nestle-Liebich, Gesch. d. griechischen Literatur I
71 Schulze, Allgemeine und physikalische Chemie I
76 Döring, Einf. i. d. th. Physik I
77 Döring, Einf. i. d. th. Physik II
78 Döring, Einf. i. d. th. Physik III
79/79a Hempel, Got. Elementarbuch
80 Weigert, Stilkunde I
81 Schubert-Haussner-Erlebach Vierstell. Logarithmentafeln
86 Barner, Differential- u. Integralrechnung I
96 Hartmann, Einf. in die allgem. Biologie

99 Hessenberg-Kneser, Ebene und sphär. Trigonometric
101 v. Wiese, Soziologie
103 Dahrendorf, Industrie- und Betriebssoziologie
104/104a Hofstätter, Sozialpsychologie
111 Hoffmann-Debrunner,Gesch. der griechischen Sprache I
114 Debrunner, Gesch. der griechischen Sprache II
117 Brandenstein, Griechische Sprachwissenschaft I
118/118a Brandenstein, Griechische Sprachwissenschaft II
119 Teichmann, Statik der Baukonstruktionen I
120 Teichmann, Statik der Baukonstruktionen II
122 Teichmann, Statik der Baukonstruktionen III
128/128a Lausberg, Romanische Sprachwissenschaft I
136 Mahler-Graewe, Physikal. Formelsammlung
141 Geitler, Morphologie der Pflanzen
142 Haack, Darst. Geometrie I
143 Haack, Darst. Geometrie II
144 Haack, Darst. Geometrie III
145/145a Weimer, Gesch. der Pädagogik
148 Kolms, Finanzwissenschaft I
156/156a Landmann, Philosophische Anthropologie
170 Oehlmann, Musik des 19. Jhs.
171/171a Oehlmann, Musik des 20. Jhs.
173 Bruhns-Ramdohr, Petrographie
174 Schlingloff, Religion des Buddhismus I
180 Böhm, Versicherungsmathematik I
184 Blümcke, Textilindustrie I
196/196a Mohr, Grundlagen der allgem. Elektrotechnik
200/200a Gottschald, Dt. Rechtschreibungswörterbuch
210 Bruhns-Ramdohr, Kristallographie
220/220a Moser, Allg. Musiklehre
221/221a Jander-Jahr-Knoll, Maßanalyse
222 Hassak-Beutel-Kutzelnigg, Warenkunde I
223 Hassak-Beutel-Kutzelnigg, Warenkunde II
226/226a Hofmann, Gesch. der Mathematik I
228 Vogel, Landw. Tierzucht
231/231a Ehrlich, Gesch. Israels
238 Krahe, Germ. Sprachwiss. I
243 Mahler-Graewe, Physikal. Aufgabensammlung
247/247a Hofmann-Jander, Qualitative Analyse
250 Lausberg, Romanische Sprachwissenschaft II
252 Vetter, Elektrochemie I
253 Vetter, Elektrochemie II
257 Humburg, Gleichstrommaschine I
264 Lockemann, Gesch. der Chemie I
265/265a Lockemann, Geschichte der Chemie II
270 Kirn, Einführung in die Geschichtswissenschaft
274 Zietemann, Dampfturbinen I
279 Jacob-Hohenleutner, Quellenkunde der deutschen Geschichte I
280 Jacob-Hohenleutner, Quellenkunde der deutschen Geschichte II
281 Leisegang, Einführung in die Philosophie
282 Haltenorth, Säugetiere
284 Jacob-Weden, Quellenkunde der deutschen Geschichte III
318/318a Schmidt-Beckers, Industrielle Kraft- u. Wärmewirtschaft
319 Krug, Australien und Ozeanien
329 Scharrer, Agrikulturchemie I
330/330a Scharrer, Agrikulturchemie II
335 Klug, Fette und Öle
336 Braun-Klug, Seifenfabrikation
342/342a Körting, Heizung und Lüftung I

343 Körting, Heizung und Lüftung II
344 Moser, Musikästhetik
354/354a Valentiner-König, Vektoren und Matrizen
355 Neger-Münch-Huber, Nadelhölzer
356 Lüdemann, Fische
374 Döring, Einf. i. d. th. Physik IV
375 Preller, Geschichte Englands I
389/389a Diels-Mattick, Pflanzengeographie
391 Kolms, Finanzwissenschaft II
394/394a Schilling, Von der Renaissance bis Kant
414/414a Tafel, Hebezeuge
422 Gottschald, Dt. Personennamen
423 Adler-Erlebach, Fünfstellige Logarithmen
432 Borchers, Metallkunde I
433/433a Borchers, Metallkunde II
434 Borchers-Hanke, Metallkunde III
435 Burau, Algebr. Kurven u. Flächen I
436/436a Burau, Algebr. Kurven und Flächen II
439 Jaeckel, Würmer
440 Jaeckel, Weichtiere
441 Jaeckel, Stachelhäuter
442 Hannemann, Schwämme und Hohltiere
443 Gruner-Deckert, Krebse
444 Reichenow, Einzeller
445 Asmus, Physikal.-chem. Rechenaufgaben
447/447a Herter, Kriechtiere
448 Fechter, Manteltiere
452 Bahrdt-Scheer, Stöchiometrische Aufgabensammlung
468 Großmann, Vermessungskunde I
469 Großmann, Vermessungskunde II
476 Thum-Meysenbug, Die Werkstoffe des Maschinenbaues I
483 Henglein, Lötrohrprobierkunde
492/492a Stolz-Debrunner-Schmid Geschichte der lateinischen Sprache
499 Niese-Küchler, Autogenes Schweißen
500 Simmel, Hauptprobleme der Philosophie
521/521a Marcard-Beyer, Dampfkessel II
536 Lehmann, Kant
538 Rumpf, Archäologie I
539 Rumpf, Archäologie II
540 Rumpf, Archäologie III
557 Nestle-Liebich, Gesch. der griech. Literatur II
561 Matthes, Werkzeugmaschinen I
562 Matthes, Werkzeugmaschinen II
564 Behn-Hoernes, Kultur der Urzeit I
565 Behn-Hoernes, Kultur der Urzeit II
566 Behn-Hoernes, Kultur der Urzeit III
571 Lehmann, Philosophie des 19. Jahrhunderts I
576/576a Moser, Gesangskunst
579 Müller-Schulze, Techn. Tabellen
580/580a Sedlaczek-Fischer-Buch, Walzwerke
583/583a Engel, Maschinen der Eisenhüttenwerke
584/584a Müller, Kinematik
585 Dehnert, Verkehrswasserbau I
587 Kalitsunakis-Steinmetz, Neugriech.-dt. Gesprächsbuch
589 Tochtermann, Maschinenzeichnen I
590 Tochtermann, Maschinenzeichnen II
594 v. Lengerken, Insekten
597 Dehnert, Verkehrswasserbau II
601 Mutschmann-Scherer, Engl. Phonetik
608/608a/608b Erman-Krückmann, Hieroglyphen
619/619a Buchwald, Kristalloptik
665 Ludin-Borkenstein, Wasserkraftanlagen I
666/666a Ludin-Borkenstein, Wasserkraftanlagen II

668 Knopp, Funktionentheorie I
677 Altheim, Röm. Geschichte II
679 Altheim, Röm. Geschichte III
684 Altheim, Röm. Geschichte IV
691 Fauser, Kulturtechn. Bodenverbesserungen I
692 Fauser, Kulturtechn. Bodenverbesserungen II
698/698a Schulze, Allgemeine u. physikalische Chemie II
703 Knopp, Funktionentheorie II
708/708a/708b Meissner-Oberhuber, Keilschrift
709 Lehmann, Philosophie des 19. Jahrhunderts II
711/711a Kesselring, Berechnung der Schaltgeräte
714/714a zur Megede, Technik selbsttätiger Regelungen
715 Zietemann, Dampfturbinen II
716 Zietemann, Dampfturbinen III
718 Neger-Münch-Huber, Laubhölzer
728/728a Pirani-Fischer-Runge, Graph. Darstellung in Wissenschaft u. Technik
735 Ekwall, Historische neuengl. Laut- und Formenlehre
746/746a Pfanzagl, Allg. Methodenlehre der Statistik I
747/747a Pfanzagl, Allg. Methodenlehre der Statistik II
756/756a Kalitsunakis, Gramm. d. Neugriech. Volksspr.
763/763a/763b Meyer, Hebräische Grammatik I
764/764a/764b Meyer, Hebräische Grammatik II
765/765a/765b Meyer, Hebräische Grammatik III
768/768a Bieberbach, Einführung in die konforme Abbildung
769/769a Beer-Meyer, Hebräisches Textbuch
770 Schlingloff, Religion des Buddhismus II
776/a Kolms, Finanzwissensch. III
780 Krahe, Germ. Sprachwiss. II
781 Weigert, Stilkunde II
782/782a Kolms, Finanzwissenschaft IV
786 Schulze, Molekülbau
796/796a Meiners-Wiesenewsky, Elektr. Höchstspannungs-Schaltanlagen
807 Kropp, Erkenntnistheorie
809 Moser, Harmonielehre I
810 Moser, Harmonielehre II
826 Koch, Philosophie d. Mittelalters
827/827a Meyer, Elektromotorische Antriebe
831 Erismann, Allg. Psychologie I
832/832a Erismann, Allg. Psychologie II
833 Erismann, Allg. Psychologie III
834/834a Erismann, Allg. Psychologie IV
837/837a Baumgartner, Gruppentheorie
845 Lehmann, Philosophie im ersten Drittel des 20. Jhs. I
847 Herter, Lurche
850 Lehmann, Philosophie im ersten Drittel des 20. Jhs. II
851/851a Moede, Psychologie des Berufs- und Wirtschaftslebens
857 Capelle, Griech. Philosophie I
858 Capelle, Griech. Philos. II
859 Capelle, Griech. Philos. III
862 Großmann, Vermessungskunde III
863 Capelle, Griech. Philos. IV
866 Bieler, Röm. Literaturgeschichte II
869 Freye, Vögel
875 Hofmann, Geschichte der Mathematik II
877 Knopp, Aufgabensammlung zur Funktionentheorie I
878 Knopp, Aufgabensammlung zur Funktionentheorie II
881 Humburg, Gleichstrommaschine II
882 Hofmann, Geschichte der Mathematik III
883 Stuloff, Mathematik der neuesten Zeit
893 Treue, Dt. Geschichte von 1806—1890

894 Treue, Dt. Geschichte von 1890 bis zur Gegenwart
896 Pokorny, Altirische Gramm.
902 Müller, Dynamik I
903 Müller, Dynamik II
910 Jaeger, Afrika I
911 Jaeger, Afrika II
915 Sperber-v. Polenz, Gesch. der Deutschen Sprache
917/917a Böhm, Versicherungsmathematik II
920/920a Hoheisel, Gewöhnliche Differentialgleichungen
921 Jantzen-Kolb, W. v. Eschenbach. Parzival
924/924a Brandenstein, Griechische Sprachwissenschaft III
929 Schirmer-Mitzka, Dt. Wortkunde
930 Krull, Elementare und klassische Algebra I
931 Hasse, Höhere Algebra I
932 Hasse, Höhere Algebra II
933 Krull, Elementare und klassische Algebra II
936 Thum-Meysenbug, Werkstoffe d. Maschinenbaues II
942/942a Damerau, Polnische Grammatik
952 Schäfer, Transformatoren
953 Zipperer, Techn. Schwingungslehre I
961/961a Zipperer, Techn. Schwingungslehre II
965 Dehnert, Wehr- und Stauanlagen
970/970a Baldus-Löbell, Nichteuklidische Geometrie
972/972a Herter-Urich, Vergleichende Physiologie der Tiere I
973 Herter-Birukow, Vergleichende Physiologie der Tiere II
978 Kleinlogel, Baustoffverarbeitung und Baustellenprüfung d. Betons
984 Graf, Baustoffe des Hoch- und Tiefbaues
999/999a Kamke, Mengenlehre
1000 Jaspers, Geistige Situat. der Zeit
1003 Hoheisel, Partielle Differentialgleichung
1008/1008a Mellerowicz, Allgem. Betriebswirtschaftslehre I
1009 Bechert-Gerthsen-Flammersfeld, Atomphysik I
1014/1014a Huttenlocher-Ramdohr, Mineral- und Erzlagerstättenkunde I
1015/1015a Huttenlocher-Ramdohr, Mineral- u. Erzlagerstättenkunde II
1017 Döring, Einf. i. d. th. Physik V
1020 Niese-Dienst, Elektrische Schweißverfahren
1031/1031a Apel-Ludz, Philosophisches Wörterbuch
1033 Bechert-Gerthsen-Flammersfeld, Atomphysik II
1034 Kranefeldt-Jung Therapeutische Psychologie
1035 Altheim, Röm. Religionsgeschichte I
1039 Dovifat, Zeitungslehre I
1040 Dovifat, Zeitungslehre II
1044 Tölke, Talsperren
1045 Schubert, Technik des Klavierspiels
1051/1051a Stolberg-Wernigerode, Gesch. d. Vereinigten Staaten
1052 Altheim, Röm. Religionsgeschichte II
1059/1059a Hoheisel, Aufgabenslg. z. d. gew u. part. Differentialgleichungen
1061 Grodzinski-Lechner, Getriebelehre I
1062 Grodzinski-Lechner, Getriebelehre II
1065 Haller-Dannenbauer, Von d. Karolingern zu den Staufern
1070 Sauter, Differentialgleichungen der Physik
1074 Koschmieder, Variationsrechnung I
1075 Koschmieder, Variationsrechnung II
1076/1076a Endres, Verbrennungsmotoren I

1077 Haller-Dannenbauer, Von den Staufern zu den Habsburgern
1078 Troche, Stahlbetonbau
1082 Hasse-Klobe, Aufgabensammlung zur höheren Algebra
1084/1084a Grigull, Techn. Thermodynamik
1085 Lietzmann-Aland, Zeitrechnung
1086 Müller, Dt. Dichten und Denken
1088 Preller, Gesch. Englands II
1092 Wickop, Fenster, Türen, Tore
1094 Hernried, System, Modulation
1096 Viëtor, Dt. Dichten und Denken
1099 Hoheisel, Integralgleichungen
1105 Hartung, Dt. Geschichte im Zeitalter der Reformation
1108 de Boor-Wisniewski, Mittelhochdeutsche Grammatik
1109 Knopp, Elemente der Funktionentheorie
1111/1111a Naumann-Betz, Althochdt. Elementarbuch
1113/1113a Strubecker, Differentialgeometrie I
1114 Schubel, Engl. Literaturgeschichte I
1115/1115a Ranke-Hofmann, Altnord. Elementarbuch
1116 Schubel, Engl. Literaturgeschichte II
1117 Haller-Dannenbauer, Eintritt der Germanen in die Geschichte
1121 Naumann, Dt. Dichten u. Denken
1122/1122a Jesch, Sprecherziehung
1123/1123a Bechert-Gerthsen-Flammersfeld, Atomphysik III
1124 Schubel, Engl. Literaturgeschichte III
1125 Lehnert, Altengl. Elementarbuch
1127 Hartmann, Geschlecht u. Geschlechtsbestimmung im Tier- und Pflanzenreich
1128 Buchner, Symbiose d. Tiere
1130 Dibelius-Kümmel, Jesus
1131 Scholz-Schoeneberg, Einführung in die Zahlentheorie
1132 Frühauf, Überspannungen
1134 Kuckuck, Pflanzenzüchtung I
1135 Lehnert, Beowulf
1137 Heil, Entwicklungsgesch. d. Pflanzenreiches
1138 Hämmerling, Fortpflanzung im Tier- und Pflanzenreich
1140 Unger, Induktionsmaschine
1141 Koller, Hormone
1142 Meissner-Lehnert, Shakespeare
1144 Oehler-Herberg, Festigkeitslehre I
1145/1145a Herberg-Dimitrov, Festigkeitslehre II
1146 Putz, Synchronmaschine
1147 v. Waltershausen, Kunst d. Dirigierens
1148 Pepping, Der polyphone Satz I
1152 Dehnert, Verkehrswasserbau III
1153/1153a Mellerowicz, Allgem. Betriebswirtschaftslehre II
1154/1154a Mellerowicz, Allgem. Betriebswirtschaftslehre III
1155 Schwartz, Mikrobiologie I
1156/1156a Meinke, Komplexe Berechnungen v. Wechselstromschaltungen
1157 Schwartz, Mikrobiologie II
1158/1158a Mayrhofer, Sanskrit-Grammatik
1159 Jungbluth, Gießereitechnik I
1160 Dibelius-Kümmel, Paulus
1161 Kaestner, Spinnentiere
1162 Seidel, Entwicklungsphysiologie der Tiere I
1163 Seidel, Entwicklungsphysiologie der Tiere II
1164/1164a Pepping, Der polyphone Satz II

1165/1165a Bechert-Gerthsen-Flammersfeld, Atomphysik IV
1169 Paulsen, Allgemeine Volkswirtschaftslehre I
1170 Paulsen, Allgemeine Volkswirtschaftslehre II
1171 Paulsen, Allgemeine Volkswirtschaftslehre III
1172 Paulsen, Allgemeine Volkswirtschaftslehre IV
1173/1173a Hamann-Funke-Hermann, Chemie der Kunststoffe
1176/1176a Lorenzen, Form. Logik
1178/1178a Kuckuck, Pflanzenzüchtung II
1179/1179a Strubecker, Differentialgeometrie II
1180/1180a Strubecker, Differentialgeometrie III
1181 Franz, Topologie I
1182/1182a Franz, Topologie II
1183/1183a Nicolas, Finanzmathematik
1184/1184a Endres, Verbrennungsmotoren II
1185/1185a Endres, Verbrennungsmotoren III
1186/1186a Mellerowicz, Allgem. Betriebswirtschaftslehre IV
1187 Lau, Luther
1188/1188a Lehmann, Photogrammetrie
1189/1189a Päsler, Mechanik
1190 Stupperich, Melanchthon
1191/1191a Bräuer, Slav. Sprachwissenschaft I
1193 Fürstenberg, Wirtschaftssoziologie
1194 Wendt, Gesch. d. Volkswirtschaftslehre
1195 Ohm Allgem. Volkswirtschaftspolitik I
1196 Ohm, Allgem. Volkswirtschaftspolitik II
1197/1197a Onasch, Einf. in die Konfessionskunde der orthodoxen Kirchen
1198 Engel, Straßenverkehrstechnik
1199 Lausberg, Romanische Sprachwissenschaft III, 1. Teil
1200/1200a Lausberg, Romanische Sprachwissenschaft III, 2. Teil
1201/1201a Dehn, Versuche zur allgem. u. phys. Chemie
1202/1202a Nagel, Gesch. des christl. Gottesdienstes
1203 Wendland, Sozialethik
1204 Scheurig, Zeitgeschichte
1205/1205a Hofmann, Ideengeschichte d. soz. Bewegung
1206/1206a Langen, Lineare Programmierung
1208 Lausberg, Romanische Sprachwissenschaft IV
1209/1209a Bock, Therm. Verfahrenstechnik I
1210/1210a Bock. Therm. Verfahrenstechnik II
1211/1211a Bock, Therm. Verfahrenstechnik III
1212/1212a Hilf, Arbeitswissenschaft
1213/1213a Kosiol, Buchhaltung und Bilanz
1216/1216a Bauer, Wahrscheinlichkeitstheorie I
1217 Bauer, Wahrscheinlichkeitstheorie II
1218/1218a/1218b Meid, Germ. Sprachwiss. III
1219 Schmidt-Clausing, Zwingli
1220/1220a Zemann, Kristallchemie
1221 Gerdes, Kierkegaard
1222/1222a Tschižewskij, Slav. Literaturen I
1223/1223a Tschižewskij, Slav. Literaturen II
1224/1224a/1224b Wedepohl, Geochemie
1225/1225a Schneider-Jurksch, Datenverarbeitungsanlagen
1226/1226a Weinstock, Mittelenglisches Elementarbuch
1227/1227a Wedig, Übungsaufgaben zur Allgem. Volkswirtschaftslehre I/II

Autorenregister

Adler 12
Aland 6
Altheim 4, 7
Apel 3
Asmus 15

Bahrdt 16
Baldus 13
Barner 13
Bauer 14
Baumgartner 13
Bechert 15
Beckers 24
Beer 10
Behn 6
Berneker 10
Betz 8
Beutel 16
Beyer 22
Bieberbach 14
Biehle 7
Bieler 9
Birukow 17
Blümcke 16
Bock 16, 20
Böhm 14
de Boor 8
Borchers 21
Borkenstein 23
Bräuer 10
Brandenstein 9
Braun 16
Brauns 19
Bruhns 19
Buch 21
Buchner 17
Buchwald 19
Burau 12

Capelle 3
Chudoba 19

Dahrendorf 4, 11
Damerau 10
Dannenbauer 6
Debrunner 9
Deckert 18
Dehn 15
Dehnert 23
Dibelius 4
Diels 17
Dienst 22
Dimitrov 23
Döring 14
Dovifat 11

Ehrlich 4
Ekwall 8
Ende, vom 21
Endres 22
Engel, E. 20
Engel, L. 21
Erismann 4
Erlebach 12
Erman 9

Fauser 18
Fechter 18
Fischer, F. 21
Fischer, J. 20
Fischer, P. B. 12
Flammersfeld 15
Franz 13
Freye 18
Frühauf 20
Fürstenberg 4, 11
Funke 16

Gehler 23
Geitler 17
Gerdes 4
Gerthsen 15
Gottschald 7, 8
Graewe 15
Graf 23
Grigull 20
Grodzinski 21
Großmann 22
Grotemeyer 13
Gruner 18

Haack 13
Hämmerling 16
Haller 6
Haltenorth 18
Hamann 16
Hanke 21
Hannemann 17
Hartmann 16
Hartung 6
Hassak 16
Hasse 12
Haussner 12
Heil 17
Heissler 10, 22
Hempel 8
Henglein 19
Herberg 23
Hermann 16
Hernried 5
Herter 17, 18
Hessenberg 13
Hilf 11, 20
Hoernes 6
Hoffmann, O. 9
Hofmann, D. 8
Hofmann, H. 16
Hofmann, J. E. 12
Hofmann, W. 4
Hofstätter 4
Hofstaetter 7
Hoheisel 13
Hohenleutner 6
Huber 17
Humburg 20
Huttenlocher 18

Jacob 6
Jaeckel 18
Jaeger 10
Jahr 15
Jander 15, 16
Jantzen 7
Jaspers 3
Jesch 7
Jiriczek 7
Jung 3
Jungbluth 21
Jurksch 11

Kaestner 18
Kalitsunakis 9
Kamke 13
Kesselring 20
Kirn 5
Kleinlogel 23
Klemm 15
Klobe 12
Klug 16
Kneser 13
Knoll 15
Knopp 13
Koch 3
König 14
Körting 24
Kolb 7
Koller 16

Kolms 11
Koschmieder 14
Kosiol 11
Krahe 8
Kranefeldt 3
Kresze 15
Kropp 3
Krückmann 9
Krug 10
Krull 12
Kuckuck 17
Küchler 22
Kümmel 4
Kutzelnigg 16

Landmann 3
Langen 12
Langosch 7
Lau 4
Lausberg 9
Lechner 21
Lehmann, G. 3
Lehmann, G. 22
Lehnert 8, 9
Leisegang 3
Lengerken, von 18
Liebich 9
Lietzmann 6
Lockemann 15
Löbell 13
Lorenzen 3, 12
Lotze 18
Ludin 23
Ludz 3
Lüdemann 18

Mahler 15
Marcard 22
Matthes 21
Mattick 17
Maurer 8
Mayrhofer 8
Megede, zur 20
Meid 8
Meiners 20
Meinke 20
Meissner, B. 9
Meißner, P. 9
Mellerowicz 10
Meyer, R. 10
Meyer, W.
Meysenbug, v. 21
Mitzka 7
Moede 4, 11
Mohr 20
Moser 5
Müller, G. 7
Müller, H. R. 14, 21
Müller, W. 20, 21
Münch 17
Mutschmann 8

Nagel 4
Naumann 7, 8
Neger 17
Nestle 9
Nicolás 11, 14
Niese 22

Oberhuber 9
Oehlmann 5
Ohm 11
Onasch 4

Päsler 14
Paulsen 10
Pepping 5
Pfanzagl 11
Pirani 20
Pokorny 8
Polenz, von 7
Preller 7
Putz 20

Ramdohr 18, 19
Ranke 8
Reichenow 17
Ringleb 12
Rohrbach 12
Rumpf 5
Runge 20

Sauter 15
Schäfer 20
Scharrer 18
Scheer 16
Scherer 8
Scheurig 5
Schilling 3
Schirmer 7
Schlenk 15
Schlingloff 4
Schmid 9
Schmidt 24
Schmidt-Clausing 4
Schneider, H. 7
Schneider, H. J. 11
Schoeneberg 12
Scholz 12
Schubel 8
Schubert, H. 12
Schubert, K. 5
Schulze, E. 20
Schulze, W. 15
Schwartz, W.u.A. 17
Sedlaczek 21
Seidel 17
Simmel 3
Sperber 7
Steinmetz 9
Stolberg-Wernigerode, zu 7
Stolz 9
Strubecker 14
Stuloff 12
Stupperich 4

Tafel 22
Teichmann 23
Thum 21
Tochtermann 21
Tölke 23
Treue 6
Troche 23
Tschižewskij 10

Unger 20
Urich 17

Valentiner 14
Vasmer 10
Vetter 16
Viëtor 7
Vogel 18

Waltershausen, v. 5
Weden 6
Wedepohl 16, 19
Wedig 10
Weigert 5
Weimer 3
Weinstock 8
Wendland 4
Wendt 11
Wickop 23
Wiese, von 4
Wiesenewsky 20
Wisniewski 7, 8
Witting 13

Zemann 16, 19
Zietemann 22
Zipperer 21

Printed in Germany 150. VIII. 6

FSC
www.fsc.org
MIX
Papier | Fördert gute Waldnutzung
FSC® C083411

Kolibri 360 GmbH
Ferdinand-Jühlke-Straße 7
99095 Erfurt, Deutschland
produktsicherheit@kolibri360.de